게임 엔진 블랙 북

울펜슈타인 3D

게임 엔진 블랙 북: 울펜슈타인 3D

초판 1쇄 발행 2020년 10월 30일

지은이 파비앙 상글라르 / **옮긴이** 박재호 / **펴낸이** 김태헌
펴낸곳 한빛미디어(주) / **주소** 서울시 서대문구 연희로2길 62 한빛미디어(주) IT출판부
전화 02-325-5544 / **팩스** 02-336-7124
등록 1999년 6월 24일 제25100-2017-000058호 / **ISBN** 979-11-6224-329-9   93000

총괄 전정아 / **책임편집** 이상복 / **기획·편집** 이상복 / **교정** 이다인
디자인 표지 이아란 내지 김연정 / **조판** 백지선
영업 김형진, 김진불, 조유미 / **마케팅** 박상용, 송경석, 조수현, 이행은, 고광일 / **제작** 박성우, 김정우

이 책에 대한 의견이나 오탈자 및 잘못된 내용에 대한 수정 정보는 한빛미디어(주)의 홈페이지나 아래 이메일로
알려주십시오. 잘못된 책은 구입하신 서점에서 교환해드립니다. 책값은 뒤표지에 표시되어 있습니다.
한빛미디어 홈페이지 www.hanbit.co.kr / 이메일 ask@hanbit.co.kr

지금 하지 않으면 할 수 없는 일이 있습니다.
책으로 펴내고 싶은 아이디어나 원고를 메일(**writer@hanbit.co.kr**)로 보내주세요.
한빛미디어(주)는 여러분의 소중한 경험과 지식을 기다리고 있습니다.

게임 엔진 블랙 북

울펜슈타인 3D

파비앙 상글라르 지음

박재호 옮김

WOLFENSTEIN 3D

한빛미디어 Hanbit Media, Inc.

지은이·옮긴이 소개

지은이 **파비앙 상글라르** Fabien Sanglard

15년 차 베테랑 개발자. 프랑스에서 컴퓨터 과학 석사학위를 취득했다. 영어를 배우러 캐나다에 갔다가 로저스Rogers와 퀵플레이QuickPlay를 거쳐 2014년부터 구글 본사에서 소프트웨어 엔지니어로 일한다.

옮긴이 **박재호** jrogue@gmail.com

포항공과대학교 컴퓨터공학과 학부와 대학원을 졸업했다. 임베디드 시스템 개발, 기업용 백업 소프트웨어 개발, 방송국 콘텐츠 수신 제한 시스템 개발과 운영 지원, 클라우드에서 동작하는 서비스 개발에 이르기까지 다양한 실무 경험을 토대로 고성능 고가용성 시스템을 설계한다. 코스닥 상장사 엑셈 CTO로 인공지능과 스마트팩토리 관련 개발을 총괄했으며, 전 아이콘(ICON) 치프 아키텍트로 퍼블릭 블록체인 개발과 운영에 대한 경험이 풍부하다. 집필과 번역한 책이 40여 권에 이른다. 최근에는 유튜브 채널(*https://www.youtube.com/c/박재호dev*)을 열고 개발자를 위한 다양한 지식을 전달하고 있다.

오픈 소스로 나온 소프트웨어를 분석하려면 가장 처음 버전부터 살펴보라는 조언이 있다. 가장 첫 버전은 소프트웨어가 추구하는 목표가 명확하며 아키텍처와 핵심적인 알고리즘이 한눈에 들어오기 때문이다. 시간이 지날수록 사용자의 환경이나 요구에 따른 변화가 늘어나기 시작하며 꼭 있어야 하지는 않지만 있어도 좋은 기능이 추가되기 시작한다. 참여 개발 인원이 늘어남에 따라 일관성도 조금씩 균열이 가기 시작한다. 예외를 처리하기 위한 온갖 보호 코드가 들어가고 다양한 테스트 케이스가 추가된다. 어느 정도 안정화된 버전으로 넘어가면서부터는 방대한 코드 기반이 자리를 잡게 되지만, 그만큼 분석이 매우 어려워지고 전문적으로 프로젝트에 관여하지 않는 이상 소스 코드에서 뭔가 더하거나 빼기 어려운 상황이 된다.

게임 부문은 어떨까? 대화 상자를 하나 띄우는 데에도 온갖 프레임워크와 라이브러리 사용에 매몰되는 현 시점에서 진짜 게임 개발이란 무엇이며, 게임의 핵심을 정확하게 파고드는 방법이 있긴 할까? 다행스럽게도 이드 소프트웨어가 공개한 〈울펜슈타인 3D〉에서 답을 찾을 수 있다.

CPU가 장착된 물건을 보면 〈울펜슈타인 3D〉를 포팅하려고 든다는 이야기가 탄생한 배경은 두 가지 때문일 것 같다. 먼저 소스 코드가 고수준(역공학으로 분석한 어셈블리어가 아니라 C 같은 고급 프로그래밍 언어)으로 존재해야 한다. 다음으로 재미있는 게임을 위한 핵심 알고리즘과 다양한 제약을 극복하는 문제 해결의 열쇠가 소스 코드에 녹아 있어야 한다. 〈울펜슈타인 3D〉는 놀랍게도 바이너리 롬 이미지로만 존재하는 기존 여느 게임과는 달리 두 가지 요건을 모두 충족하며, 그 결과 뭔가 직접 만들고 싶어 하는 개발자들이 다양한 환경에서 게임을 동작하게 이식 작업을 진행할 수 있었다.

〈울펜슈타인 3D〉 애호가들은 지도를 편집하거나 애셋을 추가하는 방식으로 게임을 풍부하게 만들었고, 최고의 실력자들은 자신이 보유한 컴퓨터나 게임기에서 동작할 수 있게 직접 소매를 걷어붙이고 뛰어들었다. 과거 추억이 떠올라 현재 보유한 컴퓨터에서 〈울펜슈타인 3D〉를 돌려보는 애호가도 많다. 'Wolfenstein-3D를 Windows용으로 컨버전 하기'(*https://www.omdroid.com/78*) 같은 글을 보면 윈도우 10에서 〈울펜슈타인 3D〉를 돌리기 위한 개발 환경 설정부터 컴파일과 라이브러리 파일/애셋 설치에 이르기까지 전반적인 경험을 공유하고 있다. 개발 환경 구축이 어렵다면 비록 원본 코드와 거리가 멀긴 하지만 HTML5 코드(*https://github.com/jseidelin/wolf3d*)를 이용해서 웹 브라우저에서 실행해볼 수도 있다. 무한한 가능성을 우리의 상상력이 제한할 뿐이다.

게임 업계에 〈울펜슈타인 3D〉가 남긴 업적은 크다. 하드웨어적으로 적합하지 않아 보이는 업무용 PC에 3D 효과가 담긴 1인칭 게임의 가능성을 열었고, 나아가 이렇게 게임을 즐기고 만들고 싶어 하는 모든 사람에게 불을 밝혀주는 등대 혹은 이정표가 되었다고 해도 과언이 아니다. 게임을 만들고 싶었던 많은 사람이 〈울펜슈타인 3D〉 코드를 읽으면서 게임 개발을 시작했으며, 등장한 지 28년이 지난 지금도 배울 교훈은 충분하다. 파편화되고 열악한 하드웨어, GPU는 고사하고 레지스터 레벨에서 저수준 조작을 가해야 가까스로 성능을 맞출 수 있는 그래픽 카드, 제한적인 메모리와 운영체제 지원 등 게임을 만들지 못할 이유를 열거하라면 끝도 없다. 하지만 창의력은 제약에서 나온다는 말이 있듯, 이드 소프트웨어의 열정적인 개발자들은 이 모든 어려움을 극복하고 FPS의 원형을 만들어내는 데 성공했으며, 오픈 소스로 공개하기 전에 이미 다른 게임 제작자에게 엔진을 제공해 당대 게임 수준을 한 단계 높이는 데 기여했다.

게임 제작의 뜻을 품고 〈울펜슈타인 3D〉 코드를 보고 싶은 오늘날 개발자는 어디서 출발하면 좋을까? 지금은 존재하지도 않는 하드웨어와 찾기도 어려운 개발 환경을 이해하고 코드 이면에 숨어 있는 제약을 파악하는 과정은 결코 쉽지 않을 것이다. 다행히 이 책은 〈울펜슈타인 3D〉가 동작하는 하드웨어, 개발 환경, 소프트웨어 개발 과정에서 직면한 다양한 문제와 이를 해결할 방안을 체계적으로 정리했다.

x86의 메모리 제약이 어떤 문제를 일으키며 이를 해소하기 위한 메모리 관리 기법은 무엇인가? 부동 소수점 연산을 소프트웨어적으로 구현하려면 어떻게 해야 하는가? 그래픽 카드 제약 사항을 해소하기 위해 어떤 방식으로 더블 버퍼링을 구현할까? 3차원 그래픽을 위해 수학을 어느 정도 알아야 하고 복잡한 연산을 회피하기 위해 어떤 기교를 부려야 할까? 적들의 상태를 관리하기 위한 상태 머신을 어떻게 구현해야 할까? 제한된 화면 해상도와 색상으로 어떻게 그럴싸하게 화면을 구성할까? 이와 같은 질문에 대한 대답이 책에 잘 정리되어 있다.

하드웨어가 발전하고 소프트웨어 개발 환경이 엄청나게 전문화되고 고도화된 오늘날에는 이 모든 질문과 대답이 무의미해 보일지도 모르겠다. 하지만 과거 개발자들이 온갖 제약에도 불구하고 사람들이 푹 빠져들 만한 재미있는 게임을 만들기 위해 어떤 설계 결정을 내렸고, 그 설계 결정에 따라 알고리즘을 어떻게 구성하고 구현했는지에 초점을 맞추면 또 다른 세계가 열릴 것이다.

이 책을 번역하는 동안 정말 간만에 옛날 생각이 많이 났다. 80286 AT 컴퓨터에서 터보 C를 사용해 프로그램을 만들다 포인터 버그 때문에 프로그램이 시작하자마자 바로 죽은 기억, 모노크롬 모니터와 허큘리스 그래픽 카드에서 게임을 하기 위해 램 상주 프로그램(TSR)인 SIMCGA를 설치한 기억, 사운드 블라스터 사운드 카드를 구입한 다음 IRQ 충돌을 방지하느라 애먹은 기억, 게임을 실행할 XMS/EMS 메모리 관리를 위해 AUTOEXEC.BAT과 CONFIG.SYS를 이리저리 수정한 기억 등이 지금도 엊그제처럼 생생하게 떠오른다. 역자와 마찬가지로 독자 여러분도 1990년대 초반으로 돌아가 『해커, 광기의 랩소디』 3부에 등장한 1980년대 게임 해커들의 정신을 이어받아 몇 단계 진일보한 열정 넘치는 개발자들의 활약상을 함께 즐기면 좋겠다.

박재호

머리말 (존 카맥)

파비앙이 책을 쓴다는 소식을 듣고 나는 짜릿함을 느꼈다. 고전 게임 엔진 코드 기반codebase에 대한 파비앙의 논평이 이미 웹에서 놀라운 평가를 받고 있었기 때문이다. 〈둠〉에 가려 크게 빛을 보지는 못했지만, 〈울펜슈타인 3D〉는 게임 역사상 중요한 위치를 차지하고 있으며 오늘날에도 여전히 재미를 준다. 아직도 많은 사람이 고전 게임인 〈팩맨〉을 즐기려고 동전을 짤랑 떨어뜨리듯 말이다.

현재 오픈 소스임에도 불구하고 당시의 16비트 코드와 어셈블리 언어는 빌드하거나 실험하기가 쉽지 않아 최근의 코드 기반에 비하면 코드를 살펴본 사람은 극소수라고 할 수 있다. 오늘날 기준으로 이 프로젝트를 살펴봤을 때 가장 놀라운 점은 코드 기반이 매우 작다는 점이다. 외부 디펜던시dependency도 없이 코드 파일들이 작은 디렉터리 하나에 다 들어 있다. 당시의 내가 (몇 가지 이유로) C 표준 라이브러리 구현을 믿지 않았으므로 거의 모든 작업이 그 작은 소스 파일들 내에서 이뤄졌다.

대부분의 코드를 작성했을 때 나는 겨우 21세였고 C로 프로그래밍한 지 1년밖에 되지 않은 상태였으므로 코딩 스타일은 완벽과는 거리가 멀었지만, 그럼에도 아주 잘 구현한 부분들이 있었다. 내가 만든 스케일러는 코드를 극도로 특화한 사례다. 다중 열 쓰기multi-column write라는 저수준 VGA 트릭과 광선 투사의 점진적 성능 특성이 결합되어 전통적인 방식보다 훨씬 더 높은 프레임 레이트를 자랑했다. 광선 투사를 사용하기로 선택한 데에는 주요한 실용적인 이유도 있었다. 당시 나는 폴리곤, 혹은 심지어 선line 기반의 엔진을 견고하게 구현할 만큼의 충분한 경험은 없었다. 하지만 광선 투사는 내가 구현해볼 만한 수준에서 필요한 수준의 성능을 가져다줄 것 같았다.

자, 준비를 마쳤다면 이제 타임머신을 1992년으로 설정해보자.

주의Achtung!

존 카맥 John Carmack

모든 것은 전화 한 통으로부터 시작되었다.

이드 소프트웨어에서 우리는 〈커맨더 킨〉 게임으로 큰 성공을 만끽했다. 〈커맨더 킨〉에는 내 유년기와, SF를 향한 내 애정과, 워너 브라더스 만화 스타일이 담겨 있다. 하루는 이드 소프트웨어의 공동 창립자 존 로메로(나머지는 나, 존 카맥, 에이드리언 카맥이다. 존과 에이드리언은 성은 같지만 친척은 아니다)가 당시 진행 중이던 신작 〈울티마 언더월드〉에 대해 루킹 글래스 스튜디오의 폴 뉴라스와 이야기를 나눴다. 로메로는 전화를 끊고 "폴이 '텍스처 매핑'이라는 작업을 하고 있다"라고 전했다. 존 카맥은 잠시 생각한 후에 "나도 그거 할 수 있어"라고 대답했다.

곧 우리는 목표를 향한 여정을 시작했다. 여정의 시작인 〈호버탱크 3D〉('호버탱크 원HoverTank One'으로 불리기도 했다)는 색칠된 벽으로 이루어진 미로 배경의 단순한 슈팅 게임이다. 화면 하단 중앙에 탱크가 표시되어 있고, 탱크를 운전하듯 조작하여 괴물을 쏘고 인간을 구출한다. 〈호버탱크 3D〉는 최초의 1인칭 슈팅 게임(FPS)으로 간주될 만하다. 다음으로 만든 〈카타콤 3-D〉는 우리가 만들었던 2D 액션 게임의 3D 버전으로, 〈호버탱크 3D〉보다 발전한 형태였다. 벽에는 텍스처 처리를 했고(16색 EGA) 손으로 파이어볼을 쏠 수 있었다. 파이어볼이 특정한 벽을 맞히면 비밀의 방이나 길이 드러나곤 했다. 이윽고 우리는 256색 VGA를 사용할 준비를 마쳤다. 적당한 테마를 찾아야 했는데, 백 가지의 다양한 아이디어를 생각해봐도 충분하지 않았다. 단순하고도 강력한 엔진이 필요했다.

로메로는 애플 II용 게임 〈캐슬 울펜슈타인〉을 떠올렸다. 모두가 〈캐슬 울펜슈타인〉을 해본 데다, 우리가 계속 고민한 지점과도 자연스럽게 맞아떨어졌다. 〈캐슬 울펜슈타인〉에 시체를 옮기거나 변장하는 기능이 추가된 속편 〈비욘드 캐슬 울펜슈타인〉을 모방하려는 어리석은 시도도 해봤지만, 결국 더 단순한 〈캐슬 울펜슈타인〉에 머물기로 했다. 나는 FPS에서 플레이어가 자연스럽고 점진적으로 강해질 수 있는 무기 세트가 무엇인지를 고민했고, 영광스럽게도 그 최초의 기본 무기 세트를 생각해냈다. 일주일 내내 하루 14~18시간씩 작업했다. 어느 날 우리는 서로를 바라보며 말했다. "그 누구도 이런 게임을 만든 적 없을 거야." "괜찮지 않아?" 등의 말이 오갔다. 기묘했고, 동시에 신나는 기분이었다. 이 3D 게임은 이전의 게임들과는 완전히 달랐다.

우리는 〈커맨더 킨〉으로 제법 큰 돈을 벌었다. 다음에 나온 〈킨〉 시리즈로는 더 많은 돈을 벌었다. 〈울펜슈타인 3D〉는 그 10배를 벌어늘였나. 우리는 뭔가를 제대로 하고 있었다.

카맥의 뛰어난 정신에서 떠오른 광선 투사라는 혁신은 게임을 완전히 바꿔놓았다. 지금에는 구식처럼 느껴질지 몰라도, 당시에는 게임 기술의 결정체였다. 그 비밀과 방법을 설명하기 위해서는 현명한 사람이 필요하다.

다행히 우리에게는 파비앙이 있다. 고전 게임과 렌더링 엔진을 파헤치며 풍부한 경험을 쌓은 파비앙은 베일에 쌓인 비밀을 그 누구보다도 잘 설명할 사람일 것이다. 파비앙은 수학, 기하학, 대수학, 알고리즘에 대해서는 오즈의 마법사만큼이나 위대하고 강력하다(철자법은 빼고).

오즈의 마법사 파비앙은 우리가 신은 '지적 호기심'이라는 루비 구두를 보고는 불을 밝히며 말했다. "진작 말하지 그랬어요. 그거라면 얘기가 다르죠. 어서 들어오십시오!" 그리고는 문을 활짝 열어젖혔다.

안으로 들어갈 시간이다.

톰 홀 Tom Hall
게임 디자이너, 이드 소프트웨어 공동 창립자이자 전 크리에이티브 디렉터 여러분이 지금 읽고 있는 이 책은 유일무이하다시피 한 책이다. 이 책은 FPS의 할아버지 격인 〈울펜슈타인 3D〉의 기술을 '고고학적으로 해부'하는 책이다. 『Retro game Archaeology(고전 게임 고고학)』(Springer, 2016)처럼 오래된 게임의 기술을 자세히 파고드는 책이 몇 권 더 있긴 하지만, 다루는 주제가 어떻게 작동했는지 설명하기에 앞서 게임이 작성된 컴퓨터 환경까지 철저하고 기술적으로 자세히 설명하는 책은 없다. 다른 책들은 게임의 작동 방식을 독자가 철저히 이해한다고 가정하기에 게임의 소스 코드를 자세히 설명하지 않고 넘어간다.

파비앙은 이 중요한 '유물'을 철저하게 분석한다. 파비앙은 초당 70프레임으로 광선 투사를 하고 장면을 렌더링하기 위해 우리가 직면했던 사투를 설명한다. 이 과정에서 존 카맥이나 나와 같이 게임을 직접 프로그래밍한 개발자에게 물어봐야만 알 수 있는 유용한 개발 정보도 제공한다. 도서 『둠』(미디어 2.0, 2006)에서 〈울펜슈타인 3D〉 제작 과정을 간단히 볼 수는 있지만, 진짜 이야기를 알기 위해서는 이 책을 봐야 한다.

1992년 당시에는 우리가 만들 게임이 업계에 불을 지피리라는 사실을 미처 알지 못했다. 프로젝트 시작부터 셰어웨어 버전 출시에 이르기까지 단 4개월이 걸렸고, 단 4명의 개발기가 일했다. 〈울펜슈타인 3D〉 이건에는 게임을 제작하느라 몇 년을 보낸 다음 두 달 동안 배송하곤 했다. 4개월이라는 시간은 그에 비해 매우 짧았고, 우리는 빠른 속도로 일하기 위해 많은 노력을 했다. 우리만의 최초의 FPS를 만들어보자는 계획을 세울 때 〈캐슬 울펜슈타인〉의 이야기를 활용하는 것이 역시 좋을 것 같다는 생각이 들었다. 우리는 실라스 워너가 만든 애플 II용 고전 게임들을 좋아했다. 게임을 3D로 다시 만드는 것이 실제로 효과가 있을 거라고 느꼈기에 우리는 한 시간 넘게 고민하여 결정을 내렸다. 〈커맨더 킨 7〉 개발 디렉터리를 떠나, 1992년 1월에 *W3D* 디렉터리를 만들었다(다시는 이전으로 돌아가지 않았다).

〈울펜슈타인 3D〉는 처음에 위스콘신주 매디슨에서, 몇 달 후에는 텍사스주의 햇살이 많은 메스키트에서 제작했는데 정말 재미있었다. 우리는 압축된 시공간에서 많은 모험을 했다. 시에라 온라인의 켄 윌리엄스와 로버타 윌리엄스를 만나기 위해 비행기를 타고 시에라를 방문했고, 〈캐슬 울펜슈타인〉의 위대함에 대한 후발주자로서의 경의를 표시했다. 켄 윌리엄스는 〈울펜슈타인 3D〉이야기를 듣고 회사를 250만 달러에 인수하겠다고 했다. 다행히도 거래가 성사되지 않았기에 우리는 계속해서 게임을 만들었고, 사옥을 옮기고, 첫 번째 VGA 게임을 완성했다.

셰어웨어 버전 출시 후, 우리는 2에서 6까지의 에피소드를 합치기 위해 두 달을 더 보냈다. 즐겁고 행복한 시간이었다. 드디어 풀버전 게임을 출시했을 때, 우리는 마치 우주에 도달한 것 같은 기분이었다. 곧 〈둠〉이 더 큰 은하계로 우리를 데려갔지만.

이 훌륭한 책을 마음껏 즐기기 바란다. 최초의 FPS에는 실로 복잡한 비밀이 담겨 있다. 이해하기가 쉽지는 않겠지만, 1992년의 우리에게는 이 모든 정보가 필요했다. 파비앙이 지금부터 여러분에게 귀띔하는 이 모든 정보 덕분에, 우리가 이 FPS를 만들 수 있었던 것이다.

건배!

존 로메로 John Romero

저작권

〈울펜슈타인 3D〉 게임 엔진의 작동 방식을 설명하기 위해 이드 소프트웨어가 저작권을 보유한 스크린샷, 이미지, 스프라이트, 텍스처를 이 책에 실었다. '공정 이용 원칙'에 맞춰 다음의 항목을 사용했다.

- 인게임 스크린샷, 타이틀 화면, 사인온 화면, 심의 등급 화면
- 인게임 메뉴 스크린샷(메인 메뉴, 사운드 메뉴)
- 3D 시퀀스 텍스처(파란 벽, 나무, 어두운 나무, 격자 벽)
- 3D 시퀀스 스프라이트(갈색 제복 경비병, 경비병 시체, 개 시체)
- HUD에 사용된 모든 3D 시퀀스 이미지
- 〈운명의 창〉, 〈카타콤 3-D〉, 〈호버탱크 3D〉의 모든 스크린샷

감사의 말

아낌없이 도와준 존 카맥, 존 로메로, 로맹 기Romain Guy, 빅토리아 호Victoria Ho, 오렐리앙 상글라르Aurelien Sanglard에게 감사를 전한다. 이들이 없었다면 결코 이 프로젝트를 구체화하지 못했을 것이다.

〈울펜슈타인 3D〉를 정확하게 벤치마킹하기 위해 필요했던 286/386 컴퓨터와 VGA 카드를 지원해준 짐 레너드Jim Leonard와 포원 튜링Foone Turing에게 감사한다.

감사하게도 짐 레너드는 PC 시스템 아키텍처와 프로그래밍에 대해 백과사전과 맞먹는 지식을 공유해줬다. 레너드가 인내심을 가지고 사운드 시스템과 확장 메모리 시스템을 설명해준 덕분에 정확한 정보를 제공할 수 있었다.

교정을 보고 오류를 잡아준 챗 하스Chet Haase, 대니얼 손버그Daniel Thornburgh, 샤오 유Xiao Yu, 크리스 포브스Chris Forbes에게 감사한다.

책을 읽고 오류를 알려준 친절한 독자들이 있었다. 관심을 갖고 살펴준 모두에게 감사드린다. 1판 당시 도움을 준 독자들은 다음과 같다. Christopher Van DerWesthuizen, pinterk, Bryan Stillwell, Elisey Shemyakin, oneveu, Igor Nikolaev, Mikhail Naganov, ghosttie, elieb, Amro, Thizz(@codyvasy), Olivier Cahagne, tronster, Cyril Mottier, Ted Marynicz, Eluan Costa Miranda, Justin Meiners.

다음은 2판에 도움을 준 독자들이다. A. Piquet, Amro, Ben Terris, Chris Chokan, David Snyder, Dennis Duda, Dmitry Minsky, Graeme McCutcheon, James F McMahon, Jonathan Jayet, LFaria, Tim Garlick, Elisey Shemyakin.

의견을 보내는 방법

최대한 정확하고 명확하게 책을 집필하려 노력했다. 사실관계 오류, 철자 오류 또는 모호한 내용을 발견한 경우 잠깐 시간을 내어 이 책의 웹 페이지를 통해 알려주면 좋겠다(https://fabiensanglard.net/gebbwolf3d).

감사를 보낸다.

– 파비앙 상글라르

CONTENTS

CONTENTS

CHAPTER 3 팀

CONTENTS

프롤로그

지난 10년 동안 나는 게임 엔진의 내부를 설명하는 글을 작성해왔다. 그 시작은 1999년, 막 오픈 소스로 풀린 〈퀘이크Quake〉 소스 코드를 내려받아 비주얼 스튜디오 6.0에서 열었을 때로 거슬러 올라간다. 며칠 동안 고생하고도 그 무엇도 이해하지 못한 나는 *quakesrc* 폴더를 삭제했고, 낙담했다.

몇 년 후 나는 마이클 아브라시의 전설적인 『Graphics Programming Black Book(그래픽 프로그래밍 블랙 북)』(Coriolis Group, 1997)을 발견했다. 아브라시의 책은 〈퀘이크〉 엔진의 큰 그림과 함께 지금은 유명해진 이진 공간 분할binary space partitioning(BSP) 시스템,[1] 잠재적 가시 집합potentially visible set(PVS),[2] 압축 기법 등에 대해 자세히 설명했다. 나는 그 책을 읽고 나서야 무엇을 해야 하는지 알았고, 다시 코드로 되돌아가서 이번에는 잘 이해할 수 있었다.

역량 있는 다른 프로그래머들도 코드의 복잡함에 기가 죽어 나처럼 고민하고 있을 거라고 생각했다. 그래서 '소스 코드 검토'를 작성하기 시작했고 이를 내 웹사이트에 올렸다. 몇 년 동안, 나는 〈둠Doom〉, 〈퀘이크〉, 〈어나더 월드Another World〉와 같은 전설적인 게임을 선택해 50개가 넘는 글을 작성했다. 엔진을 열고 하위 시스템과 전반적인 아키텍처를 살펴보는 과정을 통해, (바라건대) 다른 모험심 넘치는 프로그래머들의 흥미를 불러일으키고 격려하는 지도를 그렸다.

지식을 공유하며 보람을 느꼈다. 독자들의 피드백이 긍정적이었을 뿐만 아니라, 간단한 용어로

---

[1] 『Graphics Programming Black Book』 59장
[2] 앞의 책, 64장

설명하는 행위를 통해 대량의 코드를 머리에 넣는 능력과 의사소통 능력을 크게 향상시킬 수 있었다. 나는 그림에 크게 의존하는 편이었기에(그림은 말보다 2^{10}만큼 큰 가치를 가진다[3]) 책에 그림을 수백 개 이상 넣었다. 이 모든 경력은 나의 귀중한 자산이 되어주었고, 결국 나는 구글에서 안드로이드를 개발하게 되었다.

나는 한 단계 수준을 높여 〈울펜슈타인 3D^{Wolfenstein 3D}〉[4]를 다루는 책을 쓰기로 결심했다. 이 책들은 1990년대 고전 게임의 이정표를 찍었던 세 가지 하드웨어와 엔진 조합을 다룬다.

- 〈울펜슈타인 3D〉(1992)와 i386
- 〈둠〉(1993)과 i486-DX2
- 〈퀘이크〉(1996)와 펜티엄

'멸종된' 컴퓨터와 컴파일러^{compiler}와 운영체제, '오래된' 엔진에 대해 읽고 쓰는 것이 누군가에게는 시간 낭비로 보일지도 모른다. 하지만 이는 큰 가치를 가진다. 오래된 엔진은 영리한 기법들로 똘똘 뭉쳐 있을 뿐만 아니라 과거의 프로그래머가 극복해야만 했던 많은 제약을 우리에게 상기시킨다. 또한 오래된 엔진은 한때 새로운 지평에 도달하기 위해 개발자들이 가져야 했던 강한 정신력을 우리에게 다시금 일깨워준다.

사실 많은 것이 그대로다. 오늘날의 우리는 과거와 달리 기가바이트, 전용 하드웨어 가속기, 멀티코어 CPU를 다룰 수 있지만, 앞으로 나아가려는 정신력은 과거와 동일하다. 결코 혼자가 아니라는 사실을 명심하라. 이전의 다른 사람들도 같은 어려움을 겪었다. 성공할지 실패할지는 아무도 모른다. 다만 우리 모두 주어진 상황에서 소매를 걷어붙이고 최선을 다할 뿐이다. 어느 방향으로 향하든 자신의 노력을 자랑스럽게 생각하자. 열정에 자부심을 가지고 계속해서 '옳은 길'[5]을 찾자!

---

3   그 훌륭한 예로 『CODE 코드』(인사이트, 2015)를 들 수 있다.
4   옮긴이_ Wolfenstein은 게임 설정상 독일 지명이므로 독일식 발음인 '볼펜슈타인'으로 읽는 것이 맞지만, 미국에서 영어식으로 읽은 '울펜슈타인'을 사용해 게임을 발표하며 영어식 발음이 굳어지게 되었다.
5   『해커, 광기의 랩소디』(한빛미디어, 2019)에 나오는 구절

CHAPTER 1

들어가며

1992년 5월 5일에 출시된 〈울펜슈타인 3D〉는 1인칭 슈팅 게임first-person shooter(FPS) 장르의 토대를 확립했다. 화려한 256컬러 그래픽, 빠른 속도, 높은 프레임 레이트, 영리한 AI, 선명한 사운드 효과, 매력적인 음악을 가능하게 한 엔진이 찬사를 받았다. 1년 만에 10만 카피가 넘게 팔렸으며[1] 게임을 만든 팀 이드 소프트웨어는 명성과 부를 얻었다.

---

1   게임은 셰어웨어로 배포되었다.

열성 팬들은 게임을 깨는 것만으로 멈추지 않았다. 게임을 수정해서 자신만의 캐릭터와 지도를 만들겠다는 열망으로 게임을 탐구했고 리버스 엔지니어링(역공학)reverse engineering하기 시작했다. 몇 달 안에 애셋asset[2] 형식이 널리 알려졌으며 그래픽, 사운드 효과, 음악, 지도 등에 변경을 가한 모드mod[3]들이 출시되었다. 그러나 게임의 핵심인 3D 엔진과 빠른 속도의 비밀은 거의 알려지지 않은 상태로 남아 있었다.

비밀이 유지된 이유는 명백했다. '강력한 엔진'은 게임 회사의 필수 자산이기 때문이었다. 다른 프로그래머들과 비밀을 공유하지 않는 폐쇄적인 방식이 경쟁 업체를 압도하기 위한 우수 비즈니스 사례로 여겨졌다. 이를 통해 기술적 우위를 유지하고, 더 나은 게임을 만들고, 더 많은 수익을 창출할 수 있었다.

그러나 이드 소프트웨어의 몇몇 사람은 이처럼 생각하지 않았다. 상식에 편승하는 대신 게임 애호가들의 열정을 받아들이고 소스 코드를 모두에게 공개하기를 원했다. 내부 논쟁 끝에 이드 소프트웨어는 그 누구도 생각하지 못한 일을 했다. 1995년 7월 21일, *ftp.idsoftware.com* 에 엔진의 빌드 방법과 함께 전체 소스 코드를 포함하는 *zip* 파일을 올린 것이다.[4]

> 프로그래밍은 제로섬 게임이 아닙니다. 동료 프로그래머에게 무언가를 가르친다 해서 당신의 지식이 사라지는 것은 아닙니다. 저는 프로그래밍과 사랑에 빠졌고, 제가 잘할 수 있는 것을 공유하게 되어 기쁩니다.
>
> — 존 카맥, 프로그래머

코드 공개의 효과는 프로그래머의 참여를 활성화하는 것, 그 이상이었다. 예상하지 못했던 두 가지의 결과가 생겨났다.

첫째, 소프트웨어가 오랜 시간에 걸쳐, 당시 사용되었던 하드웨어와 운영체제가 사라진 이후에도 살아남게 되었다. 모든 프로그래머가 소스 코드에 쉽게 접근할 수 있었기 때문에 엔진을 보수하거나 아예 새로운 하드웨어와 운영체제로 옮길 수 있었다. 덕분에 CPU, 램, 프레임 버퍼

---

2 옮긴이_ 텍스처, 3D 모델, 사운드 등 게임을 구성하는 기본 요소

3 modified 버전

4 사실 완전히 미쳤다고 보기는 어려운데, 이 파일을 올린 시점이 〈울펜슈타인 3D〉를 구식으로 만든 새로운 게임 엔진 출시 이후이기 때문이다. 새로운 게임인 〈둠〉은 1993년 12월 10일에 출시되었다.

framebuffer만 있다면 (출시 후 20년이 흐른 지금도) 게임을 플레이할 수 있다.

둘째, 시간을 거슬러 1991년으로 가는 창을 만들었다. 내 웹사이트(*fabiensanglard.net*)에 올렸던 〈퀘이크 3 아레나Quake III Arena〉, 〈둠 3〉 같은 복잡한 엔진에 대한 글을 검토하면서, 내가 〈울펜슈타인 3D〉 엔진의 '단순한' 광선 투사ray casting 기술을 대충만 훑고 넘어갔다는 사실을 알았다. 호기심이 생겨 깊이 파보니 무언가에 머리를 맞은 듯했고, 나는 탐구를 멈출 수 없었다. 코드를 읽을수록 더 깊이 깨닫게 된 것은, 대상 기종인 IBM PC가 게임용이 아니라 사무용으로 설계되었다는 사실이었다. IBM PC는 워드프로세서와 스프레드시트 애플리케이션application을 위해 숫자(정수)를 고속으로 처리하고 정적 이미지를 표시하기 위해 만들어진 것이었다. 이드 소프트웨어는 1991년에 프로그래밍만 한 것이 아니었다. 업무 수행을 위해 만들어진 도구인 IBM PC를 다른 용도로 사용해 결국 세상에서 최고로 멋진 게임 플랫폼으로 바꿔놓은 것이었다.[5]

그들이 이토록 '사서 고생한' 이유는 무엇일까? 당시에도 게임에 특화된 전용 콘솔 기기들이 있었다. 당시 사용되던 콘솔인 제네시스Genesis, 슈퍼 NESSuper NES, 네오지오Neo-Geo에는 스프라이트 엔진이 있어 (x, y) 좌표만 업데이트하면 화면에 움직임을 표현할 수 있었다(크기와 수에는 제한이 있었지만). 이를 이용하면 초당 60프레임의 부드러운 애니메이션을 쉽게 생성할 수 있었고, 컨트롤러도 달려 있었고, 사운드와 음악을 처리하는 오디오 시스템이 있었으며, 같은 기종끼리는 하드웨어가 동일했다. 그럼에도 게임을 위해 개인용 컴퓨터를 사용하고 싶었다면 애니메이션용 보조 프로세서가 포함된 아미가 500Amiga 500을 사용하면 되지 않았을까?

그 이유를 '프레임 버퍼'라는 한 단어로 요약할 수 있다. 이드 소프트웨어가 만들고 싶었던 게임 유형은 스프라이트 엔진이나 코퍼Copper[6]를 사용해서는 수행할 수 없었다. 이드 소프트웨어는 대중에게 3차원 몰입 경험을 제공하여 게임 세계를 흔들고 싶었다. 이를 위해서는 픽셀들을 모니터로 보내기 전에, 프레임 버퍼 내에서 전체 화면을 픽셀 단위로 그릴 필요가 있었다.

모든 픽셀을 그리기 위해서는 강력한 CPU가 필요했는데, 당시의 콘솔 중 성능이 가장 뛰어난 것은 PC였다. 심지어 아미가와 보조 프로세서를 함께 사용하더라도 기본적인 성능 면에서 PC와 경쟁할 수 없었다.[7]

---

5   오리진 시스템스, 루카스아츠 등의 다른 회사들 역시나 놀라운 일을 하는 중이었다.

6   아미가의 강력한 보조 프로세서의 별명으로, 수평동기화(Hsync) 수준에서 연산을 허용한다.

7   『The Future Was Here(미래가 여기 있었다)』(MitPr, 2012)에서 지미 마허(Jimmy Maher)는 흥미로운 이론을 발전시켰다. 사람들은 아미가 아키텍처가 제공하지 않는 FPS를 원했고, 아미가는 결국 몰락했다는 것이다.

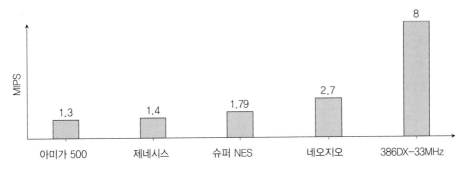

그림 1-1 MIPS^{million instructions per second[8]}로 본 콘솔[9]과 PC의 CPU 성능 비교

1991년 당시, 빠른 CPU와 256KiB 프레임 버퍼를 탑재한 PC는 매우 유망해 보였다. 그러나 극복이 불가능해 보이는 장애물 세 가지가 드러났다.[10]

- VGA의 비디오 시스템에서는 더블 버퍼링^{double buffering}을 사용할 수 없었다. '테어링^{tearing}' 현상이 없는 부드러운 애니메이션을 만들 수가 없었기에 때때로 화면이 흉해 보였다.
- CPU로는 정수 연산만 수행할 수 있었으나 3D 계산을 위해서는 소수점 추적이 필요했다.
- 기본 사운드 장치인 PC 스피커는 사각파(방형파)^{square wave}만 만들 수 있었다. 스피커로 낼 수 있는 소리는 신경을 거슬리게 하는 '삐' 소리뿐이었다.

주요 장애물 외에도 더 심각한 도전들이 기다리고 있었다.

- 램의 주소 지정 모드는 선형적이지 않고 분할되어 있었다. 이 때문에 (복잡하고 오류가 발생하기 쉬운) 포인터^{pointer} 연산이 필요했다.
- VGA 픽셀이 정사각형이 아니었다. 화면으로 전송할 때 프레임 버퍼가 세로로 늘어났다.
- 오디오 생태계가 파편화되어 있었다. 다양한 사운드 시스템이 있었는데 기능과 기대치가 각각 달랐다.
- PC의 경우 1MiB까지의 램만을 처리할 수 있었다. 그 이상을 처리하려면 파편화된 드라이버에 접속해야만 했다.
- 버스 속도가 느렸고 VRAM과 I/O 과정에서 병목현상이 발생했다. 전체 프레임 버퍼를 초당 70프레임으로 쓰는 것이 불가능했다.

---

8   1초당 100만 개 단위의 명령어를 처리하는 프로세서의 처리 속도

9   아미가 500, 제네시스, 네오지오에는 각각 7.16MHz, 7.6MHz, 12MHz에서 실행되는 모토로라 68000 CPU가 탑재되어 있었다. 슈퍼 NES는 3.58MHz에서 실행되는 6502의 8/16비트 버전인 WDC 65816 CPU를 사용했다.

10 그래서 이 책의 제목을 지을 때 '불가능한 기계'도 고려를 했었다.

이러한 문제들을 살펴봤을 때 컴퓨터는 계속해서 지루한 일만을 처리할 운명으로 보였다. 그러나 전 세계의 많은 사람은 이를 받아들이지 않았으며 예기치 않은 결과를 얻기 위해 하드웨어를 만지작거렸다. 사람들이 어떻게 이를 이뤄냈는지 알려주는 것이 바로 이 책의 존재 이유다. 책은 다음과 같이 3개 장으로 나뉜다.

- **2장 하드웨어**: 1991년 PC의 다섯 가지 구성 요소
- **3장 팀**: 한계까지 밀어붙인 사람들[11]
- **4장 소프트웨어**: 〈울펜슈타인 3D〉 게임 엔진

먼저 하드웨어 제약 조건을 알아볼 것이다. 독자들이 이 게임 소프트웨어의 진가를 알아보고, 〈울펜슈타인 3D〉 개발자들이 어떻게 장애물을 극복하고 한계를 장점으로 바꿀 수 있었는지 이해하기 바란다.

토막상식

'울펜슈타인 3D'라는 이름은 실라스 워너$^{Silas\ Warner}$가 만든 1981년 애플 II용 게임인 〈캐슬 울펜슈타인$^{Castle\ Wolfenstein}$〉에서 영감을 받았다.

> 〈캐슬 울펜슈타인〉의 두 번째 작품으로 〈비욘드 캐슬 울펜슈타인$^{Beyond\ Castle\ Wolfenstein}$〉이라는 속편이 있었기 때문에 우리가 만든 게임을 〈울펜슈타인 3D〉로 명명했습니다. 이는 세 번째 작품인 동시에 3D로 만들겠다는 뜻이었습니다. 동일한 명명법 시스템을 〈카타콤^{Catacomb}〉, 〈카타콤 2〉, 〈카타콤 3-D〉에도 사용했습니다.
>
> – 존 로메로, 프로그래머

---

11 이 책은 공학 책이다. 인간적인 측면이 궁금하다면 『둠』을 읽기 바란다.

그림 1-2 〈캐슬 울펜슈타인〉 타이틀 화면

〈캐슬 울펜슈타인〉은 잠입이 중요한^{stealth-oriented} 게임이었지만(〈울펜슈타인 3D〉의 '엄청난 대학살'[12] 스타일은 시리즈 초기작과는 거리가 멀다) 전례 없는 디지털 음성 사용으로 큰 주목을 받았다.

초기에는 상표권 문제로 인해 '울펜슈타인'이라는 이름을 사용하지 못할 뻔했다. 사용이 가능한 다른 제목들을 고려해봤으나 마음에 들지 않았고, 결국 1992년에 메릴랜드주 볼티모어에서 '울펜슈타인'의 상표권을 소유한 여성을 찾아내 5,000달러에 구입했다.

---

12 옮긴이_ 국내에 출간된 『둠』에서는 '대량 살상'이라고 표현했다. 자세한 설명은 4.5.3절 참고.

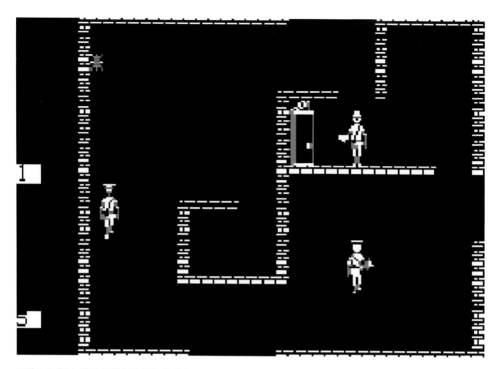

그림 1-3 〈캐슬 울펜슈타인〉의 잠입 플레이

CHAPTER 2

하드웨어

IBM PC를 쉽게 이해하기 위해서는 작은 부분으로 나누는 것이 좋다. 입력, CPU, 램, 비디오, 오디오까지 5개의 하위 시스템이 파이프라인^{pipeline}을 형성한다.

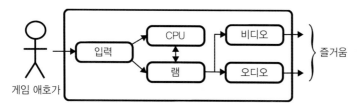

그림 2-1 하드웨어 파이프라인

아직 제조업체가 게임 산업에 뛰어들기 전이었으므로 부품과 관련된 여러 어려움이 있었다. 부품들의 품질은 다양했다. 나쁘거나, 끔찍하거나, 아예 못 쓸 수준이었다.

단계	품질
램	견딜만 함
비디오	사용 불가
오디오	아주 형편없음
입력	그럭저럭
CPU	사용 불가

그림 2-2 게임 엔진을 구성하는 요소들의 품질

2.1 CPU: 중앙처리장치

1991년 미국에는 5천 6백만 대의 PC가 있었다.[1] 당시의 PC 성능은 사실상 중앙처리장치central processing unit (CPU)에 따라 좌우되었기에 PC 이름도 브랜드나 GPU가 아닌 내부에 탑재된 메인 CPU를 따서 불렀다.[2] PC에 인텔 80386 또는 이와 동등한 제품이 탑재된 경우 '386', 인텔 80286이 탑재된 경우에는 '286'이라고 불렀다.

2.1.1 개요

당시 시장을 지배했던 CPU 제조업체는 x86 마이크로프로세서 제품군을 보유한 인텔이었다.[3] 16비트 80286 프로세서를 기반으로 한 제품은 잘 팔리지 않았지만, 1985년에 80386 프로세서를 기반으로 출시된 후속 제품은 대성공을 거뒀다.[4] 결과적으로 〈울펜슈타인 3D〉는 386 CPU가 탑재된 PC에서 동작하도록 설계되었으며, 286 PC에서도 즐길 수는 있었지만 성능은 다소 저하되었다.

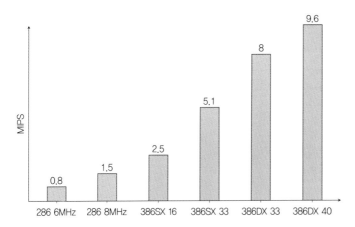

그림 2-3 MIPS와 CPU의 비교[5]

1　『Collier's Encyclopedia(콜리어 백과사전)』 7권 'Computers(컴퓨터)' 항목
2　당시에는 GPU가 없었다. GPU라는 용어는 1999년, 엔비디아가 지포스 256을 '세계 최초 GPU 또는 그래픽 처리 장치'라고 홍보했을 때 처음으로 등장했다.
3　인텔의 연례 보고서에 따르면 1989년에 판매된 PC 중 무려 73%가 인텔 CPU를 사용했다.
4　1992년 2월 『PC Magazine(PC 매거진)』에 관련 기사가 실렸는데, 데이터퀘스트에 따르면 1990년에 386 기반 시스템이 약 374만 대 판매된 것으로 추정된다.
5　로이 롱보텀(Roy Longbottom)의 PC 벤치마크 모음 참고. *http://www.roylongbottom.org.uk/mips.htm#anchorIntel2*

인텔 코어 i7 3.33GHz와 같은 최신 프로세서는 18만 MIPS에 가깝게 동작한다.

인텔은 386을 만들 때 386-SX와 386-DX의 두 가지 버전으로 만들었다. 프로세서는 동일했지만 DX 버전이 SX보다 거의 두 배 강력했다.[6] DX의 경우 CPU와 램 사이의 버스 너비가 SX의 두 배(DX는 32비트, SX는 16비트)였기 때문이다. 제조업체는 인텔 286용으로 설계된 16비트 버스 유닛 메인보드 칩을 재사용해 386-SX 버스 유닛을 만들었고, 비용을 대폭 절감할 수 있었다. 386-SX는 성능이 떨어졌지만 더 저렴했으며, 많은 사람이 버스가 무엇인지 전혀 몰랐기 때문에 잘 팔렸다. 사람들은 단지 '386'을 원했을 뿐이었다.

AMD와 사이릭스라는 두 회사가 인텔 386의 복제품을 생산했다. 두 제품의 가격은 인텔보다 저렴했지만 성능이 평범했기에 높은 시장 점유율을 얻지는 못했다. 결국 거의 모든 PC에 인텔의 CPU가 장착되었다. 여기서 흥미로운 점은 1997년에 사이릭스가 내셔널 세미컨덕터와 합병한 후, AMD가 인텔의 도전자로 진화했다는 것이다.

2.1.2 인텔 80386

80386에 대한 청사진부터 완제품으로의 여정이 그리 즐겁지만은 않았다. 포틀랜드의 엄선된 직원들이 인텔 i960(하드웨어에서 고급 언어를 지원하고 메모리 가비지 수집을 실행할 수 있는 새로운 명령 집합을 사용한 CPU)을 개발한 반면, 386은 산호세에 있는 작은 팀의 부프로젝트로 시작되었다. i960을 만들던 포틀랜드 팀이 성능이라는 거대한 장벽에 부딪히고 나서야, 386은 미운 오리 새끼에서 백조로 바뀌게 되었다.[7]

386 설계 과정에서 선택한 두 가지 요소가 성공에 기여했다. 첫째, 설계자들은 프로그래머의 피드백에 귀를 기울인 끝에 새로운 명령어 집합을 사용하겠다는 아이디어를 포기했다. 그 결과

---

6   [그림 2-3]에서 386 SX 33MHz와 386 DX 33MHz는 각각 5.1MIPS와 8MIPS다.

7   인텔 386 마이크로프로세서 설계와 개발 역사 패널

386은 286과 완벽한 하위 호환이 가능했다. 둘째, 32비트 운영 모드를 추가하여 286의 메모리 주소 지정 문제들의 상당수를 해결했다.

80286과 마찬가지로 80386도 $1.5\mu\mathrm{m}$ 프로세스를 사용했다. 표면적이 $49\mathrm{mm}^2$에서 $104\mathrm{mm}^2$로 증가한 덕분에 트랜지스터를 13만 4천 개 대신 27만 5천 개까지 집적할 수 있었다.

토막상식

286은 프로그래머와 하드웨어 설계자 모두에게 인기를 얻지 못했다. 빌 게이츠는 운영체제 관점에서 286에 대해 '뇌사'라고 평가했으며,[8] 인텔 8086의 공동 설계자인 스티브 모리스Steve Morris는 286을 '소프트웨어의 독'이라고 불렀다.

---

8 『Microprocessors(마이크로프로세서)』(McGraw-Hill, 1990) 참고

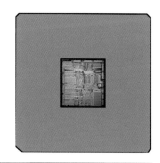

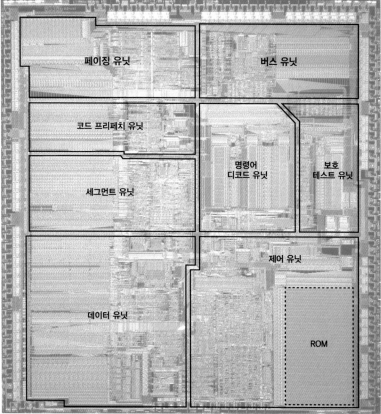

그림 2-4 인텔 80386-DX의 16MHz 다이 배치[9]

정사각형의 CPU 패키지는 36.8×36.8mm이고 다이는 10×10mm으로서, 이 책을 종이책으로 들고 있다면 축적은 1:1이다(실제 크기).

---

9 「The Intel 80386 – Architecture and Implementation(인텔 80386 – 아키텍처와 구현)」 참고

80386은 매우 복잡함에도 불구하고 시스템 3개와 3단계 명령어 파이프라인으로 요약이 가능하다.

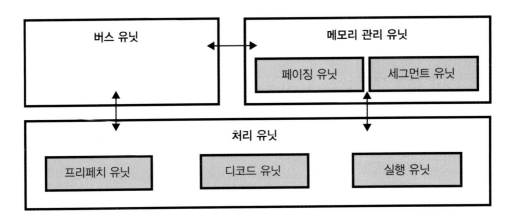

버스 유닛은 SX와 DX의 유일한 차이점이다. SX에는 16비트 버스 유닛이 탑재되어 있었기에 PC 제조업체들은 286 메인보드 디자인을 재사용하여 가격을 절감할 수 있었다. 반면 DX에는 완전한 32비트 버스 유닛이 탑재되었다.

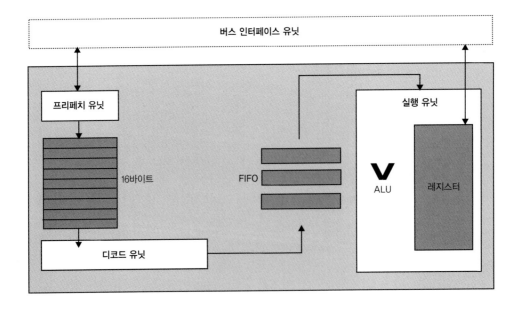

실행 그룹의 세 유닛들은 프리페치prefetch, 디코드, 실행이라는 3단계의 파이프라인을 형성한다. 실행 유닛을 수행 중이지만 버스를 사용하지 않는 경우, 프리페치 유닛이 이를 인식하고wake up 16바이트 큐에서 명령을 가져온다. 프리페치는 선형이므로 분기 결과를 예측할 수 없다. 결과적으로 점프(JMP) 명령은 전체 파이프라인을 비우게 만든다. 디코드 유닛이 파이프라인을 따라 내려가며 명령어를 처리한다. 디코드 작업의 결과는 마이크로코드 형태로 나뉜 세 구성 요소를 담는 FIFO에 저장되며 실행 유닛이 구성 요소를 선택한다.

시간 →

명령어 1	프리페치	디코드	실행		
명령어 2		프리페치	디코드	실행	
명령어 3			프리페치	디코드	실행

그림 2-5 인텔 386, 10×10mm, 27만 5천 트랜지스터 집적

386 CPU는 프로그래밍 관점에서 다음과 같은 구성 요소로 요약할 수 있다.

- 산술 논리 유닛^{arithmetic logic unit}(ALU)은 add, sub, mul 등을 수행
- 레지스터^{register} 16개
  - 32비트 범용 레지스터: EAX, EBX, ECX, EDX
  - 32비트 색인 레지스터: ESI, EDI, EBP, ESP
  - 16비트 세그먼트^{segment} 레지스터: CS, DS, ES, FS, GS, SS
  - 16비트 상태 레지스터
  - 32비트 프로그램 카운터: EIP
- 최대 4GB 램까지 선형 주소 지정이 가능한 32비트 주소 버스
- 메모리 페이징 유닛

토막상식

386은 파이프라인 설계에도 불구하고 2사이클 미만으로는 명령어를 수행할 수 없다. 심지어 간단한 **ADD reg, reg** 또는 **INC reg**조차도 2클록을 요구한다. 이는 SRAM 온칩 캐시 부재와 느린 디코딩 장치 때문이다.

명령어 유형	클록
ADD reg16, reg16	2
INC reg16	2
IMUL reg16, reg16	12~25[10]
IDIV reg16, reg16	27
MOV [reg16], reg16	4
OUT [reg16], reg16	25
IN [reg16], reg16	26

그림 2-6 386 명령어 비용[10]

---

10 『Intel 80386 Programmer's Reference Manual(인텔 80386 프로그래머용 참고 매뉴얼)』(인텔, 1987)

11 모든 곱셈 계산의 클록이 동일하지는 않다. 80386은 얼리 아웃(early out) 곱하기 알고리즘이다. 실제 클록 수는 최적화 곱셈기에서 최상위 비트의 위치에 따라 다르다.
   옮긴이_ 얼리 아웃 곱하기 알고리즘의 설명은 『Silence on the Wire(와이어에 대한 침묵)』(No Starch Press, 2005) 등의 책을 참고

2.1.3 부동 소수점

이러한 구성 요소에서 비롯되는 CPU 성능이 게임 프로그래밍에 그리 유용했던 것은 아니다. 3D 효과를 위해 삼각법trigonometry 계산을 수행하려면, 엔진이 각 연산의 분수 부분을 추적해야만 한다. C 언어에는 해당 목적에 맞는 타입인 float가 있으므로 아무 문제가 없어 보일 수도 있다. 그러나 실전에서는 문제가 되며, 이 문제를 이해하기 위해서는 먼저 float 작동 방식부터 알아야 한다.

"부동 소수점floating point 산술은 많은 사람에게 난해한 주제로 간주된다"[12]는 데이비드 골드버트David Goldbert의 유명한 말이 있다. 나는 이 의견에 더 이상 동의하지 않는다. 그러나 3D 엔진을 프로그래밍하기 위해 부동 소수점이 얼마나 유용한지 완전히 이해하려면 우선 부동 소수점을 파악해야 한다. C 언어에서 float는 IEEE 754 표준을 따르는 32비트 컨테이너다. float의 목적은 실수의 근삿값을 저장하고 연산을 허용하는 것이다. 32비트는 다음처럼 세 부분으로 나뉜다.

- 부호를 위한 1비트 S^{sign}
- 지수를 위한 8비트 $E^{exponent}$
- 가수를 위한 23비트 $M^{mantissa}$

그림 2-7 부동 소수점 내부

S	E	M

그림 2-8 부동 소수점 숫자를 구성하는 세 부분

숫자가 저장되고 해석되는 방법의 일반적인 공식은 이러하다.

---

12 「What every Computer Scientist should know about Floating-Point(모든 컴퓨터 과학자들이 부동 소수점에 대해 알아야 하는 내용)」 참고. *https://www.itu.dk/~sestoft/bachelor/IEEE754_article.pdf*

$$(-1)^S \times 1.M \times 2^{(E - 127)}$$

그림 2-9 부동 소수점을 표현하는 무시무시한 수식

이러한 설명은 프로그래머들이 이해하기 매우 어렵다. 이러한 무시무시한 수식은 많은 프로그래머를 좌절하게 만들고, 부동 소수점이 실제로 어떻게 작동하는지를 이해하기 위한 여정을 포기하게 하며, 다시는 쳐다보지도 않을 만큼 겁먹게 한다. 다행히 이를 설명할 더 나은 방법이 있다. 지수 대신에 두 연속된 2의 거듭제곱 수 사이에 윈도window가 있고, 가수 대신에는 해당 윈도 내의 오프셋offset이 있다고 생각하는 것이다.

S	윈도	오프셋

그림 2-10 대안으로 제시하는 부동 소수점 내부

이 윈도는 값이 연속된 두 2의 거듭제곱 수 사이에 있음을 말한다. 즉 $[2^{-127}, 2^{-126}]$에서 시작해 $[0.5, 1]$, $[1, 2]$, $[2, 4]$를 지나 $[2^{127}, 2^{128}]$까지. 오프셋은 윈도를 $2^{23} = 8,388,608$버킷으로 나눈다. 윈도와 오프셋을 사용해 근삿값을 지정할 수 있다. 윈도는 오버플로를 방어하는 탁월한 메커니즘이다. 예를 들어 $[2, 4]$ 윈도에서 최댓값에 도달하면 오른쪽으로 '날아가서float' 다음 윈도 $[4, 8]$ 내의 숫자를 표현하는 식이다. 정밀도precision가 살짝 희생될 뿐이다.

토막상식

윈도가 더 넓은 범위를 다룬다면 얼마만큼의 정밀도가 손실될까? 8,388,608오프셋이 1의 범위를 다루는 $[1, 2]$ 윈도를 예로 들면 정밀도가 $(2 - 1)/8,388,608 = 0.00000011920929$가 된다. $[2,048, 4,096]$ 윈도에서 8,388,608오프셋은 $(4,096 - 2,048) = 2,048$만큼의 범위를 다루므로 정밀도는 $(4,096 - 2,048)/8,388,608 = 0.0002$가 된다.

다음 그림은 숫자 6.1이 어떻게 인코딩되는지 보여준다. 윈도는 $4(2^2)$에서 시작해 2의 다음 거듭제곱인 $8(2^3)$의 제곱으로 확장되어야 한다. 오프셋은 대략 윈도 절반 정도에 위치한다.

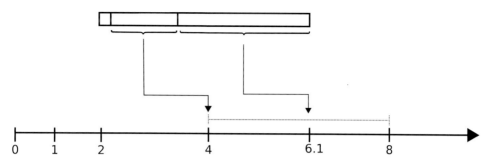

그림 2-11 6.1의 부동 소수점 근삿값

다음은 우리가 잘 알고 있는 숫자인 3.14의 부동 소수점 표현을 계산하는 자세한 예다.

- 숫자 3.14는 양수다. → S = 0

- 숫자 3.14는 2와 4 사이에 있으므로 부동 소수점 윈도는 2^1에서 시작해야 한다.
  → E = 128(윈도가 $2^{(E-127)}$일 때 공식 참조)

- 마지막으로 3.14가 구간 [2, 4] 내에 떨어지는 위치를 표현할 수 있는 2^{23} 오프셋이 존재한다.
  (3.14 − 2)/(4−2) = 0.57이므로 오프셋 $M = 2^{23} * 0.57 = 4,781,507$만큼 떨어진 위치에 있다.

이를 이진수로 변환하면 다음과 같다.

$S = 0 = 0b$

$E = 128 = 10000000b$

$M = 4,781,507 = 10010001111010111000011b$

31	30								23	22																					0
0	1	0	0	0	0	0	0	0	1	0	0	1	0	0	0	1	1	1	1	0	1	0	1	1	1	0	0	0	0	1	1

그림 2-12 3.14 부동 소수점의 이진 표현

값 3.14는 대략 3.140000104904174748046875로 근사된 것이다.

무시무시한 수식으로 표현한 해당 값은 다음과 같다.

$(-1)^0 \times 1.57 \times 2^{(128-127)} = 3.14$

마지막으로 윈도와 오프셋을 그림으로 표현하면 다음과 같다.

그림 2-13 3.14 윈도와 오프셋

부동 소수점 산술은 강력한 도구다. 숫자의 소수 부분을 추적하면서도 매우 작거나 큰 값을 표현할 수 있고, 필요에 따라 윈도를 이동시켜 오버플로^{overflow}로부터 보호할 수 있다.

부동 소수점은 편리하지만 상당한 계산 비용이 든다는 단점이 있다. 그 이유는 단순하다. 두 숫자를 더하고 빼고 곱하고 나누려면 먼저 둘을 동일한 윈도로 표현해야만 한다. 이는 특정 숫자를 다른 숫자가 사용하는 표현으로 변환하는 것을 의미하며, 일반적으로 32비트보다 더 높은 정밀도로 처리해야 한다(일반적으로 인텔 FPU의 경우 80비트).[13]

하드웨어 부동 소수점 장치 내에 모든 것이 고정 배선되어 있을 때는 문제가 되지 않지만, 386의 경우 큰 문제가 존재한다. 아키텍처 다이어그램을 다시 살펴보면 ALU만 장착되어 있음을 알 수 있다. **386에는 하드웨어 부동 소수점 장치가 없다!** 코드에서 float 연산을 발견하면 컴파일러가 소프트웨어로 에뮬레이션하는데, 처리 속도가 매우 느려지므로 실제로는 쓸모가 없다.

토막상식

부동 소수점 연산이 느린데도 불구하고 C 언어가 float와 double 유형을 지원하는 이유는 무엇일까? C 언어를 고안하기 위해 사용되었던 컴퓨터 PDP-11에는 부동 소수점 장치가 없었다! 제조업체인 DEC는 데니스 리치와 켄 톰프슨에게 다음 모델에는 부동 소수점 장치를 탑재하겠다고 약속했었다.[14] 두 사람은 천문학 애호가였기 때문에 float와 double 두 가지 타입을 C 언어에 추가하기로 결정했다.

---

13 FPU가 수행하는 처리량을 완전히 파악하고 싶다면, 소프트웨어 구현 코드를 읽으면 도움이 된다. 내 경우 다음 문서가 유용했다.
http://www.jhauser.us/arithmetic/SoftFloat.html
14 『The Development of the C Language(C 언어 개발)』 참고

하드웨어 부동 소수점 장치를 간절히 원했던 사람들은 따로 구입할 수 있었다. 인텔의 시장 이해에 따르면, 1990년대에 이 장치를 원했던 유일한 사람들은 아마도 과학자였을 것이다. i387 칩은 '수학 보조프로세서'로 판매되었다. 성능은 평균 수준인데도 가격은 엄청 비쌌지만[15] 상당히 잘 팔렸다.

그림 2-14 1991년 인텔의 i387 광고

하드웨어에 부동 소수점 장치가 없을 때의 해결책은, 분수 연산을 수행하기 위해 정수에 100 또는 1,000을 곱한 다음 다시 정수로 돌아가는 것이었다. 불행히도 이런 방식은 불가능했다. imul(곱하기^{multiply}) 명령어는 12~25사이클, div(나누기^{divide})는 27사이클[16]이 필요할 정도로 386은 성능이 좋지 못했다.

15 1991년 당시 200달러로 2018년 화폐가치로는 약 374달러이다.
16 다음을 참고. *https://zsmith.co/intel_i.php#imul*

결과적으로 게임 엔진 설계자는 문제에 대한 어중간한 두 가지 해결책 사이에서 곤란한 상황에 처했다. 빠르지만 충분히 정확하지 않은 정수와 정확하지만 충분히 빠르지 않은 부동 소수점, 둘 중에 무엇을 선택해야 하는가?

2.2 램

인텔 x86 제품군의 첫 CPU는 1976년에 설계되었다. 램(랜덤액세스메모리random-access memory, RAM)이 매우 비쌌던 당시에는 8080과 8086에 램의 1MiB[17] 주소를 처리할 수 있는 20비트 주소 버스와 함께 16비트 레지스터가 있었다. 1970년대에 1MiB짜리 램은 엄청나게 큰 용량이었다. 애플 II와 코모도어 64는 모두 64KiB[18]가 장착되어 출시되었고, 이 정도면 흥미로운 프로그램을 만들고 돌리는 데 충분했다고 설명하면 가늠이 될 것이다. 16비트 레지스터와 20비트 주소 버스면 충분했지만 이런 환경에서는 프로그래밍이 어려웠으며 두 레지스터를 결합해 포인터를 만들어낼 필요가 있었다.

1986년에는 하드웨어가 더 저렴해졌으며 인텔은 286과 386으로 낡은 아키텍처에서 벗어났다. 이 신형 CPU는 '보호 모드protected mode'를 지원했는데, MMUmemory management unit로 보호 가능한 선형 램의 16MiB 범위까지 지원하는 24비트 주소 버스가 보호 모드의 특징이었다. 386은 보호 모드에서 32비트 레지스터도 탑재했다. 기존 프로그램을 계속 실행할 수 있도록 두 프로세서 모두 '리얼 모드real mode'를 지원했는데, 이는 인텔 8080과 8086의 동작 방식(16비트 레지스터와 함께 세그먼트화된 주소 지정 기능으로 1MiB 범위까지 램을 지원하는 20비트 주소 버스)을 복제한 것이다.

모든 PC는 호환성을 위해 리얼 모드에서 시작해야만 했다. 1990년대의 프로그래머들을 추측해보자. CPU를 즉시 보호 모드로 변경하여 PC의 잠재력을 최대한 발휘하고 20년 된 리얼 모드는 버렸을 것이라고 생각했을지도 모르겠다. 불행히도 그들에겐 마이크로소프트가 만든 운영체제인 MS-도스라는 굵직한 장애물이 존재했다.

---

17 이 책은 IEC 표기법을 사용하며, MiB는 2^{20}이며 MB는 10^6이다.

18 이 책은 IEC 표기법을 사용하며, KiB는 2^{10}이며 KB는 10^3이다

2.2.1 도스 제한

마이크로소프트는 자신들이 만든 운영체제에서 실행되는 애플리케이션을 높이 평가했다. 사업 우선순위로서, 마이크로소프트는 새로운 시스템이 기존의 어떠한 것도 깨뜨리게 두지 않겠다는 단호한 신념을 가지고 있었다.[19] 1980년대의 수많은 애플리케이션은 리얼 모드만 지원하는 PC에서 작성되었으므로, 도스 5.0[20]은 계속해서 리얼 모드에서만 실행되었으며 이와 같은 결과로 루틴과 시스템 호출은 보호 모드와 호환되지 않았다. 이로 인해 모든 PC에 기본으로 탑재된 업계 표준의 운영체제가 PC의 잠재력을 최대한 활용하지 못하도록 프로그래머를 방해하는 곤란한 상황이 연출됐다. 개발자들은 1992년 CPU의 기능들을 무시하고 마치 속도만 빨라진 1976년 8086 CPU를 다루듯 사용했다. 결국 개발자들은 여전히 다음과 같은 제약에 묶여 있었다.

- ALU
- 레지스터 16개
  - 16비트 범용 레지스터: AX, BX, CX, DX
  - 16비트 색인 레지스터: SI, DI, BP, SP
  - 16비트 프로그램 카운터: IP
  - 16비트 세그먼트 레지스터: CS, DS, ES, FS, GS, SS
  - 16비트 상태 레지스터
- 램은 최대 1MiB

토막상식

1991년, 헬싱키 대학교의 한 학생은 취미로 (정말 별거 없는) 운영체제 개발을 시작했다. 도스와 반대되는 이 운영체제는 보호 모드에서 CPU를 사용하고 MMU와 32비트 레지스터를 활용할 수 있었다. 당시에는 몰랐지만 이 운영체제는 마이크로소프트에게 최악의 악몽을 제공할 운명이었다. 바로 리누스 토르발스가 장래 리눅스가 될 프로젝트를 시작하고 있었던 것이다.

---

19 『레이몬드 첸의 윈도우 개발 282 스토리』(ITC, 2007) 참고
20 1991년 6월에 출시되었다.

2.2.2 악명 높은 리얼 모드: 1MiB 램 제한

1991년 무렵, 보호 모드를 사용할 수 없던 개발자들은 마치 1976년인 듯이 프로그래밍을 진행했다. 20비트 주소 버스는 1MiB의 주소 지정이 가능한 램만 지원했다. PC에 설치된 메모리 용량과는 무관하게 1MiB까지만 처리할 수 있었다. 주소 지정을 하기 위해서는 32비트 레지스터가 아니라 16비트 레지스터 2개를 결합해 수행해야만 했으니 엎친 데 덮친 격이었다. 하나는 세그먼트이고 다른 하나는 해당 세그먼트 내의 오프셋이었다. 이 때문에 '16비트 세그먼트 프로그래밍'이라는 이름이 붙었다.

메모리 주소 배치는 다음과 같다.

- 00000h ~ 003FFh: 인터럽트interrupt 벡터 테이블
- 00400h ~ 004FFh: BIOS 데이터
- 00500h ~ 005FFh: *command.com + io.sys*
- 00600h ~ 9FFFFh: 프로그램에서 사용 가능(최대 대략 620KiB)
- A0000h ~ FFFFFh: UMAupper memory area: BIOS 롬, 비디오 카드, 사운드 카드 각각에 메모리 맵 형태로 매핑된 I/O

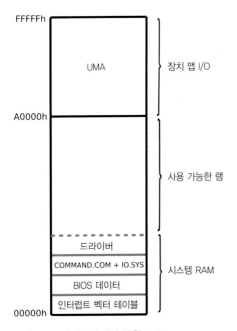

그림 2-15 램 메모리 배치 중 첫 1MiB

원래의 1024KiB 중에서 기본 메모리^{conventional memory}로 불리는 640KiB만 프로그램에서 접근할 수 있었다. 384KiB는 UMA용으로 예약되었으며 설치된 모든 드라이버(.SYS와 .COM)는 남은 640KiB를 야금야금 갉아먹었다.

토막상식

프랑스의 사람들은 **KEYBFR.SYS** 드라이버를 설치해야만 AZERTY 키보드[21]를 올바르게 매핑^{mapping}할 수 있었다. 이 드라이버는 무려 기본 메모리의 5KiB를 낭비했다. 프랑스 사람들은 IDDAD가 무적 모드라는 사실을 재빨리 학습했다.[22]

2.2.3 악명 높은 리얼 모드: 16비트 세그먼트 주소 지정

20비트 전체 주소를 담기에 16비트 주소 버스와 레지스터는 너무 작았기 때문에 인텔은 주소 지정 시스템을 마련해야만 했다. 인텔이 내놓은 해법은 16비트 레지스터 2개의 결합이었는데, 하나에는 세그먼트를 지정하고 다른 하나에는 해당 세그먼트 내의 오프셋을 지정하는 방식이었다.

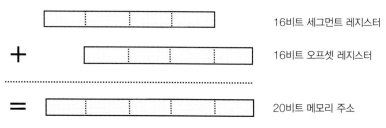

16비트 세그먼트 레지스터

＋ 16비트 오프셋 레지스터

＝ 20비트 메모리 주소

그림 2-16 메모리 주소 지정을 위해 레지스터를 결합하는 방법

near와 far라는 두 종류의 포인터가 있다. near 포인터는 16비트이고 있는 그대로 사용할 수 있기 때문에 빠르다고 간주되지만 현재 코드 세그먼트에서만 jmp를 허용한다. far 포인터는 모든 곳에 접근할 수 있으며 어디에서나 jmp를 허용하지만 16비트 세그먼트 레지스터를 4비

---

21 옮긴이_ 프랑스 키보드 배치는 Q, W, E, R, T, Y가 아니라 A, Z, E, R, T, Y로 되어 있으므로 정상적인 키보드 입력을 위해서는 변환이 필요했다.

22 QWERTY 키보드에서의 〈둠〉 무적 모드는 IDDQD이지만 프랑스 키보드 드라이버가 설치되지 않은 AZERTY 키보드에서는 IDDAD가 된다.

트 왼쪽으로 이동하고 다른 16비트 오프셋 레지스터와 결합해 20비트 주소를 형성해야 하므로 속도가 느리다.

아주 나쁘지 않게 들릴지도 모르지만, 실무에서는 세그먼트로 나뉘는 주소 지정 방식이 많은 문제를 일으켰다. 그나마 가장 작은 문제가 언어 관련 문제였다. C는 선형 메모리가 탑재된 컴퓨터에서 개발되었으므로 PC 컴파일러 제조업체에서 보강해야만 했다. `near`와 `far` 키워드가 등장한 이유가 바로 여기에 있다. 매크로 `MK_FP`는 결합된 20비트 메모리 주소를 만들었고 `FP_SEG`/`FP_OFF`는 각각 세그먼트와 오프셋이라는 개별 구성 요소에 접근할 수 있었다. 또한 `libc`도 '달라졌다'. `malloc`은 `near` 포인터를 반환하므로 최대 64KiB까지만 할당할 수 있었다. 64KiB 넘는 메모리를 할당받으려면 `farmalloc`이 필요했다.

가장 큰 문제는 동일한 주소를 참조하는 포인터 2개가 동등성 테스트에 실패할 수 있다는 것이었다. 세그먼트 주소 지정 모델에서 세그먼트 포인터는 1MiB 램을 65,536단락으로 나눴다. 세그먼트는 16바이트이지만 오프셋은 최대 65,536바이트까지 늘어날 수 있었기에 중첩이 발생했다. 다음의 예로 문제를 설명할 수 있다.

포인터 A는 다음과 같이 정의된다.

```
      0000 0000 0000 0000      세그먼트  16비트
  +       0000 0001 0010 0000  오프셋    16비트
  ===========================
      0000 0000 0001 0010 0000  주소      20비트
```

포인터 B는 다음과 같이 정의된다.

```
      0000 0000 0000 0000      세그먼트  16비트
  +     0000 0001 0010 0000    오프셋    16비트
  ===========================
      0000 0000 0001 0010 0000  주소      20비트
```

포인터 C는 다음과 같이 정의된다.

```
      0000 0000 0001 0010      세그먼트  16비트
  +     0000 0000 0000 0000    오프셋    16비트
  ===========================
      0000 0000 0001 0010 0000  주소      20비트
```

정의대로 A, B, C는 모두 동일한 메모리 위치를 가리키고 있지만, 비교 테스트에는 실패할 것임을 알 수 있다.

```c
#include <stdio .h>
#include <dos.h>

int main(int argc, char** argv){

  void far *a = MK_FP(0x0000, 0x0120);
  void far *b = MK_FP(0x0010, 0x0020);
  void far *c = MK_FP(0x0012, 0x0000);

  printf("%d\n",a==b);
  printf("%d\n",a==c);
  printf("%d\n",b==c);
}
```

결과는 다음과 같을 것이다.

```
0
0
0
```

세그먼트 주소 지정 시스템에서는 포인터 산술에 대해서도 신중하게 고려해야만 한다. far 포인터 증가는 세그먼트가 아닌 오프셋만 증가시킨다. 64KiB보다 큰 배열에서 순회하면 결국 한 바퀴를 돌게 된다. 64KiB가 넘는 포인터 산술 작업을 위해 또 다른 유형의 포인터인 huge를 사용할 수도 있지만 실제로 쓰는 사람은 거의 없다.[23]

2.2.4 확장 메모리

리얼 모드의 20비트 주소 버스는 주소 지정 가능한 램을 1MiB로 제한한다. 1992년에 출시된 PC에는 과거와는 달리 보통 2MiB, 때로는 4MiB가 장착되었다. 주소 지정이 가능한 공간 너머에 있는 메모리를 '확장 메모리'라고 한다. 확장된 자원resource에 접근할 때 임기응변으로 제

---

23 옮긴이_ huge 포인터는 far 포인터와 마찬가지로 메모리를 많이 사용하는 데다 속력이 무지 느리다. far 포인터와는 달리 산술연산 때는 정규화가 되지만, 막상 대입할 때는 정규화가 되지 않는 문제도 있었다.

시된 해결 방법은 특수 드라이버를 설치하는 것이다.[24]

불행하게도 확장 메모리 접근 방식은 표준화되지 못했다. 사용자는 도스와 함께 제공된 드라이버 2개 중 하나를 로드할 수 있었다.

- 중첩 확장 메모리expanded memory specification(EMS) 드라이버: *EMM386.EXE*
- 연속 확장 메모리extended memory specification(XMS) 드라이버: *HIMEM.SYS*

드라이버 설치 시작 시점에서 사용자가 드라이버 로드에 대해 생각하지 못한 경우에는 1MiB가 넘는 램을 사용할 수 없었다. 이러한 사용 사례는 큰 문제로 여겨졌다. 많은 고객들이 PC에 정말 값비싼[25] 몇 MiB짜리 램을 추가로 설치했음에도, 게임은 "메모리가 부족합니다"라고 문제를 제기하며 시작을 거부했다. 고객들은 이를 이해할 수 없었다. 이드 소프트웨어는 게임과 함께 이에 대한 설명서[26]를 제공해야만 했다.

두 API의 기능은 비슷했지만 아키텍처는 완전히 달랐다.

2.2.4.1 XMS API

1988년 7월 19일에 출시된 XMS 드라이버는 `libc`에 포함된 `malloc/free`와 같은 방식으로 작동했으며 프로그래머에게 가장 직관적인 모델을 제공했다. XMS는 `allocate`, `free`, `realloc`, `move`와 같은 연산을 통해 주소 지정이 불가능한 확장 메모리의 데이터를 조작할 수 있게 허용한다. XMS는 확장 램과 기본 램 사이에서 메모리를 복사해야만 한다는 핵심적인 특징을 가진다.

----

24 부록 D 참고

25 1992년에 4MiB 램 구입에 드는 비용은 149달러로, 2017년 화폐가치로는 약 256달러이다.

26 부록 C 참고

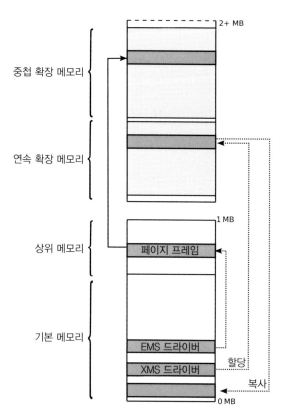

그림 2-17 중첩 확장/연속 확장 메모리 배치

2.2.4.2 EMS API

EMS 드라이버는 [그림 2-17]에 표시된 것처럼 주소 지정이 가능한 램 공간을 넘어서는 창을 열었다. 이 아이디어는 메모리 매핑과 관련이 있다. EMS 드라이버는 '페이지 프레임'이라는 64KiB 영역을 통해 '페이지'라는 16KiB짜리 4개 유닛을 조작했다. 드라이버에 요청하면 아무 것도 복사하지 않고서도 특정 페이지를 페이지 프레임으로 스왑할 수 있었다.

2.2.4.3 EMS 대 XMS

드라이버가 어떻게 불가능을 가능으로 만들었는지(어떻게 20비트 포인터로 1MiB를 넘어서는 램에 접근했는가?) 그리고 각 접근 방식의 장단점이 무엇인지에 대한 흥미로운 주제는 부록 B 에서 자세히 설명한다.

세부 사항을 자세하게 파고드는 것을 선호하지 않는다면, EMS 매핑 방법이 XMS 복사 방법보다 몇 배 더 빠르다는 사실만 기억하자. 이렇듯 속도와 관련한 고려 사항은 〈울펜슈타인 3D〉의 메모리 관리에 상당한 영향을 미쳤다.

2.2.4.4 '사랑할 수 없는' 시스템

이 시점에서 CPU와 설계 방식에 의문을 품었다면, 이상하게 생각한 것은 당신 혼자가 아니다. 이 미친 상황을 잘 표현한 말을 세 가지만 꼽으면 다음과 같다.

> x86은 설명하기 어렵고 사랑하기에도 어려운 아키텍처다.
>
> – 데이비드 패터슨과 존 헤네시, 『컴퓨터 구조 및 설계』(한티미디어, 2015) 저자

> 이상하게 들리겠지만, 인텔은 x86을 만들었고 마이크로소프트는 x86을 작성했고, 도스는 x86을 토대로 성장했다.
>
> – 에클스조던 트리거Eccles-Jordan Trigger, *codeproject.com*

> 소프트웨어의 독
>
> – 스티브 모리스, 인텔 8086 공동 설계자

토막상식

게임에서 실행 가능한 코드를 넣을 수 있는 공간은 640KiB이 전부였다. 그러나 컴파일러를 작성하는 사람들은 훨씬 더 영리했다. 1993년에 출시된 유명한 비행 아케이드 게임 〈스트라이크 커맨더Strike Commander〉의 실행 파일은 745KiB로, 기본 메모리에 들어가지 않는다. 이 문제를 풀기 위해 게임을 시작할 때 일부 '오버레이overlay'만 로딩하는 오버레이 페이지 기법을 사용했다. CPU가 오버레이의 끝에 막 도달하려 할 때, 컴파일러가 삽입한 특수 명령어는 하드 드라이브hard drive(HDD)에서 다음 오버레이를 로드하고 CPU가 따라야 할 jmp 명령어를 설정한다. 이 기술은 그래프 페이징 활동으로, 〈월리스와 그로밋: 전자바지 소동〉(1993)의 그로밋이

달리는 모형 열차 위에 서서 열차 앞에 철도 궤도를 배치하는 장면과 유사하다.

2.3 비디오

PC는 CRT 모니터에 연결되었다. CRT 모니터는 크고, 무겁고, 작은 대각선과 음극선을 기반으로 한 곡면 스크린이다. 당시에는 가로세로 비율이 4:3인 14인치 대각선 모니터가 대부분이었다.

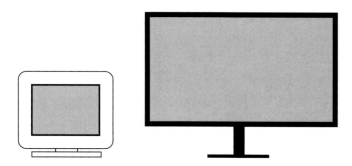

그림 2-18 CRT(왼쪽) 대 LCD(오른쪽)

[그림 2-18]은 크기와 해상도를 쉽게 이해하도록 1992년의 14인치 CRT(640×480 해상도)와 2014년의 30인치 애플 시네마 디스플레이(2,560×1,600 해상도)를 비교한다.

이러한 구조의 주된 문제는 컴퓨터가 디지털인 반면에 CRT는 아날로그 시스템이었다는 사실이다. 둘 사이의 인터페이스interface가 필요했으며 '어댑터adapter'라는 일련의 칩셋chipset으로 제공되었다.

토막상식

CRT는 얼마나 크고 무거울까? 인터그래프Integraph가 만든 인터뷰InterView 28hd96 모델은 28인치 대각선 길이로 (그 무렵 대다수 모니터가 640×480를 지원할 때) 1,920×1,080까지 해상도를 허용했다. 무게는 45kg이다. 요즘 모니터와 비교해보자면 현대의 델 LCD 27인치의 무게는 7.8kg이다.

오른쪽 사진은 1996년의 존 카맥으로, 비주얼 스튜디오 C++로 〈퀘이크 2〉를 프로그래밍하는 동안 28hd96을 사용했다.

2.3.1 비디오 어댑터 역사

단색 표시 어댑터Monochrome Display Adapter(MDA)는 1981년에 IBM PC 5150과 함께 출시되었다. 두 가지 색상을 제공하며 80열×25행 텍스트를 허용했다. 훌륭하지는 못했지만 모든 PC에서 표준으로 여겨졌다. 수년에 걸쳐 다른 시스템들이 뒤를 이었지만, 각 시스템은 하위 호환성을 유지했다.

이름	출시 연도
MDA(**M**onochrome **D**isplay **A**dapter)	1981년
CGA(**C**olor **G**raphic **A**dapter)	1981년
EGA(**E**nhanced **G**raphics **A**dapter)	1985년
VGA(**V**ideo **G**raphics **A**rray)	1987년

그림 2-19 비디오 인터페이스 역사

각 세대마다 새로운 기능이 추가되었는데, 1991년까지 지배적이었던 그래픽 시스템은 비디오 그래픽스 어레이Video Graphics Array(VGA)였다. PC에 설치된 모든 비디오 카드는 IBM이 설정한 표준을 따라야만 했다. 시스템의 보편성은 양날의 검이었다. 개발자가 단 하나의 그래픽 시스템만 프로그래밍하면 된다는 것은 장점이었지만 분명한 단점들도 있었다.

다음 그림에서 VGA 카드 트라이던트Trident 8800(8비트 ISA)를 소개한다. 카드 왼쪽의 칩 8개는 프레임 버퍼가 저장된 VRAM을 형성한다.[27] 그다음 그림은 다이아몬드Diamond의 스텔스Stealth(16비트 ISA)다. 두 사진의 출처는 모두 *vgamuseum.info*이다.

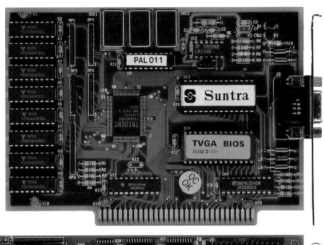

----

27 트라이던트 TVGA8800BR은 V53C464P80L 칩 8개가 장착되며 각각 64KiB를 저장하므로 총 512KiB VRAM을 구성할 수 있기 때문에 실제로 VGA를 능가했다. 256KiB가 넘는 카드는 슈퍼-VGA라고 하지만 완전히 다른 제품이다.

당시에는 GPU 시장이 없었다. 모든 비디오 카드는 256KiB 램과 VGA 호환이 필수였기 때문에 많은 사람이 가장 저렴한 제품을 구입했다. 그러나 트라이던트처럼 8비트 ISA 버스 커넥터가 있는 일부 카드가 있었고, 다이아몬드처럼 거의 두 배가 빠른 16비트 ISA 버스 커넥트가 있는 카드도 있었다.

2.3.2 VGA 아키텍처

VGA는 입력, 저장, 출력으로 구성된 세 가지 주요 시스템으로 요약할 수 있다.

- 그래픽 컨트롤러와 시퀀스 컨트롤러(CPU–VRAM 인터페이스): VGA 램 접근 방법을 제어
- 프레임 버퍼(VRAM): 256KiB 1개가 아니라 64KiB 메모리 뱅크 4개로 구성
- CRT 컨트롤러와 DAC[28](VRAM–CRT 인터페이스): 팔레트 형태로 색인된 프레임 버퍼를 RGB로 변환해 아날로그 신호로 송출

아키텍처의 가장 놀라운 부분은 두말할 것 없이 프레임 버퍼다. 큰 선형 뱅크 1개 대신 조각난 뱅크 4개가 있는 이유는 무엇일까?

일부는 하위 호환성 때문이다. VGA의 전 버전인 EGA는 램이 64KiB였다. 64KiB 뱅크 하나만을 사용하는 이전 버전과 하위 호환되는 시스템을 설계하기는 매우 쉬웠다.

더 중요한 이유는 램 대기 시간과 최소 대역폭의 필요성이었다. 60Hz에서 실행되고 16색으로 640×480을 표시하는 CRT는 $1/(640 \times 480 \times 60)$초마다 픽셀 하나가 필요하다. 640×480 해상도에서 한 픽셀은 4비트로 인코딩된다. DAC는 각 니블[29]을 666 RGB 색상[30]으로 변환한다. 이 인코딩은 대역폭을 4.5로 나누지만 여전히 108ns마다 1바이트가 필요했다.

불행히도 램 접근 대기 시간은 200ns이었으므로 60Hz로 화면을 새로 고치기에 충분히 빠르지 않았고,[31] DAC는 굶주리게 된다. 대기 시간을 줄일 수 없는 경우라면 동시에 뱅크 4개를 읽어 처리량을 개선할 수 있다. 병렬 읽기는 200/4 = 50ns라는 분산된 램 대기 시간을 제공했

---

28 디지털–아날로그 변환회로(digital–to–analog converter)
29 옮긴이_ 8비트의 절반인 4비트를 일컫는 단위
30 옮긴이_ 원색당 6비트
31 『Computer Graphics, 2nd Ed.(컴퓨터 그래픽스 2판)』(Addison–Wesley, 1995) 168페이지 참고

으며 충분히 빨랐다.

이 아키텍처를 통해 읽기 연산의 불이익은 줄였으나 쓰기 연산으로 프레임 버퍼에 픽셀을 그리는 작업은 여전히 느렸다는 것에 주목하자. 적절한 프레임 레이트를 유지하기 위해서는 VRAM에 쓰는 것을 최대한 줄이는 게 중요하다.

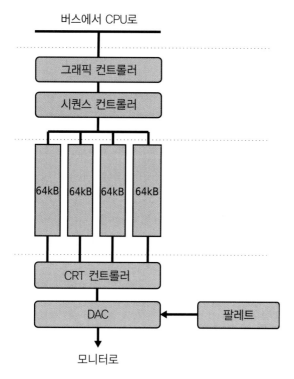

그림 2-20 VGA 아키텍처

2.3.3 VGA 2차원이라는 광기

메모리 뱅크 4개는 60Hz/70Hz에서도 고해상도에 도달할 수 있도록 충분한 처리량을 제공한다. 이에 상응하는 대가는 당시 최고의 프로그래머조차 인정할 수밖에 없었던 '프로그래밍의 복잡성'이었다.

> 단도직입적으로 말해보자면, 딱 한 가지 사실은 명확하게 짚고 넘어가고 싶습니다. VGA는 좋은
> 성능을 내기에 어려운, 때로는 '엄청나게' 어려운 프로그램을 요구합니다.
>
> – 마이클 아브라시, 『Graphics Programming Black Book』

메모리 뱅크 설계의 첫 번째 문제는 직관적이지 않다는 것이다. 선형 프레임 버퍼가 없고, 각각의 바이트가 화면 속의 어떤 픽셀에 대응하는지 알아내기 어려웠다.

이런 유형의 아키텍처를 '2차원planar'이라고 한다. 픽셀 하나가 1바이트로 인코딩되는 모드 13h에서 화면의 선 위에 픽셀 4개를 나란히 쓰기 위해서는 각 뱅크에 1바이트를 써야 한다. 뱅크 각각은 동일한 UMA 메모리 주소에 매핑된다. 이와 같은 배치 방식을 그림으로 설명하면 이해가 훨씬 쉽다.

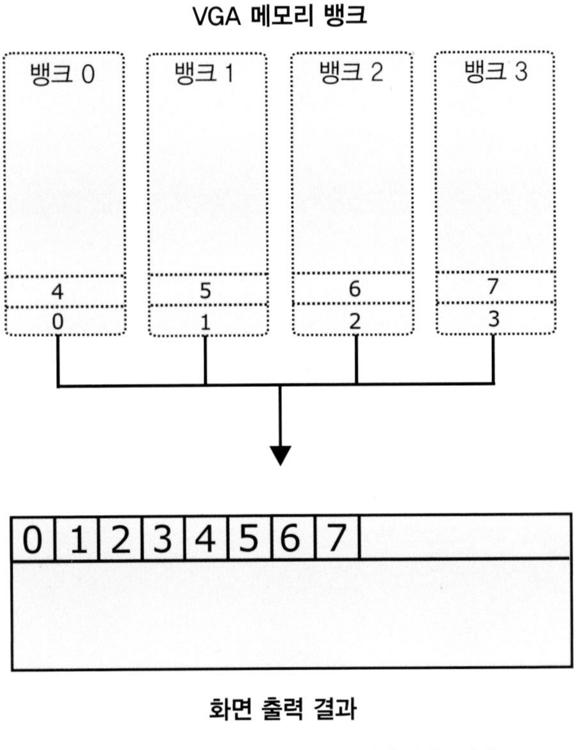

그림 2-21 VGA 모드 13h, 뱅크 배열이 화면에 출력되는 방식

이렇게 엉망진창인 평면과 컨트롤러를 구성하기 위해서는 형편없이 문서화된 내부 레지스터 50개를 설정해야만 한다. 두말할 필요 없이 극소수 프로그래머만이 VGA 탐구를 위해 뛰어들었다.

아키텍처를 설명한 [그림 2-20]은 실제와 비교하면 엄청나게 단순화된 것이다. [그림 2-22]는 IBM의 참조 매뉴얼에서 VGA를 어떻게 설명했는지 보여준다. 배선의 미로는 시스템의 실제 복잡성을 보여준다.

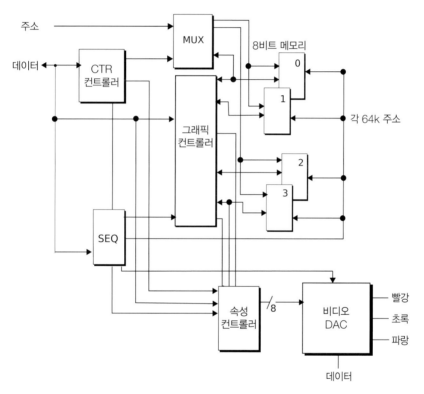

그림 2-22 IBM의 VGA 문서

복잡성을 보완하기 위해 IBM은 BIOS 호출 하나만으로 모든 레지스터를 초기화하는 루틴을 제공했다. 해상도, 색상 수, 메모리 배치가 각기 다른 사용 가능한 15가지의 모드 중에 하나를 선택할 수 있었다.

2.3.4 VGA 모드

다음과 같이 BIOS를 호출하여 VGA를 구성할 수 있다.

모드	유형	형식	색상	램 매핑	Hz
0	텍스트	40×25	16(단색)	B8000h	70
1	텍스트	40×25	16	B8000h	70
2	텍스트	80×25	16(단색)	B8000h	70
3	텍스트	80×25	16	B8000h	70
4	CGA 그래픽	320×200	4	B8000h	70
5	CGA 그래픽	320×200	4(단색)	B8000h	70
6	CGA 그래픽	640×200	2	B8000h	70
7	MDA 텍스트	9×14	3(단색)	B8000h	70
0Dh	EGA 그래픽	320×200	16	A0000h	70
0Eh	EGA 그래픽	640×200	16	A0000h	70
0Fh	EGA 그래픽	640×350	3	A0000h	70
10h	EGA 그래픽	640×350	16	A0000h	70
11h	VGA 그래픽	640×480	2	A0000h	70
12h	VGA 그래픽	640×480	16	A0000h	60
13h	VGA 그래픽	320×200	256	A0000h	70

그림 2-23 사용 가능한 VGA 모드

프로그래머는 대응하는 ID로 VGA 모드를 참조했다. 게임 프로그래밍에 가장 적합한 두 가지 모드인 모드 **12h** 또는 모드 **13h**를 배우는 게 일반적이었다.

2.3.5 VGA 프로그래밍: 메모리 매핑

VRAM을 쓰기 위해 램의 1MiB 주소 공간을 [그림 2-23]에 정리된 시작 번지에 맞춰 64KiB 출발점으로 매핑한다. 예를 들어 모드 **13h**에서 VRAM은 **0xA0000**에서 **0xAFFFF**로 매핑된다. 염두에 둬야 할 첫 번째 질문은 '64KiB의 주소 공간만으로 256KiB의 램에 어떻게 접근할 수 있을까?'이다. [그림 2-24]에 요약되어 있는 '뱅크 전환'이 그 질문의 대답이다. 읽기와 쓰기 연산은, 읽거나 써야 하는 뱅크를 지정하는 마스크 레지스터를 기반으로 라우팅routing된다.

2.3.6 VGA 프로그래밍: 모드 12h

게임 프로그래밍을 위해 처음으로 고려되는 첫 번째 모드는 모드 **12h**다. 60Hz에서 640×480의 해상도를 제공한다.[32] 각 픽셀은 뱅크 4개에 걸쳐 4비트(1니블)로 인코딩된다.

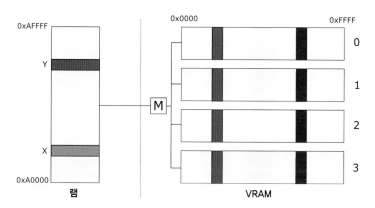

그림 2-24 PC 램을 VGA VRAM 뱅크에 매핑

첫 번째 픽셀의 색상을 쓰려면 개발자는 평면 0에 니블의 첫 번째 비트, 평면 1에 두 번째, 평면 2에 세 번째, 평면 3에 네 번째 비트를 써야만 한다. CRT 컨트롤러는 평면에서 하나씩, 한 번에 4바이트를 읽어 화면에 8픽셀을 그린다.

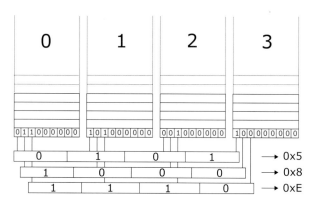

그림 2-25 모드 12h에서 VGA 뱅크 배치

----

32 대역폭 요구 사항으로 인해 이 모드는 60Hz에서 작동하는 유일한 모드다. 다른 모드는 모두 70Hz에서 실행된다.

이 모드의 유일한 상점은 정사각형 픽셀이다. 640×480 종횡비는 CRT의 4:3과 일치하므로 프레임 버퍼의 왜곡distortion 없이 화면에 출력된다. 하지만 이외의 수많은 특성은 단점으로 여겨진다.

- 더블 버퍼링을 사용할 수 없다. 640×480/2는 0x25,800바이트와 같으므로 가용 VRAM의 256KiB (0x40,000바이트) 절반 이상을 사용한다.
- 높은 해상도는 더 많은 픽셀을 의미하며 이는 더 많은 계산과 더 많은 그리기(즉, 더 많은 VRAM 쓰기)를 의미한다.
- 16개 색상은 엄청난 제약이었다. 이 모드를 사용한 게임들은 일반적으로 256색 모드를 사용하는 게임보다 나쁘게 보였다.[33]

그림 2-26 〈울펜슈타인 3D〉가 16개 색상을 사용했을 경우의 모습

---

33 이 규칙의 예외는 1992년 사이버드림즈가 개발하고 배급한 어드벤처 게임인 〈어둠의 씨앗(Dark Seed)〉이다. H. R. 기어의 미술 작품에서 영감을 받은 이 게임은 640×480 해상도에 16개 색상만으로도 화려한 시각적 효과를 발휘한 것으로 유명하다.

2.3.7 VGA 프로그래밍: 모드 13h

모드 13h는 70Hz에서 320×200이라는 더 낮은 해상도를 256색으로 제공하기 때문에 훨씬 매력적이다. 또한 선형 버퍼처럼 속일 수 있다는 장점도 가지고 있다. 체인-4[Chain-4]라는 특수 칩은 램 주소의 하위 2비트를 사용해 마스크를 자동으로 프로그래밍하고 연산을 적절한 VRAM 뱅크로 라우팅한다. 이 편리한 메커니즘은 원래 모드 13h가 정적 이미지를 표시할 수단이었기 때문에 추가되었고, 선형 주소 공간 덕분에 개발자는 쉽게 램에서 VRAM으로 복사할 수 있었다.

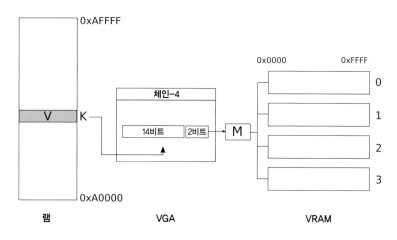

그림 2-27 램과 VRAM 간의 I/O를 라우팅하는 체인-4

램에서 주소 K의 값 V를 읽고 쓸 때 체인-4는 주소를 두 부분으로 나눈다.

- 하위 비트 2개는 마스크를 자동으로 구성하는 데 사용된다. 00b는 뱅크 0으로, 01b는 뱅크 1로, 10b는 뱅크 2로, 11b는 뱅크 3으로 간다.
- 상위 비트 14개는 2비트만큼 오른쪽으로 시프트되어 뱅크에서 오프셋으로 사용된다.

예를 들어, 램에서 0xABF13[34]에 쓰면 뱅크 3의 오프셋 0xABF13 >> 2 = 0x2AFC4 지점에 쓰게 된다. 이런 논리 회로가 체인-4 내부에 고정되어 있기 때문에 추가 계산 작업은 빠르고 사용자에게는 전혀 보이지 않는다.

----
34 옮긴이_ 2진수로 변환하면 0b1010101111110001001이므로 하위 2비트가 11이 된다.

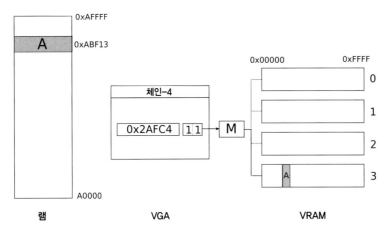

그림 2-28 계산 예시

편의 메커니즘의 부작용은, 오프셋으로 14비트만 사용할 수 있기 때문에 램의 75%가 낭비된다는 점이다.

2.3.7.1 설정

모드 13h에서 BIOS를 사용해 VGA를 설정하는 작업은 매우 쉽다. 명령어 2개만 사용하면 끝낼 수 있다.

```
mov ax,0x13  ; AH = 0(비디오 모드 변경), AL =13h(모드)
int 0x10     ; 비디오 BIOS 인터럽트
```

int 10 명령어는 그래픽 설정을 담당하는 BIOS 루틴이 잡아낼 소프트웨어 인터럽트다. ax 레지스터를 참조하여 50개의 모든 VGA 레지스터를 해당 모드로 설정한다.

VGA가 초기화되면 매핑된 메모리에 `0xA0000`으로 쓸 수 있다. 동작 방식은 코드 샘플로 설명할 수 있다. 다음은 화면을 검은색으로 지우기 위한 코드다.

```
char far *VGA = (byte far*)0xA0000000L;

void ClearScreen (void){
    asm mov a, 0x13
    asm int 0x10
```

```
    for (int I = 0; i < 320*200; i++)
        VGA [i] = 0x00;
}
```

모드 **13h**가 **12h**보다 좋아 보이지만, 사실상 게임이나 정적 이미지에 적용시키기에는 끔찍하다. 이유는 다음과 같다.

- 체인–4에서는 모든 램 주소 공간이 사용되며 따라서 더블 버퍼링을 사용할 방법이 없다.

- 해상도가 320×200이므로 가로세로 비율(1.6)이 모니터 비율(1.333)과 일치하지 않는다. 그 결과 VRAM에 저장된 프레임 버퍼가 CRT로 전송될 때 세로로 늘어났다. 작은 왜곡처럼 보이지만 상당히 큰 문제였다. 프레임 버퍼에는 원을 그렸지만 화면에는 타원으로 표시된 다음 사례를 보면 알 수 있다.

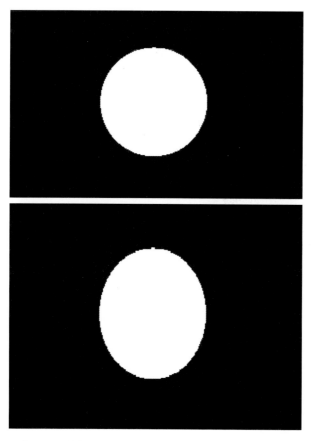

그림 2-29 프레임 버퍼에 그린 원이 CRT 모니터에서 세로로 늘어난 모습

2.3.8 더블 버퍼링의 중요성

하드웨어를 설명하면서 더블 버퍼링에 대해서는 종종 언급했지만, 아직까지 부드러운 애니메이션이 무엇보다 중요하다는 사실과 그 이유는 설명하지 않았다. 버퍼가 하나만 있을 때 소프트웨어는 정확하게 CRT의 주파수인 70Hz에 맞춰 작동해야만 한다. 그렇지 않으면 '테어링' 현상이 나타난다. 왼쪽에서 오른쪽으로 움직이며 원을 그리는 애니메이션의 예를 살펴보자.

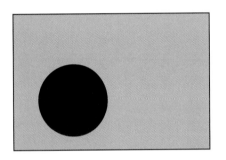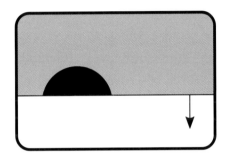

이 예에서 CPU(왼쪽)는 프레임 버퍼 쓰기를 마쳤고, CRT(오른쪽)의 전자 빔은 화면을 훑고 지나가기 시작했다. 전자 빔이 프레임 버퍼의 절반만 훑고 지나간 시점이기에 원이 화면에 부분적으로 그려졌다.

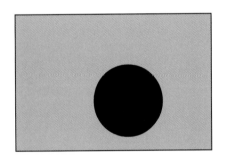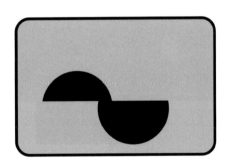

CPU가 CRT의 주파수인 70Hz보다 빠르면 화면 훑기가 완료되기 전에 프레임 버퍼를 다시 쓸 수 있다. 위 그림은 바로 이럴 때 발생하는 현상이다. 위 프레임에서는 원이 오른쪽으로 이동해 프레임 버퍼에 그려졌다. 전자 빔은 이를 인식하지 못한채 프레임 버퍼 내용을 화면에 계속 훑었다. 이로 인해 화면에 출력된 결과가 프레임 2개로 구성되었다. 두 프레임이 찢어진 후 다시 테이프로 붙여진 듯 보인다. 따라서 이러한 현상을 테어링으로 부르게 되었다.

버퍼 2개를 사용하면 CPU가 화면을 훑기 위해 읽고 있는 프레임 버퍼를 망가뜨리지 않고 두 번째 프레임 버퍼에서 쓰기를 시작할 수 있다.[35] 이렇게 하면 더 이상 테어링 현상이 발생하지 않는다.

2.4 오디오

일반적으로 PC에는 'PC 스피커'라고 알려진 동전 크기의 부저가 장착되어 있다. PC 스피커로 2단계 출력을 하여 사각파를 생성할 수 있다.

---

35 CPU 속도가 CRT 재생 빈도에 제한을 받는다면, 프레임 대기 시간을 희생하는 대신 트리플 버퍼링(triple buffering)으로 문제를 해결할 수 있다.

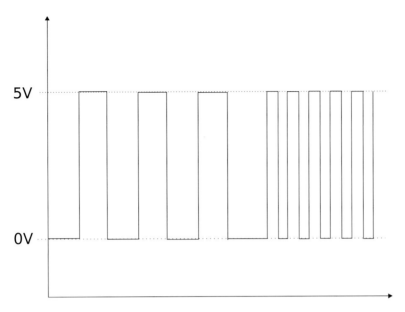

그림 2-30 PC 스피커를 통해 생성된 다른 주파수의 경고음 2회

오늘날까지도 부팅 과정에서 활성화되는 첫 번째 출력 장치는 PC 스피커다. 이 스피커의 기본 목적은 경고음 코드로 하드웨어 문제를 알리는 것이다. 부팅이 끝나고 나면 조용하게 유지된다.

경고음 코드	의미
경고음 없음	단락, CPU나 메인보드 문제, 헐거워진 주변 장치
경고음 한 번	모든 것이 정상
경고음 두 번	POST/CMOS 오류
긴 경고음 한 번, 짧은 경고음 한 번	메인보드 문제
긴 경고음 한 번, 짧은 경고음 두 번	비디오 문제
긴 경고음 한 번, 짧은 경고음 세 번	비디오 문제
긴 경고음 세 번	키보드 오류
반복되는 긴 경고음	메모리 오류
지속적인 높고 낮은 경고음	CPU 과열

그러나 사각파로 그럴싸한 소리를 생성하는 것은 쉽지 않았다. 몇몇 사람들은 이 속에서 잠재적인 시장 가능성을 찾아냈고, 회사들은 '사운드 카드sound card'라고 불리는 주변장치를 제조하기 시작했다. 사용자는 장치를 별도로 구입해서 PC의 ISA 슬롯 중 하나에 삽입할 수 있었다. 사운드 카드는 3.5mm 잭과 엄청나게 향상된 사운드 기능을 제공했으며 오디오 스피커에 연결하여 사용할 수 있었다. 1991년, 시장에는 네 가지의 카드가 있었다.

- 애드립 사운드 카드
- 사운드 블라스터 1.0
- 사운드 블라스터 프로
- 디즈니 음원

크리에이티브Creative가 1991년에 사운드 블라스터 카드를 100만 개나 판매하는 등 사운드 카드의 판매량은 증가했지만, 아직도 대다수 PC에는 사운드 카드가 없었기 때문에 게임 개발자들은 무척이나 애를 먹었다.

2.4.1 애드립

애드립AdLib의 음악 카드가 시장에서는 최초였다. 이 회사는 1988년에 퀘벡 출신의 전직 음악 교수인 마틴 프레벨Martin Prevel이 설립했다. 애드립은 게임 개발자가 애드립 카드(SDK는 300달러였다)를 사용하게 하려는 초기의 몸부림 끝에 타이토, 벨로시티, 시에라 온라인이 애드립 하드웨어를 지원하도록 설득하는 데 성공했다. 특히 시에라가 만든 〈킹스 퀘스트 IVKing's Quest IV〉가 300만 장 가까이 판매되면서 애드립 판매량을 크게 늘려줬다. 얼마 후, 모든 게임은 '음악 카드'를 지원했다.

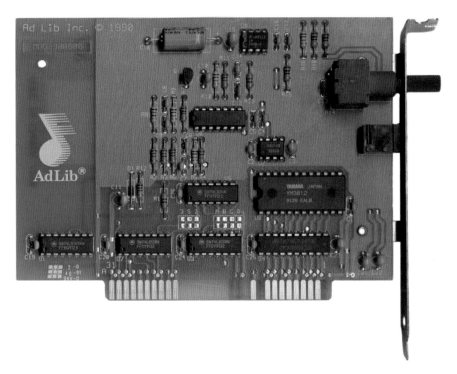

그림 2-31 애드립 사운드 카드. 큰 YM3812 칩과 8비트 ISA 커넥터에 주목

OPL2라고도 알려진 야마하 YM3812가 장착된 애드립 사운드 카드는 악기를 개별적으로 시뮬레이션할 수 있는 사운드 채널을 9개까지 생성할 수 있다. 주파수 변조frequency modulation (FM) 합성을 기반으로, 채널은 제한적이었지만 그럴싸한 음악을 들을 수 있었다.

토막상식

캐나다 기업, 특히 퀘벡에 위치한 기업들은 기술력으로 인해 1990년대 초반에 유명세를 탔다. 애드립은 사운드 카드를 제조했고, 매트록스Matrox는 밀레니엄 그래픽 카드로 한몫을 잡았으며, 왓콤Watcom은 최고의 도스 C 컴파일러를 판매했다.[36] 나중에 ATI는 2000년대의 주요 GPU 혁신자로 등장한다.[37]

---

36 왓콤의 컴파일러는 아주 훌륭했기에, 이드 소프트웨어도 이 컴파일러를 사용해 〈둠〉을 컴파일했다.
37 엔비디아 대 ATI 사례에서 알 수 있듯이 그래픽 카드 부문에서도 역사는 반복되었다.
　　옮긴이_ ATI는 2006년 AMD에 합병됐다.

2.4.2 사운드 블라스터

사운드 블라스터^{Sound Blaster} 1.0(코드명 'Killer Kard')은 1989년 크리에이티브에서 출시됐다. 사운드 블라스터는 애드립의 시장 지배적인 위치를 명확하게 노린 현명한 제품이었다.

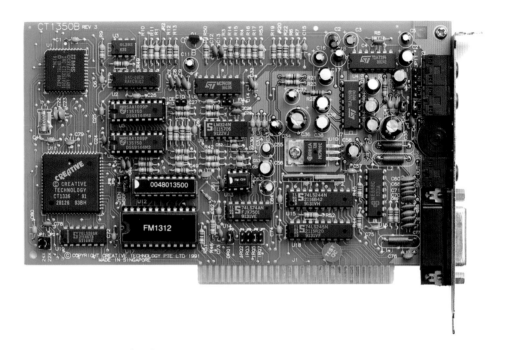

그림 2-32 사운드 블라스터(v1.2)

애드립과 100% 호환성을 제공하는 동일한 OPL2 칩이 탑재되었다. 또한 샘플당 8비트에서 최대 22.05KHz까지 지원하는 샘플링 속도로 펄스 부호 변조^{pulse code modulation}(PCM) 재생(디지털화된 사운드)을 허용하는 DSP[38]를 탑재했기에 기술적으로도 우수했다. 사운드 블라스터 카드는 조이스틱 연결을 허용하는 DA-15 포트도 함께 제공했다. 심지어 사운드 블라스터는 애드립보다 90달러나 더 저렴했다.

[그림 2-32]는 사운드 블라스터 모델 CT1350B다. OPL2 칩(FM1312 레이블), 왼쪽 중앙에 큰 CT1336 버스 인터페이스('CREATIVE' 레이블), 왼쪽 상단에 CT1351 DSP, 그리고 8비

---

38 인텔 MCS-51이었는데, DSP는 디지털 신호 처리 장치(digital signal processor)가 아니라 디지털 사운드 프로세서(digital sound processor)이다.

드 ISA 버스 커넥터를 확인하자.

애드립과 비교했을 때 월등한 사운드 블라스터 카드의 수많은 장점은 출시 직후 사운드 블라스터를 업계 표준으로 만들었고 결국 애드립을 파산하게 만들었다.[39]

2.4.3 사운드 블라스터 프로

사운드 블라스터 프로Sound Blaster Pro는 사운드 블라스터 1.0의 모든 기능을 갖추고 있으며, 스테레오 22.05KHz 재생과 44.1KHz 모노 재생을 추가적으로 지원했다. 또한 '믹서mixer'를 추가해 오디오 소스(마이크, 라인 입력, CD)를 혼합하고 좌우 출력의 감쇠 레벨을 선택할 수 있었다. 스테레오는 YM3812 칩[40] 한 쌍(각 오디오 채널당 하나씩)으로 가능했다.

그림 2-33 사운드 블라스터 프로 카드

[그림 2-33]은 사운드 블라스터 프로 모델 CT1330A의 모습이다. 대부분의 구성 요소는 스테레오 목적으로 중첩되었다. 중앙에 FM1312 칩이 이중으로 배치되어 있다. 왼쪽 상단에 있는 큰 칩 2개는 DSP(CT1341)와 믹서다. 왼쪽 아래에 'CREATIVE' 레이블이 붙은 칩은

---

39 사운드 블라스터의 시장 지배는 윈도우 95에서 끝났다. 윈도우 95에서는 애플리케이션 수준에서 프로그래밍 인터페이스가 표준화되었기에, 사운드 블라스터의 호환성과 관련한 우위도 사라졌다.

40 옮긴이_ YM3812는 크리에이티브를 위해 FM1312라는 레이블이 붙은 상태로 공급되었다.

CT1316 버스 인터페이스다.

카드에 16비트 ISA 버스 커넥터가 있는 듯이 보인다(사운드 블라스터 1.0과의 차이점을 확인하자). 그러나 상위 'AT' 버스 아키텍처에 추가된 데이터 전송을 위한 '황금색 연결 단자finger'가 버스 커넥터에 없다. ISA 버스에 대한 16비트 확장을 사용해 에지 커넥터의 16비트 부분에서만 찾을 수 있는 IRQ(10)과 DMA(0) 채널에 대한 추가 선택을 제공했다.

카드의 맨 왼쪽에 CD-ROM을 연결하는 검정색 파나소닉 인터페이스가 있다는 사실에 주목하자. 이 인터페이스는 그 당시 CD-ROM을 PC에 연결하는 유일한 수단이었다.

2.4.4 디즈니 사운드 소스

1990년의 디즈니는 디즈니 사운드 소스Disney Sound Source(DSS)를 판매하기 시작했다. PC의 프린터 포트(병렬 포트)에 연결하면 코복스 스피치 싱Covox Speech Thing과 유사한 8비트 DAC가 스피커 박스에 연결되었다.

그림 2-34 스피커 박스(DAC는 표시되지 않음)

설정이 믿기 어려울 만큼 쉬운 데다 PCM 한 종류만 재생할 수 있었고 FM 신시사이저가 없는 등 프로그래밍이 단순했으며, 가격은 14달러로 다른 사운드 카드와 비교하여 매우 저렴했다.

한 가지 심각한 단점만 없었다면 프로그래머와 고객을 행복하게 만들었을 것이다. 병렬 포트 대역폭[41]은 최대 18750Hz까지 샘플링 속도를 허용했지만 DSS의 설계는 PCM 샘플링 속도를 7,000Hz로 제한했다. 이런 제한은 여전히 쾌적한 사운드를 생성하기에 충분했지만 22KHz 또는 심지어 44KHz까지 지원하는 사운드 블라스터 프로에 대항하지 못했다.

2.5 버스

개발자가 제어할 수 없는 부분이지만 각 구성 요소가 어떻게 연결되어 있는지는 언급할 가치가 있다.

ISA 버스Industry Standard Architecture bus는 램을 포함한 모든 장치에 CPU를 연결한다. ISA는 1991년에 이미 출시 10년 차가 되었지만 여전히 PC에서 보편적으로 사용됐다. 램에 연결된 데이터 경로는 286과 386SX의 경우 16비트 너비이며, 386DX 기반 PC의 경우 32비트 너비다. 램은 CPU와 동일한 주파수로 실행된다.

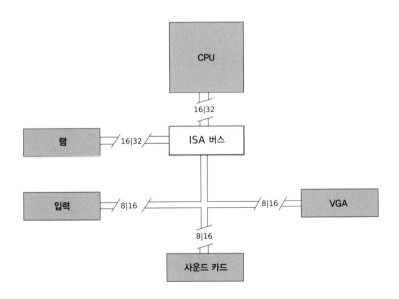

---

41 병렬 포트 최대 대역폭은 당시 150kbits/s였다. 향상된 병렬 포트(Enhanced Parallel Port, EPP)와 나중에 등장한 향상된 기능 포트(Enhanced Capability Port, ECP)는 스캐너와 레이저 프린터에 필요한 전송 속도를 크게 높였다.

램을 제외하고 다른 모든 것을 연결하는 나머지 버스는 다음 중 하나다.

- 4.77MHz로 동작하는 8비트 너비 버스는 19.1Mbit/s

- 8.33MHz로 동작하는 16비트 너비 버스는 66.7Mbit/s[42]

또한 이전 버전과 하위 호환되며 8비트 ISA 카드를 16비트 ISA 버스에도 연결할 수 있다.

___토막상식_____

ISA의 모든 장치는 항상 버스에 연결되어 있으며 버스 주소 레인에서 요청을 듣고 있다. 각 장치마다 '주소 해석기'가 있어 버스 요청에 대한 응답 여부를 감지한다. 이는 VGA 램이 램에 '매핑'되는 방식이다. VGA 카드 '주소 해석기'는 **A0000h**에서 **AFFFFh** 내에 있지 않은 모든 요청을 걸러낸다. 또한 램은 [**A0000h-AFFFFh**] 범위 내에 들어오는 어떤 요청도 무시한다.

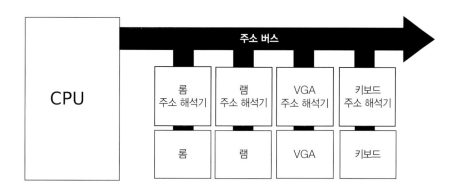

실제로 버스의 유효 대역폭은 패킷 오버헤드와 인터럽트로 인해 절반이 된다. 결과적으로 8비트 ISA VGA 카드가 장착된 PC는 19.1Mbits/s / 2 / 8 = 1.1MiB/s를 밀어 넣을 수 있다. 모드 **13h**에서, 프레임은 320×200 = 64,000바이트이므로, CPU가 프레임을 그릴 때 0ms가 걸리는 상황에서 이론적인 최대 프레임 레이트는 초당 1,100,000 / 64,000 = 17프레임이다.

16비트 VGA 카드에서 초당 33,400,000비트는 초당 33,400,000 / 8 / 64,000 = 65프레임을 지원한다.

....

42 자세한 내용 참고 *https://en.wikipedia.org/wiki/List_of_interface_bit_rates*

팔레트, 키보드 인터럽트, 마우스 입력, 음악/사운드(23KHz 샘플링 시 디지털 사운드 효과는 프레임당 23,000 / 70 = 328바이트를 소비)와 같이 버스로 전송해야만 하는 다른 요소를 고려해야만, 데이터 전송을 제한하는 것이 얼마나 중요하며 왜 그 당시 극소수 프로그램만 VGA의 초당 70프레임을 최대로 활용할 수 있는지 이해하기 쉽다.[43]

2.6 입력

USB가 등장하기 전에 있었던 네 가지 포트가 상황을 엉망진창으로 만들었으며, 프로그래밍을 포트미디 모두 다르게 해야만 했다.

병렬 포트(DB-25)는 모든 PC에 있었으며 일반적으로 도트 매트릭스 프린터를 연결하는 데 사용되었다. 병렬 포트는 범용 목적으로 사용되었으며 디즈니 사운드 소스를 연결할 수도 있었다.

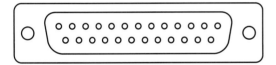

그림 2-35 병렬 포트

직렬 포트(DE9)는 마우스를 연결할 때 사용되었다.

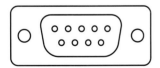

그림 2-36 직렬 포트

---

43 변경되지 않은 영역을 신중히 관리하거나 속도를 4배 향상시킬 목적으로 2차원 쓰기를 활용하는 특화된 데모만이 VGA에서 70fps에 도달할 수 있었다.

PS/2 포트는 키보드 연결에 사용되었다.

그림 2-37 PS/2 포트

마지막으로, ISA 버스를 통해 연결된 사운드 블라스터는 조이스틱 연결을 위한 게임 포트 (DA-15)를 제공했다.[44]

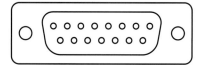

그림 2-38 게임 포트

CRT 모니터는 DE15 포트를 통해 VGA 카드에 연결되었다. 제조업체들은 20년이 훨씬 지난 지금까지도 흔히 볼 수 있는 'VGA 포트'를 없애기 위해 노력하고 있다. VGA 포트는 직렬 포트와 상당히 비슷하게 생겼으므로, 초보자들은 종종 VGA 포트에 마우스를 강제로 연결해 손상을 입혔다.

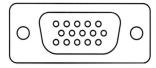

그림 2-39 VGA 포트

---

44 1981년, 최초의 IBM PC는 DA-15 '게임 포트' 확장 카드를 함께 구입 가능했다. 당시 가치로 55달러였고 이는 2018년 화폐가치로 따지면 159달러이다.

2.7 요약

PC가 게임 프로그래밍을 어렵게 만든 것은 분명하다. 정말 악몽과도 같았다. CPU는 잘못된 일을 하는 데에 능숙했고, 최고의 그래픽 인터페이스는 더블 버퍼링이나 정사각형 픽셀을 허용하지 않았다. 게다가 메모리 모델은 개별 16비트 레지스터 2개로 구성된 주소로 표준 1MiB만 허용했으며 near/far 포인터는 표준 C 사용을 허락하지 않았다. 마지막으로 기본 사운드 시스템은 사각파만 생성할 수 있었으며 사운드 카드를 설치한 사용자는 세 가지 주요 브랜드 중 하나를 선택해야만 했다.

이 모든 불리한 조건에도 불구하고 개발자 팀은 야수를 길들이고 게임 애호가들에게 힘을 불어넣기 위해 모였다. 이 중 한 팀이 그들 스스로를 이드 소프트웨어라고 불렀다.[45]

---

45 '아이디어스 프롬 더 디프(Ideas From the Deep)'라고 부르다 간단하게 '이드(id)'로 줄이기로 결정했다. '인기 있는(in demand)'을 의미하며, 프로이트 심리학에서 쾌락 원리에 따라 행동하는 두뇌를 일컫기도 한다.

CHAPTER 3

팀

1990년의 셰어웨어 시장에서는 루이지애나주 슈리브포트에 본사를 둔 작은 회사가 번창하고 있었다. 소프트디스크^{Softdisk}는 범용 소프트웨어 구독 서비스로서 혁신적인 게임을 만들어 회원들에게 발송했다. '게이머스 에지'라는 이름의 소프트디스크 내 게임 부서는 2개월마다 애플 II, 애플 IIGS, 코모도어 64, 맥, PC용 게임을 제작했다. 사업은 잘되고 있었지만 몇몇은 또 다른 야망을 품었다. 그들은 큰 사업으로 성공할 기술을 가졌다고 생각했고, 이를 증명하고 싶어 했다.

이들은 횡스크롤^{side-scrolling} 게임을 프로그래밍하는 새로운 방법을 고안했다. 이 기술을 '적응형 타일 화면 갱신^{adapttive tile refresh}'이라고 불렀으며 NES와 경쟁 관계인 PC에서 하드웨어 스크롤을 가능하게 만들었다. 1990년 초, 이들은 닌텐도의 〈슈퍼 마리오브라더스 3^{Super Mario Bros. 3}〉를 PC에 재구현하여 기술력을 증명하기 위해 주말 내내 쉬지 않고 일했다. 팀은 〈슈퍼 마리오브라더스 3〉의 복제품을 만드는 데에는 성공했지만, 안타깝게도 닌텐도를 설득하여 계약을 따내지는 못했다.

일본 회사는 엄청난 충격을 받고 나서도 〈슈퍼 마리오〉 시리즈가 닌텐도 콘솔 전용으로 유지되기를 원했다.

우리는 이 데모를 미국 닌텐도에 보냈고, 미국 닌텐도는 교토에 있는 본사로 보냈습니다. 본사 경영진들은 데모를 봤고 충격을 받은 것 같았어요. 그러나 하드웨어 이외의 다른 지적재산권을 원하지 않았기 때문에 우리에게 "기술은 참 멋지지만 계약은 불가능합니다"라고 말하더군요.[1]

– 존 로메로

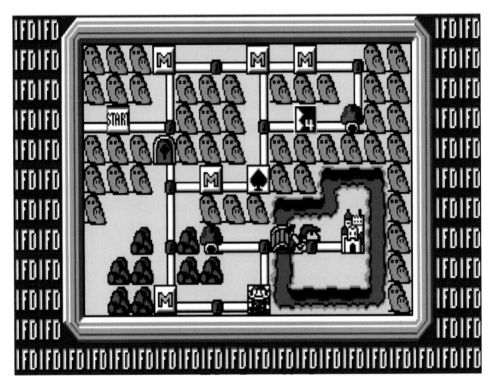

그림 3-1 PC에서 동작하는 〈슈퍼 마리오브라더스 3〉. '아이디어스 프롬 더 디프'의 약자인 'IFD'에 주목하자.

팀원들은 이 일화를 통해 야심은 물론이고 점진적인 성장을 위한 팀워크와 직업윤리를 충족시킬 재능까지 가졌다는 확신을 가지게 되었다. 1991년 2월, 소프트디스크 직원 4명은 믿음의

----

1 존 로메로의 〈슈퍼 마리오브라더스 3〉 데모 버전 참고. *https://vimeo.com/148909578*

도약을 감행했고 독자적인 회사인 '이드 소프트웨어'를 설립했다.[2]

이름	나이	맡은 일
존 카맥	21	프로그래머
존 로메로	23	프로그래머
에이드리언 카맥	22	아티스트
톰 홀	28	크리에이티브 디렉터

그림 3-2 이드 소프트웨어 창립 멤버

이드 소프트웨어 창립 멤버들은 즉시 〈슈퍼 마리오브라더스 3〉 PC 버전을 개발한 기술을 사용해 게임을 출시하고 독자적인 지적재산권을 구축했다. 시간을 낭비하지 않고 매년 최소 3편의 게임을 출시했다.

- 〈커맨더 킨Commander Keen〉 에피소드 1, 2, 3: 보티콘 침략 (1990년 12월)
- 〈커맨더 킨〉 에피소드 4, 5: 안녕 은하 (1991년 12월)
- 〈커맨더 킨: 외계인이 내 보모를 먹었어〉 (1991년 12월)

애퍼지 소프트웨어Apogee Software[3]가 배급한 이 게임들은 즉각 좋은 반응을 얻었고 매우 잘 팔렸다. 또한 소프트디스크용 게임도 계속 만들었는데, 대부분 적응형 타일 화면 갱신을 특징으로 했다.[4]

- 〈위험한 데이브Dangerous Dave in the Haunted Mansion〉 (1991년 2월)
- 〈커맨더 킨: 킨 드림스〉 (1991년 4월)
- 〈레스큐 로버Rescue Rover〉 (1991년)
- 〈레스큐 로버 2〉 (1991년)
- 〈섀도 나이츠Shadow Knights〉 (1991년)

....

2 세부 내용은 『둠』 참고.
3 옮긴이_ 정확하게 말하자면, 당시 애퍼지 소프트웨어는 등록상표였고 회사명은 3D 렐름(3D Realms)이었다. 자세한 내용은 다음을 참고. https://en.wikipedia.org/wiki/Apogee_Software
4 소프트디스크 계약은 1991년 2월에 시작되어 1992년 1월 31일에 종료되었다. 게임을 계속해서 만들어야 했으므로 〈울펜슈타인 3D〉에 집중할 목적으로 2개를 외주로 맡겼다. 〈타일즈 오브 더 드래곤(Tiles of the Dragon)〉과 〈스쿠버벤쳐(ScubaVenture)〉는 외주로 만든 마지막 두 게임이었다.

- ⟨호버탱크 3D Hovertank 3D⟩ (1991년 5월)
- ⟨카타콤 3-D⟩ (1991년 11월)

1991년 봄, 이드 소프트웨어의 차세대 신기술이 떠오르기 시작했다.[5] ⟨호버탱크 3D⟩는 게임 애호가들을 탱크 안에 넣었다. 텍스처 매핑 기술이 아직 적용되기 전이었고 게임의 속도도 매우 느렸다. ⟨카타콤 3-D⟩는 텍스처 기술 도입으로 주목을 받았고, 전투 마법사를 1인칭 시점에서 조종할 수 있어 게임 애호가들의 몰입감을 한 단계 높였다는 평가를 받았다.

> 1991년 11월 말 ⟨카타콤 3-D⟩가 출시된 후, 우리는 ⟨커맨더 킨⟩의 에피소드 4, 5를 마무리하여 1991년 12월 15일에 출시했습니다. 그 후 존 카맥이 넥스트 컴퓨터를 구해 VGA 벡터 양자화 압축 알고리즘을 프로그래밍하는 동안 나머지 사람들은 2주의 휴가를 즐겼습니다. 1992년 1월, 다시 모든 팀원이 모였고 우리는 ⟨울펜슈타인 3D⟩ 개발을 시작했습니다.
>
> – 존 로메로

1991년 11월, 팀은 소프트디스크에 대한 의무로부터 벗어났다. 팀이 만들 다음 게임은 개발 중인 3D 기술을 가장 큰 특징으로 삼을 것이며 ⟨울펜슈타인 3D⟩라고 불리게 될 것이었다. 팀에는 4명이 추가되어 총 8명이 되었다.

이름	나이	맡은 일
제이 윌버 Jay Wilbur	30	사업 개발
케빈 클라우드 Kevin Cloud[6]	27	컴퓨터 아티스트
보비 프린스 Bobby Prince[7]	37	작곡가
제이슨 브워호비아크 Jason Błochowiak[8]	21	프로그래머

---

5 부록 A.2의 소개 화면 참고

6 제이와 케빈은 1992년 4월에 채용되었음에도 이름을 올렸다.

7 보비 프린스는 이전에도 ⟨커맨더 킨⟩ 에피소드 4~6 개발을 위해 이드 소프트웨어에서 계약직으로 일하다 이때 정직원이 되었다.

8 제이슨은 페이지 관리자였고 존 카맥에게 유닉스 개발을 소개해 결국 넥스트스테이션(NeXTstation) 컬러 컴퓨터를 구입하게 만들었다. 제이슨은 이드 소프트웨어 설립 몇 달 후에 그만뒀다.

그림 3-3 존 로메로가 만든 〈운명의 창Spear of Destiny〉 이스터 에그Easter egg에 등장한 팀원 사진. 이 화면을 보기 위해서는 '체인지 뷰' 또는 '뷰 스코어스' 메뉴로 이동해 I와 D를 누른 상태에서 엔터 키 또는 ESC 키를 눌러야만 했다.

그림 3-4 실제로는 바지를 입고 있었다.

3.1 조직

1991년 9월, 이드 소프트웨어는 로스앤젤레스의 슈리브포트를 떠나 톰과 제이슨이 다녔던 고등학교가 위치한 위스콘신의 매디슨에 정착했다. 2622 하이 리지의 더 파인즈 아파트 단지에 위치한 2층짜리 벽돌 건물에 사무실을 얻었다. 거주 환경에 신경 쓰지 않아 사무실 2층을 거주 공간으로 사용했던 존 카맥을 제외하고는 모든 팀원들이 사무실 주변의 집에 거주했다.

〈울펜슈타인 3D〉의 개발은 1992년 1월에 시작되었다. 하늘에서 눈이 펑펑 쏟아지는 날들이 계속되었고, 팀은 점점 더 바빠졌고, 팀원들은 사무실을 떠나지 않았다. 4개월 동안 개발에 매진한 결과 1992년 5월 〈울펜슈타인 3D〉가 출시되었다.

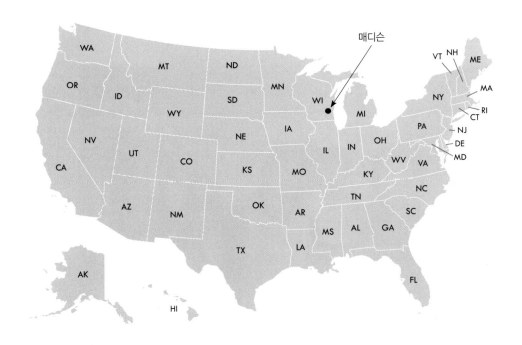

4개월 동안 팀원들은 그 무렵 게임 스튜디오의 업계 표준을 그대로 따랐다. 네 명이 한 방에 포개 앉아 빠른 속도와 강한 동지애를 발휘했다. 존 로메로와 톰 홀 사이의 의사소통으로 인해 엄청난 소음 공해가 발생하긴 했지만.

다음 페이지의 지도 그림에서 위층을 보면, 수많은 〈에프제로$^{F-ZERO}$〉[9] 게임이 진행된 공간이 보인다. 이 공간의 이름은 SNES와 D&D[10]이다. 이곳은 『둠』에서 자주 언급되었다. 스튜디오 바로 위에 아파트를 마련한 존 카맥도 평범하지는 않았다.[11]

> 플로피 데이터 전송으로 시작했지만, 결국 동축 이더넷으로 연결된 노벨 네트워크를 구축했습니다.[12] 버전 관리 시스템은 없었습니다. 놀랍게도 〈퀘이크 3〉를 개발하는 내내 버전 관리를 하지 않았지만, 바로 다음부터는 마이크로소프트 비주얼 소스세이프$^{Microsoft\ Visual\ SourceSafe}$(VSS)를 사용하기 시작했습니다.
>
> – 존 카맥

---

9 옮긴이_ 닌텐도가 개발한 게임으로 〈슈퍼 마리오〉 시리즈와 쌍벽을 이룬다.

10 옮긴이_팀원들이 즐기던 게임인 〈던전 앤 드래곤(dungeons & dragons)〉을 뜻한다.

11 앤디 허츠필드의 '주당 90시간 일하고 이를 사랑하라'에서 인용하였다. 옮긴이_ 자세한 내용은 다음을 참고. *https://www.folklore. org/StoryView.py?project=Macintosh&story=90_Hours_A_Week_And_Loving_It.txt*

12 존 로메로의 언급 "우리는 1991년 11월에 위스콘신 매디슨에 있을 때 7,000달러를 지불해 노벨 넷웨어 3.11 시스템을 구매했습니다. 파일 서버, 케이블, 네트워크 카드 포함된 제품이었습니다"에서 발췌

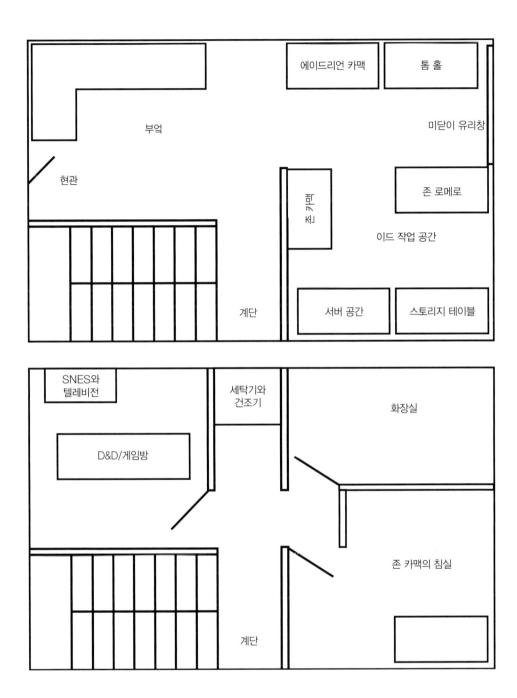

팀원 모두는 4MiB의 램을 장착한 고급 386-DX 33MHz로 작업했는데, 당시 구입 가능한 최고가의 PC였다.

3.2 프로그래밍

개발은 볼랜드 C++ 3.1로 진행했으며(사용된 프로그래밍 언어는 C) 기본적으로 VGA 모드 3에서 실행되었고 가로 80자, 세로 25자 화면을 제공했다.

존 카맥은 런타임^{runtime} 코드를 맡았다. 존 로메로는 TED5 지도 편집기, IGRAB 애셋 패키지 프로그램, MUSE 사운드 패키지 프로그램 등 수많은 도구를 프로그래밍했다. 제이슨 브워호비 아크는 입력 관리자, 페이지 관리자, 사운드 관리자, 사용자 관리자 등 게임의 중요한 하위 시스템을 작성했다.

```
≡  File  Edit  Search  Run  Compile  Debug  Project  Options  Window  Help
[■]━━━━━━━━━━━━━━━━━━━━━━━ WL_MAIN.C ━━━━━━━━━━━━━━━━━━2=[↑]

=
= main
=
=====================
*/

char      *nosprtxt[] = {"nospr",nil};

void main (void)
{
        int       i;
        CheckForEpisodes();
        Patch386 ();
        InitGame ();
        DemoLoop();
        Quit("Demo loop exited???");
}

━◆━ 1588:19 ━━◀
F1 Help  F2 Save  F3 Open  Alt-F9 Compile  F9 Make  F10 Menu
```

그림 3-5 볼랜드 C++ 3.1 편집기

볼랜드의 해결책은 '올인원 패키지'였다. IDE인 *BC.EXE*는 일부 불안정성에도 불구하고 쾌적한 구문 강조 표시를 제공했고 조잡한 다중 창 코드 편집을 허용했다. 컴파일러와 링커 역시나 *BCC.EXE*와 *TLINK.EXE*라고 이름 붙은 패키지의 일부였다.[13]

---

13 볼랜드 C++ 3.1의 사용자 매뉴얼에서 발췌

그러나 명령 줄 모드로 들어갈 필요는 없었다. IDE는 프로젝트 생성, 빌드, 실행, 디버그를 한 화면에서 수행하도록 허용했다.

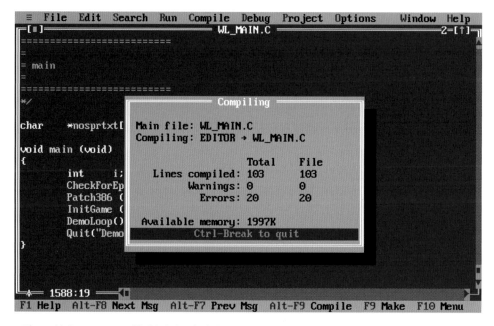

그림 3-6 볼랜드 C++ 3.1로 〈울펜슈타인 3D〉 컴파일하기

일부 개발자들은 작은 CRT 디스플레이를 보완하기 위해 화면 2개를 사용하기도 했다.[14]

> 그 시점에서 우리는 21인치 모니터를 원했지만 우리가 낼 수 없는 비용이었습니다. 저는 코드를 단계별로 실행하는 동안 터보 디버거 386이 주 화면을 그래픽 모드로 유지할 수 있도록 돕기 위해 보조 단색 모니터를 사용했습니다.
>
> – 존 카맥

VGA 모드 목록에서 모드 13h와 모드 3h([그림 2–23])의 시작 램 주소가 동일하지 않다는 사실을 눈치챘는가. 이를 통해 그래픽 카드 2장을 동일 PC에 연결하는 편법이 가능했다. 단색 텍

---

14 존 로메로의 기록 중에 "존과 저는 터보 디버거 386을 구동하기 위해 자그마한 12인치 단색 모니터를 사용했습니다"라는 내용이 있다.

스트 모드로서 MDA 설정은 0xB8000에서 데이터를 가져오는 반면 0xA0000에 매핑된 VGA
는 게임을 정상적으로 실행한다.

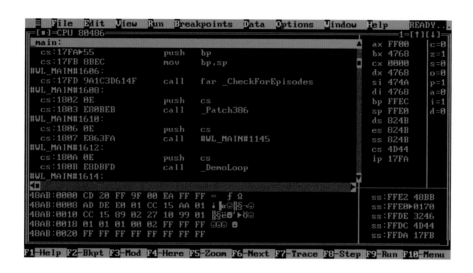

단색 모니터에서 MCA 화면은 볼랜드 3.1 디버거를 표시하며, 컬러 모니터에서 VGA 화면은
게임을 실행한다.

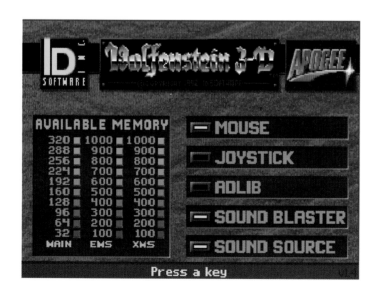

화면 공간을 넓혀서 사용하는 또 다른 방법은 '고해상도' 80×50 텍스트 모드나.

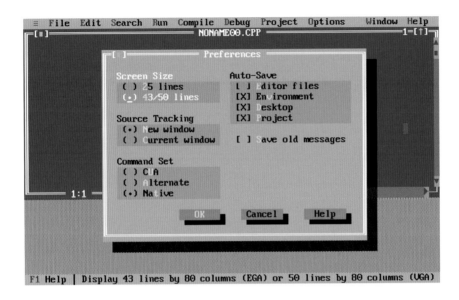

세로 해상도만 두 배로 늘어나므로 주석은 화면에 그대로 완벽하게 맞아떨어진다.

두 모드에서 각각 열린 *WL_MAIN.C* 파일은 가독성과 가시성 사이의 절충안을 보여준다.

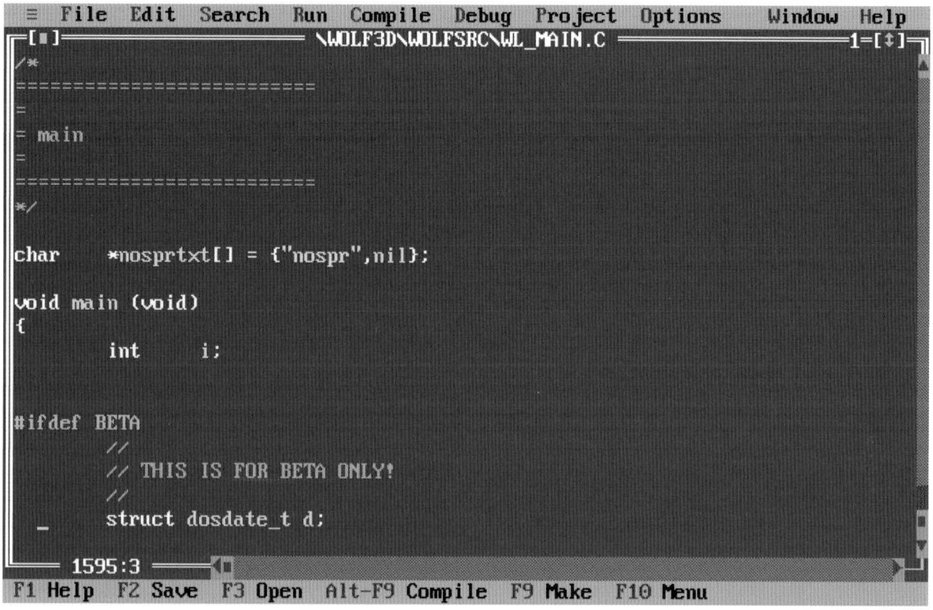

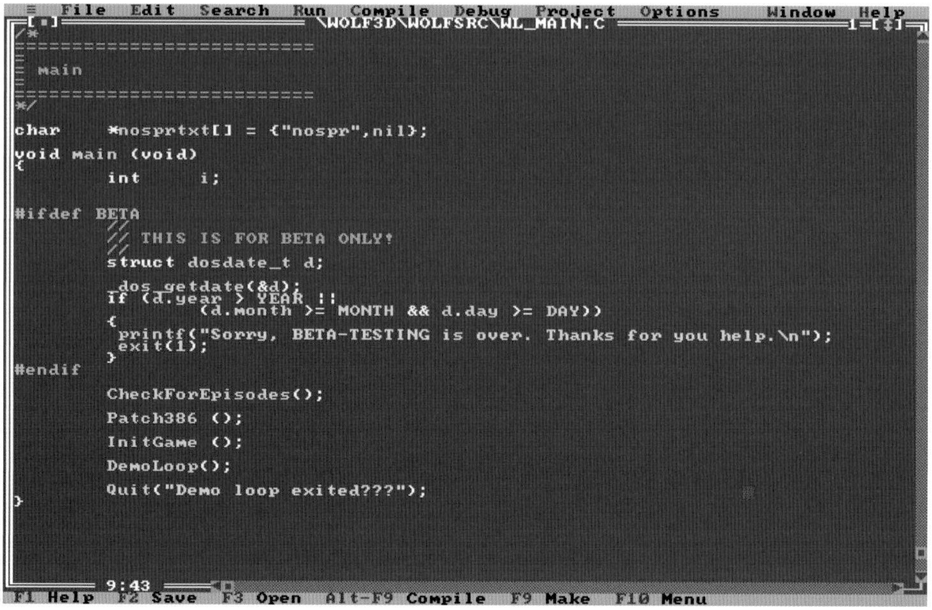

3.3 그래픽 애셋

모든 그래픽 애셋은 에이드리언 카맥[15]이 제작했다. 모든 작업은 일렉트로닉 아츠의 브렌트 아이버슨Brent Iverson이 만든 디럭스 페인트로 수행되었으며 디럭스 페인트의 독점 형식인 ILBM[16] 파일로 저장되었다.

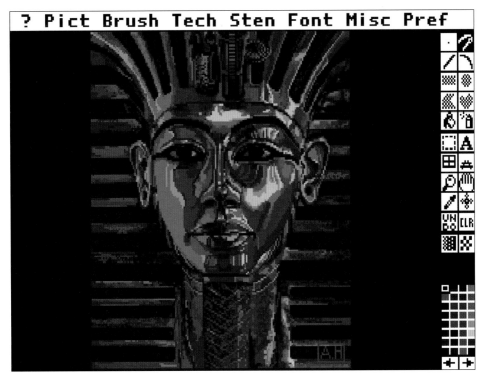

그림 3-7 게임의 모든 애셋은 디럭스 페인트를 사용해 그렸다.

VGA는 24비트 RGB가 아니라 256색 테이블을 가리키는 색인을 통해 색상을 지정하는 팔레트 기반이었으므로 창작 과정이 어려웠다. 에이드리언은 먼저 팔레트에 어떤 색상이 들어갈지 결정해야만 했으며,[17] 팔레트에 정의된 해당 색상으로만 모든 것을 그려야 했다.

---

15 케빈 클라우드는 약간의 텍스처를 만들었고 또한 『The Official Hint Manual for Wolfenstein 3D(울펜슈타인 3D 공식 힌트 매뉴얼)』 (이드 소프트웨어, 1992)의 디자인과 레이아웃도 작업했다.

16 Interleaved Bitmap

17 〈원숭이 섬(Monkey Island)〉과 같은 몇몇 게임은 게임 섹션에 따라 다중 팔레트를 사용하기도 했다. 이드 소프트웨어는 전체 게임에 대해 팔레트 하나만을 사용하는 간단한 해법을 채택했다.

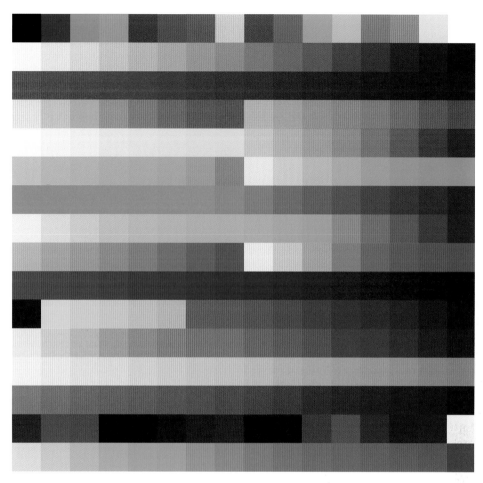

그림 3-8 〈울펜슈타인 3D〉 팔레트. 게임의 모든 것을 여기서 정의된 256색만을 사용해 그렸다.

팔레트 좌표는 가로 0x00에서 0x0F까지, 세로 0x00에서 0xF0까지로 구성된다. 하단의 파란색 가로 그라데이션은 0xF0에서 시작해 0xFE에서 끝난다. 분홍색으로 표현되는 0xFF는 엔진에서 투명하다고 간주되는 특수 색상이며 렌더링 중에는 항상 건너뛴다.

모든 애셋은 마우스를 사용해 손으로 직접 그렸다. 화면에 프레임 버퍼를 표시할 때 VGA가 프레임 버퍼를 늘렸기 때문에 에이드리언은 게임을 실행할 때와 동일한 해상도인 320×200를 지키며 그리기 위해 각별히 주의해야만 했다.

에이드리언과 케빈은 모두 디럭스 페인트에서 직접 작업했으며, 당시에는 스캔 도구가 전혀 없었습니다.

— 존 카맥

그래픽 애셋은 두 가지 범주로 나뉜다.

- VGAGRAPH, VGAHEAD, VGADICT로 게임과 함께 배포되는 2D 메뉴 항목
- VSWAP 아카이브로 배포되는 벽과 스프라이트 등의 3D 액션 단계 항목

3.4 애셋 워크플로

그래픽 애셋이 생성된 후, IGRAB은 모든 ILBM을 아카이브에 패키지로 묶고 애셋 ID가 포함된 C 헤더 파일을 생성했다. 엔진은 이 ID를 사용해 애셋을 직접 참조했다.

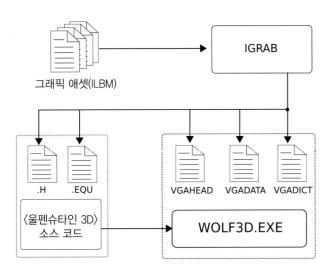

그림 3-9 2D 메뉴 항목에 대한 애셋 생성 파이프라인

```
/////////////////////////////////////
//
// Graphics .H file for .WL1
// IGRAB-ed on Sun May 03 01:19:32 1992
//
/////////////////////////////////////

typedef enum {
    // Lump Start
    H_BJPIC=3,
    H_CASTLEPIC,            // 4
    H_KEYBOARDPIC,          // 5
    H_JOYPIC,               // 6
    H_HEALPIC,              // 7
    H_TREASUREPIC,          // 8
    H_GUNPIC,               // 9
    H_KEYPIC,               // 10
    H_BLAZEPIC,             // 11
    H_WEAPON1234PIC,        // 12
    H_WOLFLOGOPIC,          // 13
    ...
    PAUSEDPIC,              // 140
    GETPSYCHEDPIC,          // 141
```

엔진 코드에서, 애셋 사용은 열거형enum을 통해 하드코딩되어 있다. 이 열거형은 DATA 아카이브에 오프셋을 제공하는 **HEAD** 테이블 내의 오프셋이다. 이와 같은 간접 레이어를 사용하면 소스 코드를 수정하지 않고도 애셋을 마음대로 재생성하고 재정렬할 수 있다.

```
void CheckKeys (void) {
  if (Paused) {
    ...
    LatchDrawPic (20-4,80-2*8,PAUSEDPIC);
    ...
  }
}

void PreloadGraphics(void) {
  ...
  LatchDrawPic (20-14,80-3*8,GETPSYCHEDPIC);
  ...
}
```

이와 같은 시스템으로 인해 소스 코드가 배포될 때 문제가 발생했다. 제공된 *.h* 헤더 파일이 셰어웨어 또는 초기 버전 〈울펜슈타인 3D〉의 애셋 파일과 일치하지 않았다. 문제의 헤더는 〈운명의 창〉에서 배포되었다. *fabiensanglard.net*의 「Let's compile like it's 1992(1992년처럼 컴파일하자)」기사[18]에서 이 문제로 인해 엉망진창이 된 그래픽 사례를 볼 수 있다.

1992년에 나온 『The Official Hint Manual for Wolfenstein 3D』에서 그 창작 과정을 설명한다. 이 책은 톰 홀이 그린 여러 그림을 포함하고 있으며 톰 홀이 제작하고 그래픽 팀이 픽셀 아트로 만든 기획 단계에서 구상된 많은 그림을 보여준다.

> 이드의 제작 감독인 톰 홀은 화면 구상에 대한 아이디어를 떠올리고는 에이드리언 카맥에게 스케치를 제공했다. 다음은 톰이 그린 타이틀 화면 스케치 중 일부다. 최종적으로 세 번째 스케치가 선정되었다.

---

18 옮긴이_ 자세한 내용은 다음을 참고. *http://fabiensanglard.net/Compile_Like_Its_1992/*

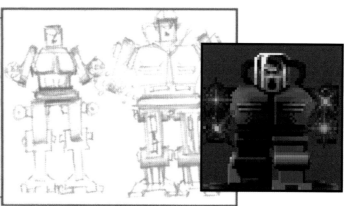

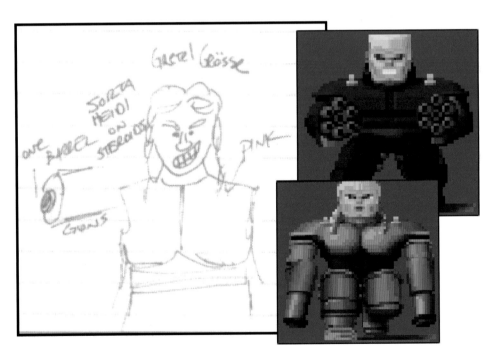

공식 힌트 매뉴얼에는 또한 그 당시 팀 사진 몇 장이 포함되어 있는데 맥락 파악을 위해 읽을
가치가 있다.[19]

3.5 지도

지도는 'tile editor'를 줄인 TED5라는 사내 편집기를 사용하여 만들었다. 〈울펜슈타인 3D〉를
위해 특별히 제작된 것은 아니다. TED5는 원래 〈커맨더 킨〉 시리즈를 위해 제작되었으며 여
러 해에 걸쳐 개선되었다. 횡스크롤 게임은 물론이고 〈레스큐 로버〉나 〈울펜슈타인 3D〉처럼
위에서 내려다보는 게임의 지도를 제작할 수 있었기에 다재다능한 도구였다.

TED5는 단독형이 아니다. 시작하려면 애셋 아카이브와 함께 관련 헤더가 필요하다. [그림
3-9]에 제시한 그래픽 애셋 워크플로를 참고하면 좋다. 이런 방식으로 텍스처 ID가 지도에 직
접 인코딩된다.

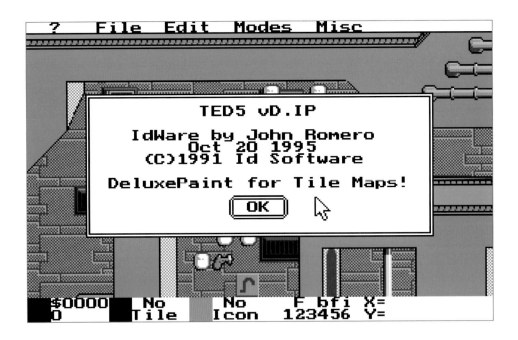

19 공식 힌트 매뉴얼은 넥스트스테이션에서 디자인되었다. 1991년 12월에 구입했음에도 불구하고 〈울펜슈타인 3D〉 제작을 위해 스
티브 잡스의 기계가 유일하게 사용된 사례. 넥스트스테이션 시리즈는 1993년에 출시된 〈둠〉 제작 파이프라인의 핵심 요소가 되
었다.

앞의 그림에서 보이는 'vD.IP'는 1994년 〈라이즈 오브 더 트라이어드Rise of the Triad〉 팀이 넣은 것이다. '믿기 어려운 수준의 강력한 개발자developers of incredible power'를 의미한다.

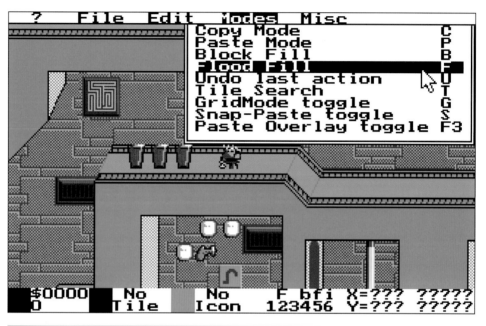

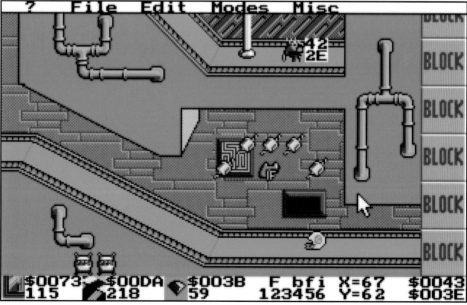

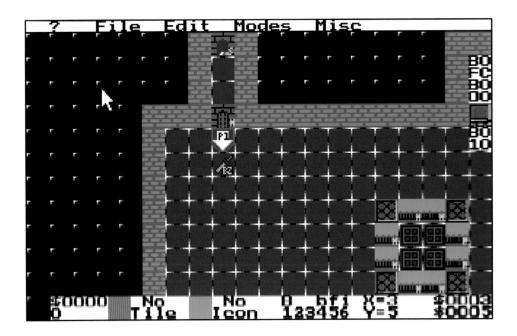

TED5를 사용하면 '평면plane' 레이어에 타일을 배치할 수 있다. 이처럼 계층화된 접근 방식은 강력하고 다재다능했다. 〈커맨더 킨〉에서 레이어는 배경, 영웅이 설 수 있는 타일, 보너스 생성 등에 사용되었다. 〈울펜슈타인 3D〉에서는 2개의 레이어를 사용했다. 하나는 벽을 위해, 다른 하나는 보너스와 적을 배치하기 위함이다.

TED5 재사용은 두 번의 승리를 이끌었다. 도구 개발 시간을 절약했을 뿐만 아니라 모든 팀원들이 여러 해 동안 사용해왔기에 준비 시간도 단축할 수 있었다. TED5는 목적에 맞춰 잘 동작했기 때문에 디자이너들은 몇 분이면 하나의 레벨을 만들 수 있었다.[20]

....

20 TED5는 1994년 출시된 〈라이즈 오브 더 트라이어드〉를 포함해 상용 게임 33개에 사용되었다.

로메로와 톰과의 대화 후에 스콧 밀러는 게임 레벨 하나를 대충 하루면 제작하는 게 가능하다는 사실을 알게 되었다. 짠! 곧 짭짤한 생각이 떠올랐다. 에피소드 세 개 대신 여섯 개를 만들면 되지 않을까? "15일이면 레벨 30개는 만들 수 있겠군요. 첫 3부작은 35달러, 전체 에피소드 6부작을 사면 50달러, 첫 에피소드 구입 후 두 번째 에피소드를 추가로 구입하려면 20달러로 가격을 설정하면 되겠네요. 그러면 사람들은 전체 에피소드를 한 번에 구매할 것입니다!" 스콧은 이렇게 말했다. 이드 소프트웨어는 고민 끝에 이 판매 전략에 동의했다.

– 데이비드 커시너, 『둠』

존 로메로와 톰 홀은 모든 지도 디자인을 TED5로 수행했다. 보비 프린스도 도왔고 E6M2와 E6M3 지도 제작에 대해 공헌자로 이름을 올렸다.

토막상식

TED5의 소스 코드는 몇 년 후에 발표되었다. *.C*와 *.H*로 만들어진 소스 코드 중에는 수상한 이름의 파일 *_TOM.PIC*[21]이 있었다. 이 그림은 에이드리언 카맥이 만든 톰 홀의 성인 캐리커처로 밝혀졌다. 존 로메로는 다음과 같이 설명했다.

하하하하! 저는 이 그림을 완전히 잊어버렸었습니다. 저는 TED5 소스 파일에 이 그림이 들어 있을 거라곤 상상도 하지 못했습니다! 이 파일은 "미안해!"라고 말하는 톰[…]을 그린 에이드리언의 그림입니다.

톰과 에이드리언이 작업 공간을 공유했기 때문에 그려진 그림이지요. 에이드리언이 마우스로 그래픽을 그리는 동안 톰은 항상 테이블을 쾅쾅 두드리고 나서 "미안해!"라고 말했거든요.

– 존 로메로

---

21 이 책에는 굳이 전재하지 않았다.

3.6 오디오

3.6.1 사운드

2.4절에서 언급했듯이 오디오 하드웨어는 파편화가 심했다. 이드 소프트웨어는 사운드 카드 4종류와 기본 PC 스피커를 지원하기로 결정했다. 각각에 대해 애셋을 여러 차례 생성하고 MUSE라는 자체적인 도구를 사용했으며, 이드 소프트웨어 독점 형식인 오디옷AUDIOT 아카이브로 패키지를 묶었다.

그림 3-10 MUSE 타이틀 화면

게임과 함께 제공되는 오디오 효과는 다음의 세 세트가 있었다.

1. PC 스피커용

2. 애드립용

3. 사운드 블라스터, 사운드 블라스터 프로, 디즈니 음원용

모든 음성은 존 로메로와 톰 홀 두 사람이 그들이 낼 수 있는 최선의 독일 악센트[22]로 녹음했다.[23]

3.6.2 음악

모든 음악은 보비 프린스가 작곡했다.

> OPL 사운드 카드 초기에 '업계 표준'으로 자리 잡은 시퀀싱 소프트웨어는 보에트라Voyetra가 만든
> 시퀀스 플러스 골드Sequencer Plus Gold(SPG)였습니다. SPG가 OPL 악기와 악기 은행bank 편집기를
> 제공했기 때문입니다.
>
> 거친 느낌으로 작곡하기 위해 케이크워크Cakewalk(CW)를 사용했습니다. 저는 이미 몇 년 동안 이
> 도구를 사용했고 소리 출력에 아날로그 박스를 사용하도록 설정해놓은 상태였습니다. 아날로그 박
> 스로 '진짜' 소리를 가져와 제가 음악적으로 원하는 것을 수월하게 구현할 수 있었습니다. CW 파
> 일을 *.mid 형식으로 저장한 후 SPG에 로드해 트랙별로 OPL 악기를 생성했습니다. 저는 다양한
> 장르의 음악을 위해 다양한 악기 은행을 구축했습니다.
>
> – 보비 프린스, 작곡가

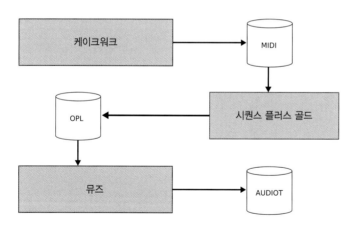

그림 3-11 보비 프린스가 기술한 음악 파이프라인

----

22 자세한 내용은 『둠』을 참고

23 주의를 집중하면 두 사람의 목소리를 들을 수 있다. 특히 톰 홀의 '구텐 탁'은 인상 깊다.

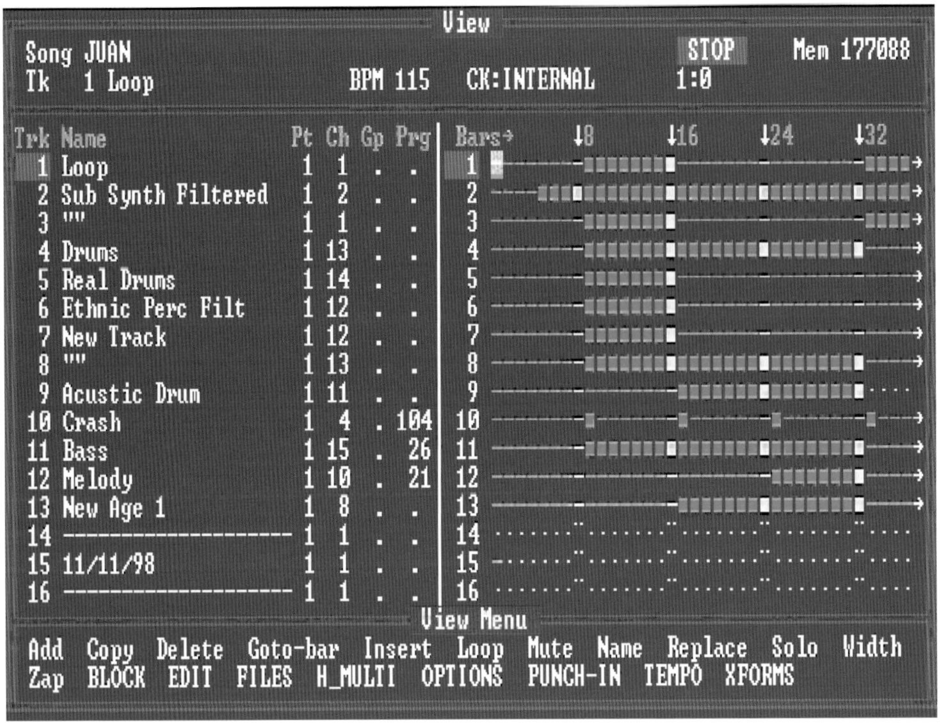

그림 3-12 보에트라가 만든 SPG

AUDIOT 아카이브 안에는 IMF[id Music Format]라는 음악 형식이 들어 있다. IMF는 YM3812만 지원하므로 추상화 계층이 없이 해당 칩에 특화되어 있다. IMF 형식은 기계어 명령 스트림과 그와 연관된 지연 수치들로 구성된다.[24]

스트림은 OPL2에서 9개의 채널을 조종한다. 채널 하나는 발진기 2개를 통해 악기를 시뮬레이션하고 음악을 연주하는데, 발진기 중 하나는 변조기의 역할을 담당하고 다른 하나는 반송파 생성기의 역할을 담당한다. 엔벨로프, 주파수 또는 옥타브와 같이 채널을 제어하는 다른 방법들이 있다.

채널 프로그래밍 방식은 4.8.5.1절에 자세히 설명되어 있다.

---

24 IMF 형식에 대한 설명은 4.8.5.1절 참고

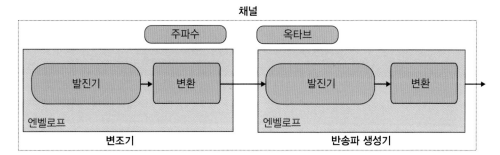

그림 3-13 YM3812 채널의 아키텍처

YM3812의 오해의 여지가 없는 반향은, 그림에서 각 발진기의 출력 직후 생성되는 독특한 파형 변환기 집합 때문이다. OPL2에서는 ① Sin, ② Abs–sin, ③ Pulse–sin, ④ Half–sin이라는 네 가지 파형을 사용할 수 있다.

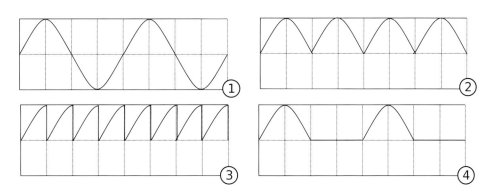

그림 3-14 사용 가능한 네 가지 파형 변환

〈울펜슈타인 3D〉의 에피소드 3의 음악 재생 기능 안에는 "큰 나쁜 늑대에게. 작은 빨간 망토가. 히틀러를 제거하라. 명령이다. 24시간 내에 임무를 완수하라. 이상"이라는 내용의 모스 부호 메시지가 숨겨져 있다. 이 에피소드의 최종 보스는 실제로 로봇 슈트를 입은 히틀러다. 3.4절 끝에 나오는 공식 힌트 매뉴얼의 그림을 참고하라.

3.7 배포

1992년 5월 5일 오전 4시, 게임의 첫 번째 에피소드가 소프트웨어 크리에이션의 전자 게시판 bulletin board system (BBS)[25] 서버를 통해 매사추세츠에 업로드되었다. 〈울펜슈타인 3D〉는 셰어웨어로 배포되었다. 게임 엔진과 첫 번째 에피소드는 무료로 제공되었으며 최대한 많은 사람에게 사본을 돌려 배포하도록 장려했다. 다른 에피소드 5개를 받으려면 50달러를 지불해야 했다.

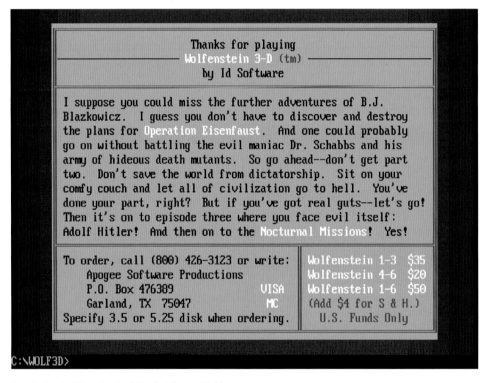

그림 3-15 게임을 끝내면 정식 버전을 얻는 방법을 설명했다.

수익을 극대화하기 위해서는 게임을 쉽게 복사하고 재배포할 수 있게 만드는 것이 가장 중요했다. 1991년의 인터넷은 아직 초기 단계였으며 최고의 전송 매체는 3.5인치 플로피 디스크였다. 게임 전체가 디스크 한 장에 딱 들어가도록 크기를 맞추기 위해 특히 주의했다. 결합된 모든 애셋은 1,204KiB를 차지했지만 모든 내용은 645KiB로 압축되었다. 1992년에 일반적으로

....

25 전자 게시판 서비스는 사용자가 콘솔을 통해 연결하고 프로그램을 업로드 및 다운로드할 수 있는 서버였다.

사용되는 저용량 3.5인치 플로피 디스크에는 720KiB를 저장할 수 있었으니 성공이었다. 전체 에피소드 6개가 디스크 2장에 모두 들어갔다. 게임은 다음과 같이 배포됐다.

파일을 크게 다섯 부분으로 나눌 수 있다.

- *WOLF3D.EXE*: 게임 엔진
- *VSWAP.WL1*: 3D 게임 실행 과정에서 필요한 모든 애셋인 스프라이트, 텍스처, 디지털 사운드 포함
- 3D와 2D 단계에서 사용되는 음악과 사운드 효과 파일
  - *AUDIOHED.WL1*: AUDIOT 파일로 색인
  - *AUDIOT.WL1*: 압축되지 않은 오디오 데이터 파일
- 지도
  - *MAPHEAD.WL1*: GAMEMAPS 파일로 색인
  - *GAMEMAPS.WL1*: 압축된 지도가 담긴 파일
- 2D 메뉴 단계에서 사용된 사진
  - *VGAHEAD.WL1*: VGAGRAPH 파일로 색인
  - *VGADICT.WL1*: 각 사진의 압축을 풀기 위한 허프먼 트리
  - *VGAGRAPH.WL1*: 압축된 사진들이 함께 모인 파일

```
C:\WOLF3DV>dir
Directory of C:\WOLF3DV.
.              <DIR>                22-09-2018  9:16
..             <DIR>                22-09-2018  9:17
AUDIOHED WL1            1,156 31-12-1992 23:00
AUDIOT   WL1          132,613 31-12-1992 23:00
CONFIG   WL1              522 14-09-1994  0:00
FILE_ID  DIZ              207 03-12-2011 11:06
GAMEMAPS WL1           27,425 31-12-1992 23:00
MAPHEAD  WL1              402 31-12-1992 23:00
VGADICT  WL1            1,024 31-12-1992 23:00
VGAGRAPH WL1          326,568 31-12-1992 23:00
VGAHEAD  WL1              471 31-12-1992 23:00
VSWAP    WL1          742,912 31-12-1992 23:00
WOLF3D   EXE          109,959 31-12-1992 23:00
    11 File(s)      1,343,259 Bytes.
     2 Dir(s)     262,111,744 Bytes free.

C:\WOLF3DV>_
```

그림 3-16 도스 명령 프롬프트에서 본 셰어웨어 파일들

엔진 실행 파일은 크기가 작고 LZEXE[26] 압축이기 때문에 94KiB의 용량만 사용한다. 압축 해제된 크기는 약 280KiB이며, 그중에서 64KiB는 사인온Signon 화면[27] 전용이며 768바이트는 팔레트에 할당된다.

파일 확장자의 의미는 다음과 같다.

- WL1 : 셰어웨어
- WL3 : 초기 세 개 에피소드 전체 버전
- WL6 : 여섯 개 에피소드 전체 버전
- WJ1 : 일본어 셰어웨어
- WJ6 : 일본어 전체 버전
- SOD : 〈운명의 창〉
- SDM : 〈운명의 창 2〉 레벨 데모

그림 3-17

---

26 옮긴이_ 도스용 실행 파일 압축 유틸리티
27 옮긴이_ 메모리와 마우스, 조이스틱, 사운드 카드 등 각종 하드웨어 사양을 표시해주는 화면. 4.5.1절 참고

[그림 3-17]은 게임을 공유하고 재배포하는 데 널리 사용된 3.5인치 플로피 디스크이다. 왼쪽 상단 구멍은 디스크 판독기가 디스크의 용량 크기를 인식할 수 있게 도와주는 표식(막혀 있으면 720KiB, 뚫려 있으면 1.44MiB 버전)이다. 오른쪽 상단에는 옆으로 밀 수 있는 탭이 있어 구멍을 열어놓으면 디스크 쓰기가 금지되어 읽기 전용으로 실행된다. 디스크가 플로피 디스크 리더에 삽입되고 나면 큰 금속 탭이 오른쪽으로 미끄러지고 자기 디스크를 노출시킨다.

토막상식

저자를 포함한 일부 사람들은 720KiB 인증 플로피 디스크에 구멍을 뚫어 1.44MiB로 인식하도록 속이기도 했다. 이러한 속임수는 비용 절감에 큰 효과가 있었다!

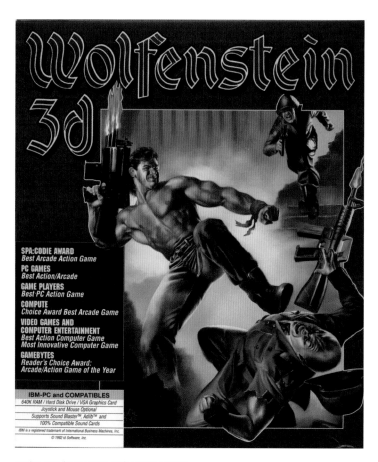

그림 3-18 〈울펜슈타인 3D〉 판매용 패키지

〈울펜슈타인 3D〉는 원래 셰어웨이 형대로만 독점 배포되었지만 시간이 흐른 후 영업 관점에서 조금 더 '전통적인' 매체가 필요해졌다. GT 인터액티브는 1993년에 〈울펜슈타인 3D〉를 선택해 톰 홀과 케빈 클라우드가 완성한 공식 힌트 매뉴얼과 함께 실제 상자에 담아 판매했다. 1995년에 게임은 CD-ROM으로 재배포되었다.

CHAPTER 4

소프트웨어

4.1 소스 코드 얻기

1995년 7월 21일, 게임 엔진 소스 코드가 이드 소프트웨어의 FTP 서버에 업로드되었다.

```
ftp://ftp.idsoftware.com/idstuff/source/wolfsrc.zip
```

22년이 지난 후에도 아카이브는 여전히 동일한 URL에 위치하고 있으며,[1] 이는 끊임없이 변화하는 웹의 특성을 감안할 때 주목할 만한 사실이다.

또는 *github.com*을 사용할 수도 있다. 이드 소프트웨어는 2012년 무렵 모든 오픈 소스 코드를 깃허브에 옮겼는데 이곳이 더 빠르고 안정적이다.

```
$ git clone https://github.com/id-Software/wolf3d.git
```

---

1 옮긴이_ 아쉽게도, 이 책을 번역하는 시점에는 FTP 서버에서 아카이브를 제공하지 않는다.

4.2 첫 만남

아카이브를 다운로드한 후 압축을 풀면, *wolfsrc.zip* 안에 PKZIP 압축 파일이 들어 있을 것이다. 당시에는 사용자의 편의를 위한 목적이었지만 지금은 실용적이지 않다. 압축은 다음과 같이 쉽게 풀 수 있다.[2]

```
$ unzip WOLFSRC.1
```

*cloc.pl*은 폴더의 모든 파일을 살펴 소스 코드에 대한 통계를 수집하는 도구다.[3] 앞으로 살펴볼 프로젝트를 개괄하는 데에 도움을 준다.

```
$ cloc WOLFSRC

96 text files.
94 unique files.
27 files ignored.
```

Language	files	blank	comment	code
C++	26	5750	6201	21169
C/C++ Header	42	802	660	3900
Assembly	10	669	732	2150
DOS Batch	1	1	0	4
SUM:	79	7222	7593	27223

코드의 90%가 C 언어로 작성되었고,[4] 비디오나 오디오 같은 저수준 I/O와 병목 최적화를 위해 어셈블리 언어를 사용했다.[5]

---

2 옮긴이_ unzip은 리눅스 기준 설명이고, 깃허브에서 받을 경우 압축을 따로 풀 필요는 없다.

3 옮긴이_ cloc에 대한 자세한 설명은 다음을 참고. *https://github.com/AlDanial/cloc*

4 이드 소프트웨어는 2000년 무렵의 〈둠 3〉까지도 C++로 전환하지 않았다.

5 Wolf3D의 모든 어셈블리는 볼랜드사의 TASM(터보 어셈블러, Turbo Assembler)로 처리된다. TASM은 목적지 피연산자가 출발지 피연산자 앞에 있는 인텔 표기법(instr dest source)을 사용한다.

SLOC^{source lines of code}는 단일 코드 기반에 대해서는 의미 있는 지표가 아니지만 비율을 보고자 할 때에는 유용하다. 27,223 SLOC짜리 〈울펜슈타인 3D〉는 대다수 소프트웨어에 비해 매우 작다. URL 콘텐츠를 다운로드하는 명령 줄 도구 curl은 15만 4134 SLOC다. 구글 크롬 브라우저는 170만 SLOC다. 리눅스 커널은 1,500만 SLOC다.

소스 코드 배포는 압도적인 호평을 받았지만 많은 찬사 가운데 영원히 기억에 남을 만한 논평이 있었다.

> 저는 맞춤법에 참 약했습니다. 당시의 편집기에는 맞춤법 검사기가 없었죠. 'collumn'이라는 단어가 소스 코드에 수십 번이나 등장했습니다. 소스 코드를 공개한 후 받은 이메일 하나가 기억에 생생하게 남네요.
>
> "COLUMN이다. 이 멍청아!"
>
> — 존 카맥

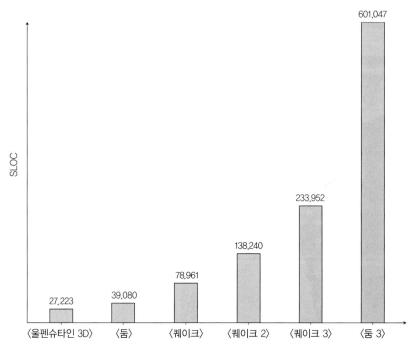

그림 4-1 이드 소프트웨어 게임 엔진들의 SLOC 비교

아카이브에는 소스 코드 외에 다음과 같은 내용도 들어 있다.

- *GOODSTUF.TXT*: 게임의 성공을 증명하는 팬들(베트남 전쟁 포로와 마이크로소프트 직원)이 보내온 이메일이 포함되었다.[6]
- *SIGNON.OBJ*: 시스템 특질(램, EMS, XMS, 조이스틱, 사운드 카드)을 보여주는 타이틀 화면이 바이너리 내에 링크되어 있었다. 이렇게 기이한 설계를 선택한 이유는 나중에 설명한다.
- *GAMEPAL.OBJ*: 게임 팔레트. *SIGNON.OBJ*와 같은 이유로 실행 파일에 하드코딩되어 링크되었다.
- *README*: 빌드 방법. *fabiensanglard.net*의 「Let's compile like it's 1992(1992년처럼 컴파일하자)」 기사에서 완벽한 튜토리얼을 찾을 수 있다.
- 이전의 컴파일 시도로 생긴 수많은 파일도 들어 있다.

4.3 큰 그림

게임 엔진은 크게 블록 3개로 나눌 수 있다.

- 사용자가 게임을 구성할 수 있는 2D 메뉴 엔진
- 사용자가 대부분의 시간을 보내는 3D 게임 렌더러
- 2D 또는 3D 렌더러와 동시에 실행되는 사운드 시스템

위에서 소개한 세 시스템은 공유 메모리를 통해 통신한다. 렌더러는 음악과 사운드 요청을 램에 기록하며 애셋이 준비되어 있는지도 확인한다. 이 요청은 사운드 '루프loop'가 읽는다. 또한 사운드 시스템은 전체 엔진의 심장박동heartbeat을 담당하기 때문에 렌더러를 위해 램에 기록한다. 렌더러는 TimeCount 변수로 추적된 벽 시간wall-time[7]에 따라 세싱을 업데이드한다.

---

6   옮긴이_ 부록 E 참고
7   옮긴이_ 컴퓨터가 인지하는 시스템 시간(*https://ko.wikipedia.org/wiki/시스템_시간*)과 대비되어 사람이 인지하는 시간을 뜻한다.

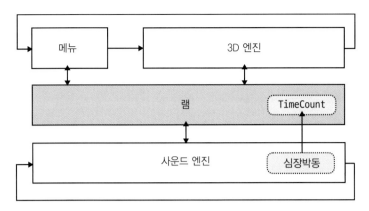

그림 4-2 게임 엔진을 구성하는 주요 시스템 세 가지

4.3.1 펼쳐진 루프

큰 그림을 염두에 두고 `void main()`에서 시작하는 메인 루프 안으로 뛰어들어보자. 2개의 렌더러는 규칙적인 루프이다. 그러나 (나중에 설명할 제한 때문에) 사운드 시스템은 인터럽트 구동 방식이며 그 결과 `main`에서 벗어나 있다. 리얼 모드 때문에, C 타입은 사람들이 기대하는 32비트 아키텍처의 범주에서 벗어난다.

- int와 word는 16비트
- long과 dword는 32비트

프로그램은 가장 먼저 `CheckForEpisodes()`를 통해 사용 가능한 애셋을 점검한다.

```
void main (void) {
    CheckForEpisodes();
    Patch386 ();
    InitGame ();
    DemoLoop();
}
```

목표 시스템이 리얼 모드에서 동작하므로 코드는 16비트 명령어만을 사용해 컴파일된다. 32비트인 `long` 작업을 위해 볼랜드는 자체 수학 라이브러리를 사용했다. `Patch386`에서 〈울펜슈타인 3D〉는 CPU가 386인지 감지하며, 자체 코드 패치를 통해 볼랜드의 정수 나누기를 32비트 레지스터 eax와 edx를 사용하는 명령어로 대체한다.

```
mov eax,[bp+8]
cdq
idiv [DWORD PTR bp+12]
mov edx,eax
shr edx,16
```

InitGame에서 엔진이 시동되고 모든 관리자를 실행한다.

```
void InitGame () {
    MM_Startup ();          // 메모리 관리자

    SignonScreen ();        // 시스템 구성을 보여줌

    VW_Startup ();          // 비디오 관리자
    IN_Startup ();          // 입력 관리자
    PM_Startup ();          // 페이지 관리자
    PM_UnlockMainMem ();
    SD_Startup ();          // 사운드 관리자
    CA_Startup ();          // 캐시 관리자
    US_Startup ();          // 폰트 관리자
    InitDigiMap ();
    ReadConfig ();
    CA_CacheGrChunk(STARTFONT); // 폰트 로드
    MM_SetLock (&grsegs[STARTFONT],true); // 폰트 잠그기
    LoadLatchMem ();        // 그림 자원을 VRAM으로 로드
    BuildTables ();         // sin/cos/view 참조 테이블
    SetupWalls ();          // 벽 텍스처 참조 테이블
}
```

그 후에 2D 렌더러와 3D 렌더러를 무한히 호출하는 핵심 루프가 나온다.

```
void DemoLoop() {
    StartCPMusic(INTROSONG);
    PG13(); // '엄청난 대학살' 심의 등급 화면을 보여줌
    while (1) {
        CA_CacheScreen (TITLEPIC);
        CA_CacheScreen (CREDITSPIC);
        DrawHighScores ();
        PlayDemo (0);
        GameLoop (); // 2D 렌더러(메뉴)
        SetupGameLevel ();
```

```
        StartMusic ();
        PM_CheckMainMem ();
        PreloadGraphics ();
        DrawLevel ();
        PlayLoop () ; // 3D 렌더러(게임)
        StopMusic ();
    }
    Quit("Demo loop exited???");
}
```

PlayLoop에는 3D 렌더러가 포함되어 있다. 게임에 필요한 입력을 받고, 게임 전체를 업데이트하고, 게임 전체를 렌더링하는 접근 방식이 표준으로 여겨진다.

```
void PlayLoop () {
    PollControls ();           // 게임에 필요한 입력을 받음

    MoveDoors ();              // 문 이동
    MovePWalls ();             // 비밀 벽 이동
    for (obj = player; obj; obj = obj->next)
      DoActor (obj);           // 적에게 생각할 기회를 줌

    ThreeDRefresh () {         // 3D 뷰를 렌더링
      VGAClearScreen ();       // 마루/천장을 그림
      WallRefresh ();          // 벽을 그림
      DrawScaleds ();          // 확대한 스프라이트를 그림
      DrawPlayerWeapon ();     // 무기를 그림
      [...]                    // CRT 컨트롤러를 통해 프레임 버퍼를 뒤집음
    }
    UpdateSoundLoc ();         // 스테레오 사운드 위치 갱신
}
```

사운드 시스템은 **SDL_SetTimerSpeed**의 사운드 관리자를 통해 시작된다. SDL^{Simple DirectMedia} ^{Layer}이라는 유명한 게임 개발 라이브러리가 있지만 접두사 **SDL_**은 이 SDL과는 관련이 없다. 1991년에는 그 라이브러리가 존재하지도 않았다. 여기서의 SDL은 'SounD Low level'을 나타낸다.

인터럽트를 사용하는 이유는 4.8절에서 자세히 설명한다. 요약하자면, 운영체제가 프로세스나 스레드를 지원하지 않았으므로 인터럽트는 나머지 엔진을 운영하며 동시에 무언가를 실행하는 유일한 방법이었다.

엔진에서 일으킨 인터럽트에 응답하기 위해 인터럽트 서비스 루틴interrupt service routine (ISR)이 인터럽트 벡터 테이블에 설치된다. 사운드 시스템의 요구에 따라 140Hz, 700Hz 또는 7,000Hz의 주파수에서 ISR을 호출하는 방법에 주목하자.

```c
#define TickBase   70

typedef enum {
  sds_Off,
  sds_PC,
  sds_SoundSource,
  sds_SoundBlaster
} SDSMode;

extern  SDSMode  DigiMode;

static void SDL_SetTimerSpeed(void) {
  word rate;
  void interrupt  (*isr)(void);

  if ((DigiMode == sds_PC) && DigiPlaying) {
    rate = TickBase * 100;    // 7,000Hz
    isr = SDL_t0ExtremeAsmService;
  }
  else if (music || ((DigiMode == sds_SoundSource))
    && DigiPlaying) {
    rate = TickBase * 10;    // 700Hz
    isr = SDL_t0FastAsmService;
  }
  else {
    rate = TickBase * 2;    // 140Hz
    isr = SDL_t0SlowAsmService;
  }
  setvect(8,isr);
  SDL_SetIntsPerSec(rate);
}
```

4.4 아키텍처

소스 코드는 2개의 레이어로 구성된다. *WL_** 파일은 상위 레이어로 하드웨어와 상호작용하며, '관리자'라고 불리는 *ID_** 하위 시스템에 의존한다.

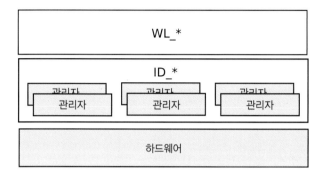

그림 4-3 〈울펜슈타인 3D〉 소스 코드 레이어

총 7개의 관리자가 있다.

- 메모리
- 페이지
- 비디오
- 캐시
- 사운드
- 사용자
- 입력

*WL_* 항목은 특별히 〈울펜슈타인 3D〉용으로만 작성된 반면, *ID_* 관리자는 이전 게임인 〈호버 탱크 3D〉와 〈카타콤 3-D〉에서 가져와 재사용되었으며 새 엔진에 맞춰 개선되었다.

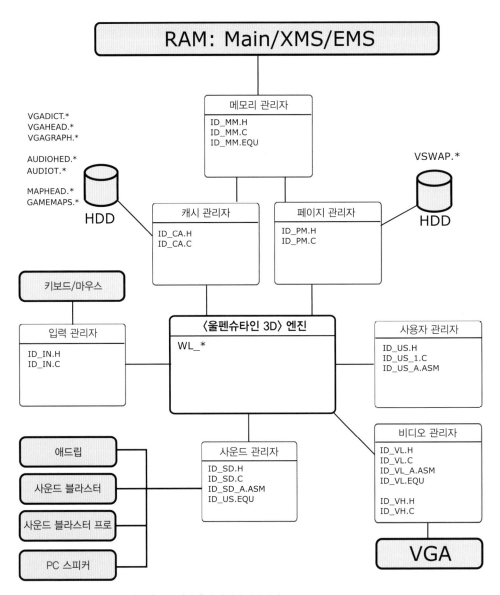

그림 4-4 엔진과 하위 시스템(흰색)이 I/O(회색)에 연결된 아키텍처.

3장에서 설명했던 패키지로 포장된 애셋을 HDD 옆에서 볼 수 있다.

4.4.1 메모리 관리자(MM)

엔진은 기본 메모리를 관리하기 위해 `malloc`에 의존하지 않는데, 메모리가 단편화되고 여유 공간을 압축할 방법이 없기 때문이다. 그 대신 램을 추적하는 '블록'의 연결 리스트로 구성된 자체 메모리 관리자가 있다. 블록은 램의 시작점을 가리키며 크기를 가진다.

```
typedef struct mmblockstruct
{
    unsigned   start,length;
    unsigned   attributes;
    memptr     *useptr;
    struct mmblockstruct far *next;
} mmblocktype;
```

블록은 다음과 같은 속성으로 표시될 수 있다.

- LOCKBIT: 이 램 블록은 압축 도중에 이동될 수 없다.
- PURGEBITS: 네 가지 레벨이 가능하다. 0 = 제거 불가, 1 = 제거 가능, 2 = 미사용, 3 = 우선 제거

메모리 관리자는 `malloc`/`farmalloc`을 통해 사용 가능한 모든 램을 할당하면서 시작하고 크기가 1KiB인 LOCKED 블록을 끝에 생성한다. 연결 리스트는 포인터 2개를 사용한다. HEAD와 ROVER는 마지막 블록을 가리키는 두 번째 포인터를 가리킨다.

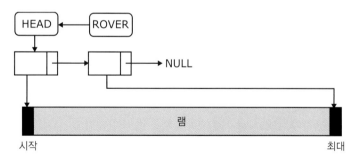

그림 4-5 초기 메모리 관리자 상태

엔진은 램(`MM_GetPtr`)을 요청하고 램(`MM_FreePtr`)을 해제하는 방식으로 메모리 관리자와 상호작용한다. 메모리를 할당하기 위해 메모리 관리자는 블록 사이의 '빈 구멍hole'을 검색한다.

이 과정에서 다음과 같은 3단계 순서에 맞춰 복잡성이 높아진다.

1. ROVER 뒤에 할당

2. HEAD 뒤에 할당

3. 압축하고 나서 ROVER 뒤에 할당

ROVER 뒤에 충분한 공간이 있는 경우에 가장 처리하기 쉽다. 새로운 노드가 곧바로 연결 리스트에 추가되고 ROVER는 앞으로 이동한다. 다음 그림에서 A, B, C라는 세 가지 할당 요청이 성공했다.

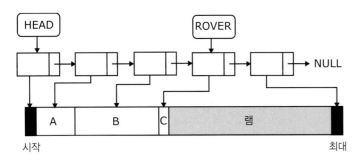

그림 4-6 1단계 시나리오에서 메모리를 3번 할당한 다음의 MM 내부 상태

결과적으로 사용 가능한 모든 램이 소진될 것이고 1단계의 할당 요청이 실패할 것이다.

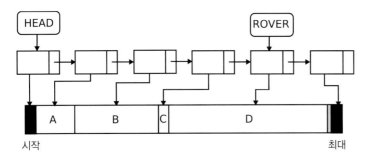

그림 4-7 1단계 실패: ROVER 뒤에 충분한 램이 없다

만일 1단계가 실패하면, 2단계는 HEAD와 ROVER 사이의 빈 구멍을 찾는다. 또한 2단계는 사용되지 않은 블록도 제거한다. 예를 들어 블록 B가 PURGEABLE(제거 가능)로 표시되면 블록이 삭제되고 새 블록 E로 대체될 것이다. 이 시점에서 단편화가 등장하기 시작한다(malloc을 사용한 경우에도 마찬가지다).

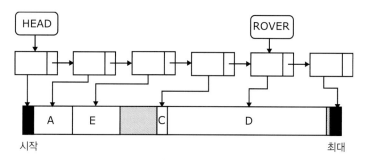

그림 4-8 B가 제거되었다. E는 2단계에서 할당되었다.

1단계와 2단계가 모두 실패하면 요청을 수행하기에 충분히 큰 연속된 메모리 블록이 없다. 이 경우 메모리 관리자는 전체 연결 리스트를 순회하면서 제거 가능으로 표시된 블록을 삭제하고 블록을 이동해 램을 압축할 것이다.

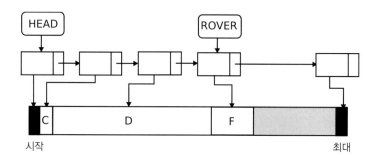

그림 4-9 A와 E가 제거되었다. C와 D가 압축되었다. F는 3단계에서 할당되었다.

그러나 메모리가 이동한다면, 직전에 할당한 메모리가 압축 단계 이전의 위치를 어떻게 기억하고 계속해서 가리키는 걸까? mmblockstruct에는 블록의 소유자를 가리키는 useptr 포인터가 있다. 메모리가 이동되면 블록 소유자 또한 업데이트된다.

어떤 블록이 LOCKED(세서 불가)로 표시되면 입축에 방해가 될 수 있다. 잠긴 블록을 발견하면 마지막 블록과 잠긴 블록 사이에 사용 가능한 공간이 있을지라도 압축이 중지되며, 다음 블록이 잠긴 블록 바로 뒤로 이동될 것이다.

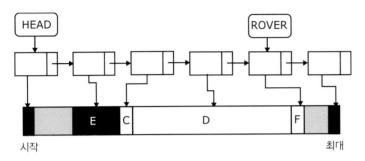

그림 4-10 E가 잠겨 있어 압축할 수 없다.

위 그림에서 C는 앞으로 이동할 수도 있었지만 E 다음으로 이동했다. 이와 같은 낭비를 방지하려면 메모리 관리자가 더 복잡해지므로 결국 낭비를 허용하기로 결정했다. 구성 요소를 설계할 때에는 종종 실리를 따져야 하며 정확성과 복잡성 사이의 절충안을 수립해야만 한다.

> 전담 메모리 관리자가 〈울펜슈타인 3D〉에서는 정당화될지도 모르겠지만, 이는 버그를 일으키는 주요 원인이므로 피하기를 강력히 권장합니다!
>
> – 존 카맥

4.4.2 페이지 관리자(PM)

페이지 관리자는 3D 엔진 전용이다. 페이지 관리자의 과업은 HDD에 저장된 벽 텍스처, 스프라이트, 사운드 효과와 같은 애셋을 CPU에서 사용할 수 있도록 램으로 로드하는 것이다. 제이슨 브워호비아크가 핵심 작성자로 자리 잡았는데, 유닉스에서 얻은 그의 경험이 페이지 관리자 구성 요소의 설계에 강한 영향을 미쳤다. 페이지 관리자는 페이징과 스와핑의 개념을 중심으로 구축되었다.

메모리 주소를 사용해 유닉스와 같은 페이지를 식별하는 대신 애셋 ID가 사용된다. 이 애셋 ID는 IGRAB이 생성한다. 각 애셋은 전체 '페이지'를 소비한다. 유닉스와 마찬가지로 모든 페이지의 크기는 동일하게 4KiB다. 엔진이 자원을 요구하는 경우 페이지 관리자에게 자원 ID가 가리키는 페이지를 요청한다. 모든 유형의 램(기본, EMS, XMS)이 활용되지만 계층구조가 있다.

원래 3D 장면을 위한 모든 애셋은 HDD의 파일 *VSWAP.WL1*에 있다. 애셋 요청이 수신되면 L1 캐시(기본과 EMS 램으로 구성됨)를 먼저 조회한다(①). 누락된 경우 L2 캐시를 참조한다(②). L2 캐시에서 페이지를 발견하면 L1으로 전송한다. L2에서도 여전히 페이지를 찾을 수 없다면 HDD에서 L1으로 직접 로드한다(③). L2는 L1에서 페이지가 퇴거될 때만 기록된다. 페이지에 접근할 때마다 현재 프레임 번호로 태그가 달린다. 이 태그는 퇴거 정책을 강제할 때 사용된다.

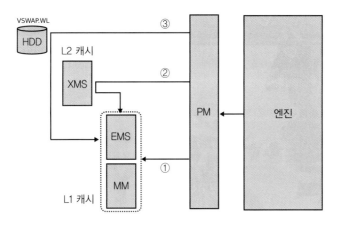

페이지 관리자의 아키텍처는 XMS를 최후의 수단인 L2 캐시 수준으로 취급하는 반면 EMS 램은 기본 메모리처럼 사용하므로 흥미롭다. 이는 EMS로 구동되는 램이 XMS로 구동되는 램보다 몇 배 더 빠르며 기본 메모리 속도와 맞먹기 때문이다. 이 주제는 부록 B에서 자세히 설명한다.

엔진은 페이지 누락 비용을 최소화하기 위해 새로운 게임 레벨이 시작되기 앞서 페이지 캐시를 미리 로드한다. 사용자는 이를 'Get Pysched(마음의 준비)' 화면으로 경험한다.

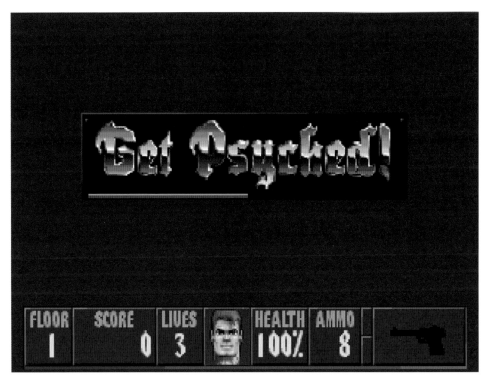

그림 4-11 페이지 관리자가 캐시하는 과정을 미리 보여주는 '온도계' 화면

캐시를 미리 로드하는 메커니즘이 특별히 영리하지는 않다. 스왑 파일에서 가능한 많은 페이지를 로드할 뿐이다. 실제로 게임 레벨에서 사용되는 항목을 보지 않고 HDD의 *VSWAP* 파일에 저장된 순서대로 애셋을 로드한다. 메모리가 부족한 컴퓨터(1MiB 미만)에서, LRU(퇴거 정책)은 게임 레벨이 시작되고 몇 분 후에서야 캐시를 안정화시킨다.

이와 같은 설계에는 작지만 성가신 결함이 존재한다. 마지막 레벨에서 강력한 최종 보스와 만났을 때, 메모리가 부족한 시스템에서는 캐시 누락이 발생할 것이다. 최종 보스는 이전에 만난적이 결코 없으므로 페이지 관리자의 캐시에도 없다. 그 결과 캐시 누락으로 인한 최악의 상황이 발생할 수도 있다. 하드 드라이브에 오랫동안 접근해야 하므로 랙이 발생하고 이는 부당하고 굴욕적인 주인공의 사망을 초래할 수 있다.

스왑 파일의 크기는 진행 중인 게임 버전에 따라 다르다. *VSWAP.WL1*(셰어웨어)은 742KiB이고 *VSWAP.WL6*(전체 버전)은 1,500KiB다. 1MiB 위에 2MiB 램을 추가한 컴퓨터라면 캐시하는 동안 모든 애셋을 로드하기에 충분하다.

스래싱thrashing을 언급할 필요도 있다. 시스템이 페이지를 퇴거해야 하지만 동일 프레임에서 동일 자원을 다시 로드하면 '스래싱'이 발생한다. HDD를 많이 사용하면 프레임 레이트가 떨어진다. 화면에 너무 많은 자원이 표시될 때 스래싱이 발생할 수 있다. 설계자가 적절한 프레임 레이트의 필요성과 창의성 사이에서 균형을 맞추도록 돕기 위해 엔진은 스래싱을 감지하며, 개발자 모드에서 실행될 때 화면 테두리를 빨간색으로 깜박인다.

사운드는 특별하다. 사운드 카드는 인터럽트 시스템을 통해 데이터가 공급된다. 따라서 사운드 관리자가 페이지 누락을 복구할 수 없다. 이러한 이유로 모든 사운드 자원이 먼저 로드되며 (*VSWAP.WL1*의 시작 부분에 위치) 기본 메모리에만 로드된다.

4.4.3 비디오 관리자(VL & VH)

비디오 관리자는 두 부분으로 나뉜다. 각각 고수준과 저수준을 담당한다.

- 저수준(VL_*) 레이어는 C와 ASM으로 구성되며 C 함수는 어셈블리 루틴을 통해 VGA 레지스터 조작을 추상화한다.
- 고수준(VH_*) 레이어는 상위 단계 레이어로 2D 메뉴 그리기에 특화되어 있으며 당연히 저수준 레이어의 클라이언트다.

4.4.4 캐시 관리자(CA)

캐시 관리 프로그램은 작지만 중요한 구성 요소다. 파일 시스템에 저장된 지도, 2D 그래픽, 오디오 자원을 로드하고 압축을 해제해 램에서 사용할 수 있게 만든다. 각 종류의 애셋은 파일 2개에 저장된다. 헤더 파일은 오프셋을 포함하는데, 애셋 ID에서 데이터 파일의 바이트 오프셋으로 변환이 가능하다.

모든 자원은 압축되어 있다. 지도와 오디오의 경우 압축은 엔진에 하드코딩되어 있다. 그러나 그래픽의 경우, 세 번째 파일(*DICT*)에는 각 애셋의 압축을 풀기 위한 압축 사전이 포함되어 있다. 캐시 관리 프로그램은 압축 해제를 투명하게 처리하며 두 가지 압축 방법에 의존한다. 자원은 전통적인 허프먼 방식을 사용하지만 지도는 LZLempel-Ziv 접근 방식을 독립적으로 재발견한 '카맥화' 단계로 2번 압축한다.[8]

---

8 존 카맥은 1990년대에 프로그래밍 서적을 손에 넣기가 얼마나 어려웠는지에 대해 여러 차례 언급했다. 카맥은 뭔가를 '발명'하고 나서야, 다른 사람들이 이미 더 나은 방법을 고안했다는 사실을 깨닫고는 했다.

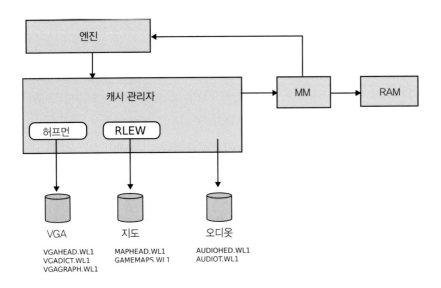

파일 이름 *AUDIOHED.WL*의 오타가 보이는가? 올바른 철자는 *AUDIOHEAD.WL1*이다. 그렇다면 *A*
는 어디로 갔는가? 이런 현상은 사실상 운영체제의 한계다. 도스는 8.3 파일 이름만을 허용하
기 때문이다(최대 8자, 점 다음에 확장자 3자).

4.4.5 사용자 관리자(US)

사용자 관리자는 주로 제이슨 브워호비아크가 〈카타콤 3–D〉 코드를 기
반으로 하여 작성했다. 헤더(`ID_US.H`)에 선언된 함수의 90%가 실제로
`ID_US.C`에서 구현되지 않기 때문에 전형적인 '복사/붙여넣기'로 볼 수
있다. 사용자 관리자라는 이름과 달리 텍스트 배치를 주로 처리하므로 이
름이 잘못 붙은 관리자다. `WL_*` 상위 단계 루틴이 문자열을 그려야 하는
경우, 모든 측정을 수행하는 `US_Print`(그 예로 문자열을 중심에 놓고 그

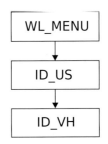

리기)로 문자열을 전달한 다음 이 정보를 비디오 관리자(`VWDrawPropString`)로 전달해 렌더
링을 처리한다.

4.4.6 사운드 관리자(SD)

사운드 관리자는 지원하는 네 가지 사운드 시스템(PC 스피커, 애드립, 사운드 블라스터, 디즈니 사운드 소스)과의 상호작용을 추상화한다. 엔진 내부에서 실행되지 않고 독자적으로 움직인다. 대신 엔진보다 훨씬 더 높은 주파수에서 IRQ를 통해 호출된다(엔진은 최대 70Hz로 작동하지만 사운드 관리자의 범위는 140Hz에서 7,000Hz다). 사운드 관리자는 신속한 실행을 위해 어셈블리로 작성되며 메모리 할당과 관련해서는 애셋에 대한 권한도 부여된다. 페이지 관리자에서의 캐시 누락을 피하기 위해, 모든 애셋은 기본 메모리에 로드된다.

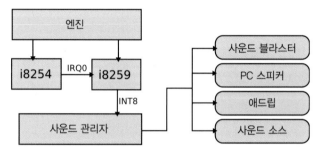

그림 4-12 사운드 시스템 아키텍처

사운드 관리자는 4.8.5절에서 더욱 자세히 설명한다.

4.4.7 입력 관리자(IN)

입력 관리자는 조이스틱, 키보드, 마우스와의 상호작용을 추상화한다. PS/2, 직렬, DA-15 포트를 처리하는 따분한 판박이 코드가 특징이며 각각 독자적인 I/O 주소를 사용한다.

4.5 시작

게임 엔진이 시작되면 2장에서 설명했던 어려움을 해결해야만 한다. 이 지점에서 흥미로운 일이 벌어진다.

4.5.1 사인온

첫 번째 '가벼운' 문제는 시장에 출시된 PC의 다차원적인 생태계를 다루는 것이다. 엔진은 로드된 여러 종류의 드라이버와 사운드 카드, 설치된 램의 개수, 실행 가능 여부까지 이 모두를 파악해야 했다. 실행이 불가능한 경우라면 무엇이 문제인지 사용자에게 알려줘야 했다. 이는 이드 소프트웨어처럼 고객 문제 해결에 도움이 되는 자원을 확보하기 어려웠던 소규모 팀에게 매우 중요했다.

자가 진단을 위한 '사인온' 화면의 내용은 다음과 같다.

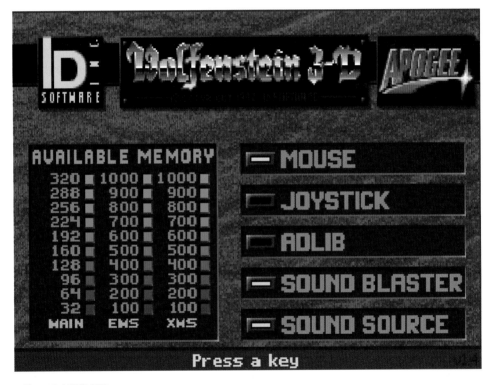

그림 4-13 사인온 화면

마우스, 조이스틱, 사운드 카드와 같은 인식된 장치를 표시하는 기능과 함께 사인온 화면의 가장 중요한 지표는 'MAIN'이라는 레이블이 붙은 영역이다. 2장에서 설명했던 아키텍처로 인해 도스 프로그램은 640KiB까지만 램을 사용할 수 있었다. 사용자가 로드한 개별 드라이버는 640KiB에서 메모리를 가져온다. 도스가 램에 실행 파일을 로드할 수 없을 때에는 다음과 같은 오류 메시지가 표시된다.

사인온 화면은 〈울펜슈타인 3D〉에 적어도 320KiB의 기본 램이 필요하다는 메시지를 표시한다. 존 로메로는 무슨 일이 일어나고 있는지 사람들을 이해하게 돕는 동시에 화난 사람들의 전화를 피하기 위한 배포 노트를 썼다. 배포 노트는 부록 C에서 읽을 수 있다.

사인온 화면이 표시될 때 로드되는 유일한 관리자는 메모리 관리자다. 심지어 엔진이 접근할 수 있는 파일 시스템조차 없다. 이것이 바로 팔레트와 사인온 화면을 실행 파일 내에 컴파일해 둔 이유다. 이렇게 하면 도스 로더가 팔레트와 사인온 화면을 램에 로드할 수 있다. 모든 엔진은 팔레트를 VGA에 로드하고, 사인온 비트맵을 램에서 VRAM으로 복사하고, 감지된 내용에 따라 녹색 또는 노란색으로 '온도계' 블록을 채운다.

```
// GAMEPAL.OBJ의 내용:
// 256 * 3 = 768바이트를 차지
extern byte far gamepal;

// SIGNON.OBJ의 내용
// 320x200 = 64,000바이트를 차지
extern char far introscn;

void SignonScreen (void)
{
  unsigned  segstart,seglength;

  VL_SetVGAPlaneMode ();
  VL_TestPaletteSet ();
  VL_SetPalette (&gamepal);

  if (!virtualreality)
  {
    VW_SetScreen(0x8000,0);
    VL_MungePic(&introscn,320,200);
    VL_MemToScreen(&introscn,320,200,0,0);
    VW_SetScreen(0,0);
  }

  // 링크된 사인온 화면으로부터 메모리를 회수
  segstart = FP_SEG(&introscn);
```

```
    seglength = 64000/16;
    if (FP_OFF(&introscn)){
      segstart++;
      seglength--;
    }
    MML_UseSpace (segstart,seglength);
  }
```

해당 화면을 표시한 이후, 320×200바이트 = 64,000바이트를 사용하는 `introscn` 변수가 램에서 언로드되므로 런타임에 더 많은 공간을 제공한다.

토막상식

회사가 아케이드 VR 캐비닛을 구축하기 위해 엔진을 라이선스할 때 추가된 '가상현실'에 대한 참조는 함수 **SignonScreen**이 제공한다. 수십 년 후, 존 카맥은 오큘러스 VR과 함께 VR 부흥에 참여하게 된다.

4.5.2 VGA 문제 해결

2장에서 해결하지 못한 문제가 아직 남아 있다. 모든 VGA 모드에 더블 버퍼링 기능이 빠져 있다는 점이다.

가장 매력적인 모드(**13h**)는 256 인덱스 색상의 320×200 비정사각형 픽셀 해상도에서 단일 프레임 버퍼를 제공한다. VGA 회로의 체인-4 칩셋은 **A0000h**에서 시작하는 램을 VRAM 뱅크 4개에 자동으로 매핑한다. 활성화되면 개발자는 뱅크에 대해 걱정할 필요가 없다. 다음과 같은 간단한 함수로 화면을 지울 수 있다.

```
char far *VGA = (byte far*)0xA0000000L;

void ClearScreen(void){
    asm mov ax,0x13
    asm int 0x10

    for (int i=0 ; i < 320*200 ; i++)
        VGA[i] = 0x00;
}
```

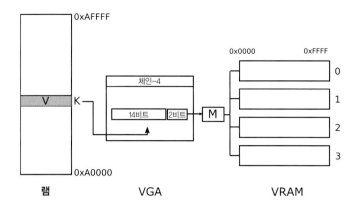

그림 4-14 램과 VRAM 사이의 체인-4 칩셋은 I/O 연산을 라우팅한다.

이 매핑 시스템을 '체인'이라고 부른다. 주소에서 쓰기/읽기 연산을 뱅크로 라우팅하는 데 2비트가 사용되므로 실제 오프셋을 위해 뱅크에서는 14비트만 사용된다. 14비트는 $16{,}384\,(2^{14})$ 값만 주소 지정이 가능하므로 이 시스템은 VRAM의 75%를 사용할 수 없게 된다.

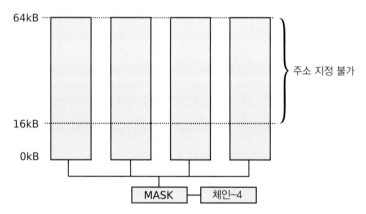

그림 4-15 체인-4는 하나의 연속된 VRAM 뱅크로 가장하게 만들지만 VRAM의 75%를 낭비한다.

이와 같은 낭비는 실제로는 체인-4의 결함 탓이다. 그러나 비활성화가 가능하다는 사실이 밝혀졌다. 이 기법은 1991년 7월호『닥터 돕스 저널』에서 마이클 아브라시가 대중화시켰다. 아브라시는 기고문에서 자신이 모드-X$^{\text{Mode X}}$라고 이름을 붙인 방법을 설명했다. 체인-4를 비활성화하기 위한 문서화되지 않은 일련의 명령어들은 320×240 정사각형 픽셀의 해상도(4:3 비율이므로)와 256KiB의 램에 대한 전체 접근을 허용한다.

〈울펜슈타인 3D〉는 약간 다르게 작동한다. 체인-4를 비활성화하지만 해상도는 320×200으로 유지한다. 이 모드에는 1년 후 모드-Y라는 용어가 붙었다.

팀이 320×240 정사각형 픽셀을 사용하지 않은 데에는 두 가지 이유가 있다. 아티스트들에게 유리한 특성에도 불구하고 모드-Y를 사용하는 화면은 320×200 = 64,000픽셀이며 이는 320×240 = 76,800픽셀인 모드-X에 비해 17% 정도 적었다. 엔진은 이미 받아들일 만한 프레임 레이트에 노달하기 위해 어려움을 겪있는데, 모드-X는 단순히 봐도 프레임당 픽셀이 너무 많았다. 또한 디럭스 페인트가 정사각형이 아닌 모드 13h(320×200 해상도)에서 실행되므로 아티스트는 불편함을 느꼈을 것이다. 즉 애셋이 생성된 해상도와 렌더링되는 해상도가 다른 이상한 파이프라인이 되었을 것이다.

```
void VL_SetVGAPlaneMode (void) {
    // 0x13으로 19번째 인터럽트 벡터를 호출한다
    // (BIOS에 모드 13h로 VGA를 설정하게 요청한다)
    asm mov ax,0x13
    asm int 0x10

    // 체인 해제(엔진에서 deplane을 호출한다)
    VL_DePlaneVGA ();
    VGAMAPMASK(15);
    VL_SetLineWidth (40);
}
```

마법은 **VL_DePlaneVGA** 함수에서 일어난다. 여기서 BIOS가 모드 **13h**에서 설정한 내용을 조율하기 위해 VGA 레지스터를 조작한다.

```
#define SC_INDEX          0x03c4
#define SC_DATA           0x03c5

#define CRTC_INDEX        0x03d4
#define CRTC_DATA         0x03d5

#define MEMORY_MODE       0x04
#define CRTC_UNDERLINE    0x14
#define CRTC_MODE         0x17

void VL_DePlaneVGA() {
    // VRAM 기록 방식을 변경한다(체인-4를 비활성화한다)
```

```
  outp(SC_INDEX, MEMORY_MODE);
  outp(SC_DATA, (inp(SC_DATA)&~8));

  // 모드 13h를 설정할 때 BIOS가 개별 뱅크의 첫 16K만 정리했기에
  // 모든 네 뱅크를 정리한다
  VL_ClearVideo (0);

  // VRAM을 CRTC가 읽는 방식을 변경한다
  // 주소 지정 모드는 CRTC_MODE 레지스터로 선택된다
  outp(CRTC_INDEX, CRTC_UNDERLINE);
  outp(CRTC_DATA, 0x00);
  // CRTC 주소 지정 모드는 바이트로 지정한다
  outp(CRTC_INDEX, CRTC_MODE);
  outp(CRTC_DATA, 0xa3);
}
```

시퀀스 컨트롤러와 CRT 컨트롤러의 VGA 레지스터는 256KiB VRAM을 네 부분으로 나누도록 설정되어 있다.

- 프레임 버퍼 0의 경우 64,000바이트

- 프레임 버퍼 1의 경우 64,000바이트

- 프레임 버퍼 2의 경우 64,000바이트

- 그래픽 애셋을 위한 70,144바이트

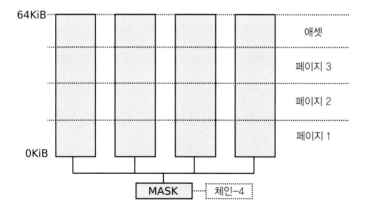

그러나 아식 엔진 설정은 끝나지 않았다. 모드-Y로 모드 **13h**를 조정히면 큰 문제 하나는 해결되지만 작은 문제 두 가지가 발생한다. 속도와 정확성에 관한 문제이다.

속도에 대한 문제부터 먼저 살펴보자. 그림에서 체인-4를 제거하고 나면 개발자에게 기록할 뱅크를 선택할 책임이 주어진다. 이 작업은 간단한 함수로 쉽게 수행할 수 있다.

```
#define SC_MAPMASK 0x02

void selectPlane(char plane) {
  outp(SC_INDEX, SC_MAPMASK);
  outp(SC_DATA, 1 << plane);
}
```

이제 2.3.7.1에 소개한 화면을 지우는 코드 샘플(**ClearScreen**)에 나눗셈 나머지 계산을 추가한다.

```
void CleanScreen(int y, int color) {
  for(int y=0 ; y < 200 ; y++) {
    for(int x=0; x < 320 ; x++) {
      selectPlane(x % 4);
      writePixel(x, y, color);
    }
  }
}
```

코드는 무해해 보이지만 그만큼 간단하므로 초당 한 자릿수 프레임 정도밖에 실행할 수 없다.[9] 이 문제는 하드웨어에서 수행하는 작업을 소프트웨어에서 수행하는 작업으로 대체한 것에서 발생한다. **outp** 명령어는 너무 느리다.

문제의 해결책은 화면에 그리는 방식을 변경하는 것이다. 뱅크 전환을 최소화하기 위해서는 수평으로 그리는 대신 수직으로 그릴 필요가 있다.

```
void CleanScreen(int y, int colo) {
  for(int x=0; x < 320 ; x++) {
    selectPlane(x % 4);
```

....
9 시러스 로직 VGA 카드를 사용하는 386DX-40에서 초당 5프레임

```
    for(int y=0 ; y < 200 ; y++) {
      writePixel(x, y, color);
    }
  }
}
```

이 코드는 느린 **outp** 명령어를 640번만 사용하므로[10] 2배 빠르게 실행된다.[11]

속도 고려 사항은 엔진에 근본적인 영향을 미친다. VGA로 뭔가를 빠르게 그리기 위해서는 수직으로 그려야만 한다. 엔진에서 모든 것(벽, 스프라이트, 메뉴)은 이와 같은 방식으로 그려진다. 이런 하드웨어 제약의 결과는 애셋이 램에 저장되는 방식에 영향을 준다. 항상 90도 회전을 하고 VGA 뱅크 배치에 맞게 엮이는 것이다. 이와 관련한 세부 내용은 4.7.8에서 설명한다.

모드-Y를 도입한 후 고려할 두 번째 문제는 정확성과 관련이 있다. 페이지 3을 사용할 수 있는 경우 엔진은 페이지 1, 페이지 2, 페이지 3을 그린 다음 페이지 1로 돌아간다. 이렇게 하면 테어링 현상을 해결할 수 있으며, 항상 유효한 프레임 버퍼가 존재하므로 엔진이 결코 vsync를 차단하지 않게 만든다. 페이지 변경은 다음 vsync 이후에 다른 오프셋에서 프레임 버퍼를 스캔하도록 CRT 컨트롤러에 지시하는 방식으로 수행된다.

CRT 컨트롤러 스캔 오프셋은 16비트 값을 가지며, VGA 레지스터에 약간의 어셈블리 언어를 써서 업데이트 할 수 있다. 상위 바이트에 이어 하위 바이트가 뒤따른다.

```
asm mov cx, startScanOffset

asm mov dx,0x3d4   ; 3d4h는 CRTC 레지스터

asm mov al,0x0c    ; CRTC에 업데이트를 원한다고 알려줌
asm out dx,al      ; 시작 주소 상위 레지스터
asm inc dx
asm mov al,ch
asm out dx,al      ; 상위 바이트 설정
asm dec dx
asm mov al,0x0d    ; CRTC에 업데이트를 원한다고 알려줌
asm out dx,al      ; 시작 주소 하위 레지스터
asm inc dx
asm mov al,cl
```

10 REP STOSW 명령어 덕분에 더 적은 명령어를 사용하기에 초당 70프레임에 도달할 수 있다.
11 시러스 로직 VGA 카드를 사용하는 386DX-40에서 초당 10프레임

```asm
asm  out dx,al     ; 하위 바이트 설정
```

이 코드는 무사히 작동하는 듯 보이지만 사실은 중대한 결함이 있다. 코드를 실행했을 때 기대되는 화면은 아래와 같다.

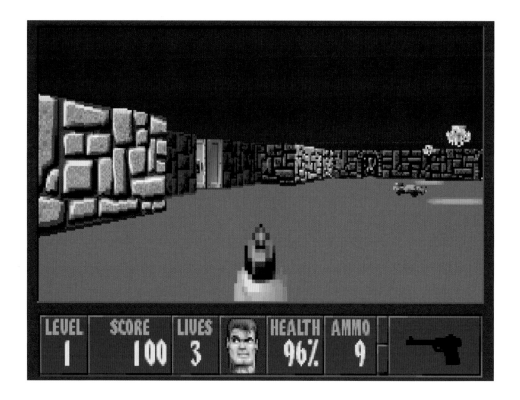

그러나 가끔씩 이 화면이 아래와 같이 왜곡되어 나타난다.

결함으로 인해 정렬 상태가 흐트러지는 현상이 나타나고 두 페이지의 일부가 한 화면에 나타난 것이다. 이런 문제는 원자성atomicity과 관련이 있다. CRTC 시작 주소는 16비트 값이지만 out 명령어는 한 번에 8비트까지만 쓸 수 있기 때문이다. 다음과 같은 차례로 페이지가 설정되어 있는 경우를 생각해보자.

0x0000		0x3E80		0x7000		
페이지 1		페이지 2		페이지 3		

VRAM에서 페이지 1은 0x0000, 페이지 2는 0x3E80, 페이지 3은 0x7000이다. CRTC가 페이지 1 대신 페이지 2를 사용하게 지시하려면 상위 바이트 0x00을 0x3E로, 하위 바이트 0x00을 0x80으로 업데이트해야 한다. 여기서 업데이트가 원자적이지 않으므로 타이밍이 좋지 않으면 CRTC가 0x3E80 대신 0x3E00 값을 선택하는 결과를 낳는다.

```
asm   mov   cx, startScanOffset

asm   mov   dx,0x3d4    ; 3d4h는 CRTC 레지스터

asm   mov   al,0x0c     ; CRTC에 업데이트를 원한다고 알려줌
asm   out   dx,al       ; 시작 주소 상위 레지스터
asm   inc   dx
asm   mov   al,ch
asm   out   dx,al       ; 상위 바이트 설정

;*********** CRTC SCAN은 여기서 시작한다 !!!!!!!!!        *******
;*********** 그리고 일부 내용만 담긴 두 프레임 버퍼를 보여준다 *******


asm   mov   al,0xd      ; CRTC에 업데이트를 원한다고 알려줌
asm   out   dx,al       ; 시작 주소 하위 레지스터
asm   inc   dx
asm   mov   al,cl
asm   out   dx,al       ; 하위 바이트 설정
```

어떻게 1바이트 연산으로 2바이트 값을 원자적으로 업데이트할까? 〈울펜슈타인 3D〉가 페이지를 설정하는 방법을 살펴보자.

```
#define SCREENBWIDE    80
...
#define SCREENSIZE     (SCREENBWIDE*208)
#define PAGE1START     0
#define PAGE2START     (SCREENSIZE)
#define PAGE3START     (SCREENSIZE*2u)
#define FREESTART      (SCREENSIZE*3u)
```

프레임 버퍼의 높이로 208을 사용하는 방식에 주목하자. 화면의 높이는 200픽셀이므로 언뜻 보기에는 이해가 되지 않는다. 오타라고 생각할 수도 있지만(0과 8이 모니터에서 비슷하게 보이므로), 사실 의도적으로 이렇게 만들어진 것이다. 여기서는 각 페이지 뒤에 작은 패딩을 붙여 높은 바이트 값으로 주소만 달라지게 하는 기법을 사용했다.

```
0x0000        0x4100        0x8200
┌──────────┬──────────┬──────────┬──────────┐
│  페이지 1  │  페이지 2  │  페이지 3  │          │
└──────────┴──────────┴──────────┴──────────┘
```

그림 4-16 페이지 사이의 작은 패딩은 모든 시작 주소를 256의 배수로 만든다.

이제 페이지 0은 **0x0000**, 페이지 1은 **0x4100**, 페이지 2는 **0x8200**다. 임의의 페이지에서 다른 페이지로 이동하기 위해서는 상위 8비트만 업데이트하면 된다. 버퍼 전환 작업은 원자성을 충족하며 진행된다.

4.5.3 엄청난 대학살

사인온 화면 다음으로 '엄청난 대학살Profound Carnage' 심의 등급 화면이 등장한다. 1991년에는 비디오 게임에 대한 공식 등급이 없었다. 과도한 폭력과 성적 콘텐츠에 대한 비판(〈둠〉으로 인한 것이었다)에 대한 대응으로 1994년이 되어서야 오락 소프트웨어 등급 위원회Entertainment Software Rating Board (ESRB)[12]가 설립되었다. 그럼에도 불구하고 〈울펜슈타인 3D〉는 여전히 (영화 심의 등급 화면을 패러디한 형태의) 경고를 표시했으며, 이 화면은 이드 소프트웨어의 불손함을 드러내는 또 다른 사례로 볼 수 있었다.

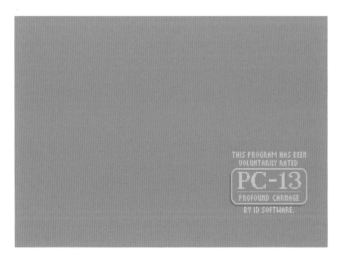

그림 4-17 "이 프로그램은 자발적으로 'PC(엄청난 대학살)-13' 등급으로 분류했습니다."

----

12 연령과 콘텐츠 등급을 지정하는 기관인 오락 소프트웨어 등급 위원회

'PC-13' 화면은 물론 미국영화협회Motion Picture Association of America (MPAA)의 공시 등급체계 중 'PG-13' 로고에서 영감을 얻어 만들어졌다.

4.6 메뉴 단계: 2D 렌더러

VGA가 가동되고 있고 튼튼한 트리플 버퍼링 시스템이 작동할 준비가 되면 드디어 게임이 시작된다. 사용자가 2D 렌더러로 들어가고 나면 3D 게임을 설정하기 위한 메뉴가 표시된다. 상당히 단순하지만, 뱅크 4개의 약하고 성가신 설계를 장점으로 바꾸는 멋진 VGA 기법을 엿볼 수 있다.

메뉴 화면의 배경 전체가 빨간색임에 주목하자. 이를 위해서는 기록해야 할 픽셀이 매우 많다 ($320 \times 200 = 64,000$). 뱅크 마스크를 제어하면 램에 대한 쓰기 명령어 하나만으로 VRAM에 최대 4픽셀까지 기록할 수 있다.

[그림 4-18]에서 픽셀 0, 1, 2, 3은 뱅크는 다르지만 동일한 주소(`0x0000`)에 위치함을 알 수 있다. 뱅크 마스크를 8+4+2+1(15)로 구성하면 모든 뱅크에 동시에 쓸 수 있다(예를 들어 `0x0000`에 대한 쓰기 명령어는 픽셀 0, 1, 2, 3을 동시에 기록한다).

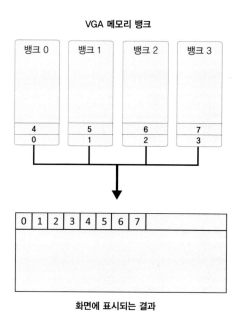

그림 4-18 VRAM 뱅크에서 바이트를 읽고 화면에 표시하는 방법

2D 엔진은 메뉴를 그리기 전에 화면을 빨간색으로 지우기 위해서 64,000 대신 $320 \times 200/4$ = 16,000번의 쓰기 명령만을 수행한다. 위의 그림에서 픽셀 0, 1, 2, 3은 한 번의 쓰기 명령어로 기록한다. 그 후에 다음 쓰기 명령어로 픽셀 4, 5, 6, 7을 기록한다.

더 좋은 소식은, 램을 16비트 레지스터로 기록할 수 있으므로 램 명령어 하나로 8픽셀을 기록할 수 있다는 것이다. $320 \times 200/8$ = 8,000 쓰기 명령으로 전체 화면을 지울 수 있다.

```
word far *VGA = (word far*)0xA0000000L;
word color = 0x0000;

/* 모든 평면을 선택한다 */
outp(SC_INDEX, MAP_MASK);
outp(SC_DATA, 15);

for (int y=0 ; y < 200 ; y++) {
    for (int x = 0; x < 40 ; x++) {
        VGA[(y<<3)+(y<<5)+x]=color;  // y * 40 + x
    }
}
```

그러나 이런 기법에는 뱅크에서 동일 주소에 있는 바이트만 동시에 기록할 수 있다는 제약이 존재한다. 그러므로 뱅크와 관련된 픽셀 정렬을 신중하게 고려해야만 한다.

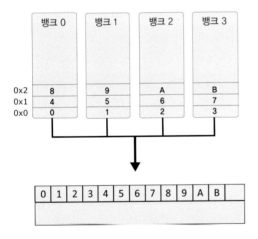

- 픽셀 0, 1, 2, 3은 한 번에 쓸 수 있다.

- 픽셀 3과 4는 두 번의 쓰기가 필요하다.

- 픽셀 3, 4, 5, 6, 7, 8은 세 번의 쓰기가 필요하다.[13]

2D 렌더러의 나머지 부분은 상당히 직관적이다. 2D 렌더러는 사용자 관리자를 광범위하게 사용해 텍스트를 렌더링하고 캐시 관리자를 사용해 HDD에서 램으로 애셋을 인출한다. 3D 렌더

---

13 마스크가 여러 픽셀을 한 번에 기록할 수 있게 만드는 방법은 4.7.7.2절 참고

러에서는 애셋을 'sprite(스프라이트)'로 부르지만 2D 렌더러에서는 애셋을 'pic(픽)'이라 부른다. 사진은 모두 허프먼 방식으로 압축된다(VGADICT, VGAHEAD, VGAGRAPH). 메뉴는 구조체 배열에 저장된다. 직전에 표시된 '메인 메뉴'를 그리는 코드는 다음과 같다.

```
#define STR_NG   "New Game"
#define STR_SD   "Sound"
#define STR_CL   "Control"
#define STR_LG   "Load Game"
#define STR_SG   "Save Game"
#define STR_CV   "Change View"

void CP_NewGame(void);
void CP_Sound(void);
void CP_Control(void);
void CP_LoadGame(void);
void CP_SaveGame(void);
void CP_ChangeView(void);

CP_itemtype far
MainMenu[]=
{
  {1,STR_NG,CP_NewGame},
  {1,STR_SD,CP_Sound},
  {1,STR_CL,CP_Control},
  {1,STR_LG,CP_LoadGame},
  {0,STR_SG,CP_SaveGame},
  {1,STR_CV,CP_ChangeView},
  ...
}
```

```
void DrawMainMenu(void)
{
  ClearMScreen();                    // 화면을 빨간색으로 바꾼다
  VWB_DrawPic(112,184,C_MOUSELBACKPIC ); // 아래 이미지
  DrawStripes(10);                   // 검정색 띠를 그린다
  VWB_DrawPic(84,0,C_OPTIONSPIC);    // 옵션 이미지
  DrawWindow(MENU_X-8,MENU_Y-3,MENU_W,MENU_H,BKGDCOLOR);
    [...]
  DrawMenu(&MainItems,&MainMenu[0]);
  VW_UpdateScreen();
}
```

`C_MOUSELBACKPIC`과 `C_OPTIONSPIC`이 애셋 컴파일러인 IGRAB이 생성한 파일에서 어떻게 정의되는지 매크로에 주목하자.

4.7 액션 단계: 3D 렌더러

2D 렌더러를 통해 게임 설정을 마쳤다면 드디어 3D 엔진이 빛을 발할 때가 왔다. 3D 렌더러는 광선 투사라는 단순하지만 강력한 기술을 기반으로 한다. 이 기술의 핵심 아이디어는 화면에 보이는 각 픽셀 열에 대해 광선을 투사하는 것이다. 관찰자 시점에서, 광선이 벽에 닿는 지점까지의 거리 d를 기준으로 높이 h를 계산할 수 있다(여기서 X는 단순한 축적 계수다).

$$h = \frac{X}{d}$$

여러 개의 문과 방이 포함된 복잡한 장면이라 할지라도 위에서 소개한 방법을 사용하면 교차 지점을 빠르게 계산할 수 있다.

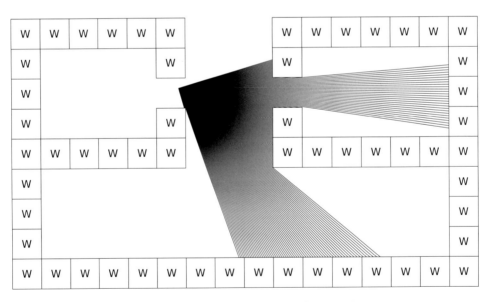

그림 4-19 해상도 320×200의 화면을 위해 광선 320개(세로선당 하나씩)를 투사한다.

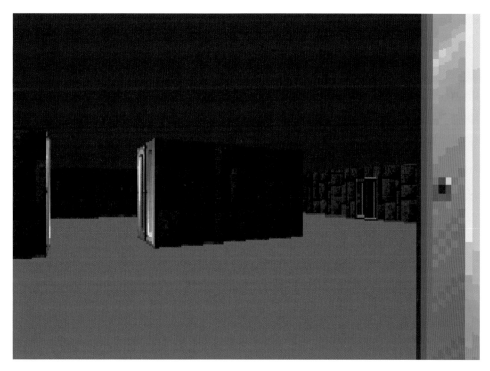

그림 4-20 320개 열을 렌더링(텍스처 포함)

4.7.1 프레임의 수명

루프를 펼쳤을 때 알 수 있듯이, 게임 장면은 루프에서 프레임으로 구성되며 의사코드pseudo-code는 다음과 같다.

```
int lastTime = Timer_Gettime();

while (1){
  int currentTime = Timer_Gettime();
  int timeSlice = currentTime - lastTime;

  UpdateWorld(timeSlice);
  RenderWorld();

  lastTime = currentTime;
}
```

이는 1990년도 초반부터 엔진에 사용되던 표준 같은 설계 방식이나. 그러나 어기에는 중대한 결점이 하나 있다. 렌더링과 업데이트에 걸리는 시간에 따라 게임의 각 타임 슬라이스가 지속되는 기간이 다르다는 것이다. 이러한 변동성 때문에 두 컴퓨터 사이, 심지어 동일 컴퓨터의 두 차례의 실행 사이에서도 게임은 예측 불가능하고 일관성이 없어진다. 다음 그림에서 프레임 3개를 표현하는 타임 슬라이스 3개의 지속 기간은 모두 다르다.

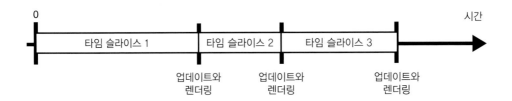

각 프레임의 시작 부분에서 엔진은 사용자 입력을 가져온 후, 이를 직전 프레임의 지속 기간과 결합해 전체를 업데이트한다. 심지어 개별 프레임에 대한 입력을 기록하더라도 기록한 게임을 재생할 때 동일한 게임을 똑같이 재현할 수는 없다. 프레임을 렌더링하는 데에 시간이 더 걸리거나 덜 걸리기 때문에 엔진은 예외 없이 입력을 사용할 수 없는 지점에 도달하기 때문이다. 시간이 오래 걸리는 단순한 디스크 접근도 프레임 지속 시간을 변경할 수 있으므로 다른 결과를 얻을 수 있다.

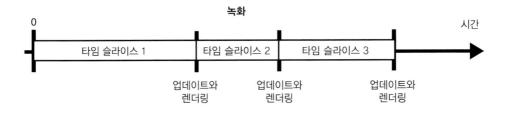

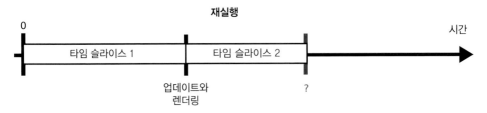

그림 4-21 재실행하는 동안 둘째 프레임을 렌더링하느라 시간이 더 걸렸다. 따라서 사용할 수 있는 입력이 없다. 이제 재실행은 동기화에서 벗어났다.

게임과 함께 제공되는 데모를 재생하는 과정에서 발생한 이런 문제를 해결하기 위해 엔진은 심장박동을 무시하고 고정된 간격(DEMOTICK = 4)[14]으로 이벤트를 시뮬레이션한다. 이와 같은 편법으로 인해 286 CPU에서는 재생 속도가 느려지고 486 CPU에서는 재생 속도가 빨라졌다 (이는 386DX에서 녹화되었기 때문이다).

1993년에 〈둠〉 엔진은 고정 간격으로 전체를 시뮬레이션하는 방식으로 이 문제를 해결했다.[15]

```
int gameOn = 1;
int simulationTime = 0;

while (gameOn){
  int realTime = Gettime();

  while (simulationTime < realTime){
      simulationTime += 28; // 타임슬라이스는 항상 28ms다
      UpdateWorld(28);
  }

  RenderWorld();
}
```

이와 같은 설계는 렌더링을 전체 업데이트와 분리한다. 타임 슬라이스는 지속 기간이 항상 동일하다. 동기화에서 벗어나지 않고서도 사용자 입력을 기록하고 재생할 수 있다.

14 70/4 = 17.5. 데모 녹화에 사용한 시스템은 17fps로 실행되었다. 아마 최고급 386이 아니었을까?
15 〈둠〉은 35fps의 고정 속도로 실행된다.

고정된 틱 속도를 사용할 것인지 아니면 가변적으로 둘 것인지는 오늘날에도 여전히 논쟁 중인 사항입니다! 고정된 틱 속도를 사용한 〈둠〉은 쉽게 데모를 만들었지만 35fps로 제한이 걸렸으며, 이로 인해 펜티엄 컴퓨터가 제약에 묶였습니다.

－ 존 카맥

4.7.2 3D 프레임의 수명

3D 장면은 5단계를 거쳐 그린다.

1. 단색으로 바닥과 천장을 그려 프레임 버퍼를 지운다.
2. 화면의 각 픽셀 열을 위해, 주인공에서 가장 가까운 벽에 광선 투사를 한다. 거리에 반비례하는 높이로 텍스처 처리가 된 픽셀 열을 그린다.
3. 적군과 램프, 통 등의 스프라이트를 그린다.
4. 무기를 그린다.[16]
5. 버퍼 뒤집기: CRT 컨트롤러에 다음 vsync에서 방금 만들어낸 프레임 버퍼를 사용하도록 지시한다.

다음 6개의 스크린샷에서 각 단계의 마지막에 프레임 버퍼의 내용을 볼 수 있도록 엔진의 속도를 느리게 수정했다.

---

16 현대적인 3D 엔진은 무기를 먼저 렌더링하고 깊이 버퍼를 활용해 필레이트(fillrate)를 높였다. 그러나 그 당시에는 메모리 접근 속도가 너무 느렸기에, 살짝 중복해서 그리기를 허용하는 편이 더 빨랐다.
옮긴이_ 필레이트는 CPU가 매초 화면에 렌더링할 수 있는 픽셀 수를 가리킨다.

그림 4-22 1단계: 화면 지우기

그림 4-23 2단계: 벽 그리기(광선 15개)

원근감을 얻기 위해 각 광선의 길이를 세로선의 높이와 대응시키는 방식에 주목하자.

광선이 이동한 거리가 길수록, 화면에서 그리는 세로선은 짧아진다.

 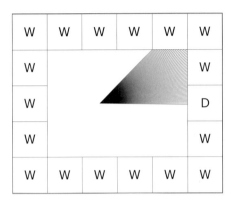

그림 4-24 2단계: 벽 그리기(광선 160개)

문은 스프라이트가 아니며 고정된 세계의 일부다. 지도에서는 문이 벽과 블록 정렬되어 있으나, 원근감을 위해 더 멀게 느껴지도록 렌더링한다는 것에 주목하자.

광선 투사기raycaster는 문 타일을 인식하고 광선이 이동한 거리에 델타delta를 주입한다. 문이 살짝 열려 있는 경우, 광선 투사기는 광선을 멈추어야 하는지 아니면 광선이 타일을 통과할 수 있는지의 여부를 감지할 수도 있다.

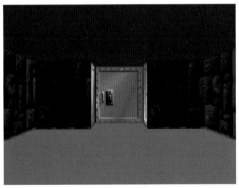

그림 4-25 2단계: 벽 그리기 완료

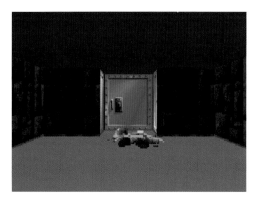
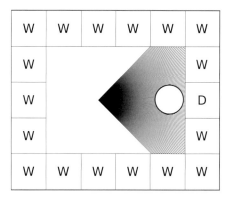

그림 4-26 3단계: 사물 그리기(축적된 스프라이트)

광선 투사기가 작업을 완료한 후 '사물'을 렌더링한다. 이 단계에서 벽과 문에 클리핑clipping을 수행한다.

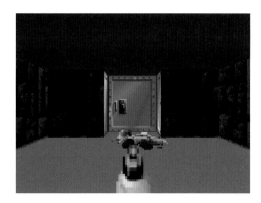

그림 4-27 4단계: 무기 그리기

4.7.3 3D 설정

프레임 그리기를 시작하기 앞서 3D 렌더러는 전방 시현기heads-up display(HUD)를 구성하는 정적 요소인 녹색 배경, 파란색 상태 표시 줄, 'LEVEL(레벨)', 'SCORE(점수)', 'LIVES(생명)', 'HEALTH(체력 상태)', 'AMMO(탄약)'와 같은 모든 레이블로 VRAM을 설정한다.

〈울펜슈타인 3D〉는 점수와 생명의 개념을 기반으로 하는 이드 소프트웨어의 마지막 게임이었습니다. 우리는 25센트짜리 동전을 잡아먹는 아케이드 게임 디자인 모드에 여전히 머물러 있었습니다. 결국 〈둠〉에서는 원하는 대로 게임을 계속 즐길 수 있었습니다. 그 당시로서는 다소 급진적인 방식이었습니다.

– 존 카맥

이 HUD는 3D 단계가 시작될 때 한 번만 그려진다. 3페이지 모두에 그려져야만 한다. 엔진은 새 프레임마다 중앙의 예약된 흰색 캔버스에 3D 뷰를 그린다. HUD 하단의 작은 부분(레벨, 점수, 생명, 체력 상태, 탄약)이 업데이트된다. 또 다른 VGA 기법을 통해 무기를 특별하게 처리하여 렌더링 속도를 높인다.

하드웨어를 다루는 2장에서는 모드 **12h**에 대해 설명했다. 이 모드는 게임에 적합하지는 않지만 여전히 흥미로운 특성이 있다. 모드 **12h**는 각 픽셀 색상 색인이 니블(4비트)에 담기는 16색 모드다. 비트 4개는 VGA 뱅크 네 곳에 흩어져 있다. 모든 쓰기 명령어의 너비는 1바이트이므로, 동일 바이트에 저장된 다른 픽셀을 변경하지 않고 픽셀 하나만을 그리는 것은 어렵다. 따라서 픽셀마다 읽기 4번, 배타적 논리합^exclusive or(XOR) 4번, 쓰기 4번을 수행해야만 한다.

VGA의 설계자들은 사람들이 고통받기를 원하지 않았으므로 이 연산을 단순화하기 위해 몇 가지 회로를 추가했다. 각 뱅크마다 구성 가능한 ALU 앞에 배치된 래치를 만들었다.

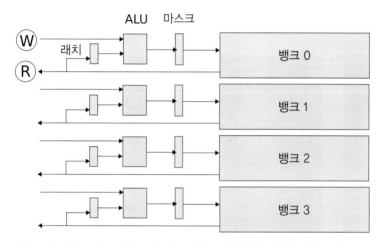

그림 4-28 래치는 각 뱅크의 읽기 연산을 기억한다. 기억된 값은 나중의 기록에 사용할 수 있다.

이 아키텍처를 사용하면 VRAM을 ⓡ에서 읽을 때마다 그 값이 대응하는 뱅크의 래치에 로드된다. 어떤 값이 VRAM ⓦ에 기록될 때마다 ALU가 래치된 값과 기록된 값을 사용해 합성할 수 있다. 이와 같은 설계를 통해 모드 **12h** 프로그래머는 읽기 4번, XOR 4번, 쓰기 4번 대신 읽기 1번, ALU 설정 1번, 쓰기 1번으로 픽셀을 쉽게 그릴 수 있게 된다.

모드-Y는 값이 바이트 단위로 지장되므로 래치를 사용할 필요가 없으며 마스크 덕분에 뱅크를 개별적으로 업데이트할 수 있다. 하지만 땜장이[17]들은 이런 래치가 모드-Y에서 여전히 활성화되어 있음을 발견했다. 약간의 창의력을 발휘함으로써 회로를 다른 목적에 맞게 사용할 수 있다. 각 뱅크 앞의 ALU는 쓰기를 위한 래치만 사용하도록 설정할 수 있다. 이런 설정으로 읽기를 한 번 수행하면 래치 4개가 한 번에 채워지고 뱅크에 있는 4바이트는 쓰기 한 번만으로 램에 기록된다. 이 시스템은 VRAM에서 VRAM으로 한 번에 4바이트를 전송할 수 있다.

이런 최적화 기법을 최대한 활용하기 위해 3D 렌더러는 세 번째 페이지 위에 있는 VRAM으로 이미지를 업로드한다. HUD 업데이트에 사용된 스프라이트 43개는 엔진 시동 과정에서 애셋 페이지에 로드된다.

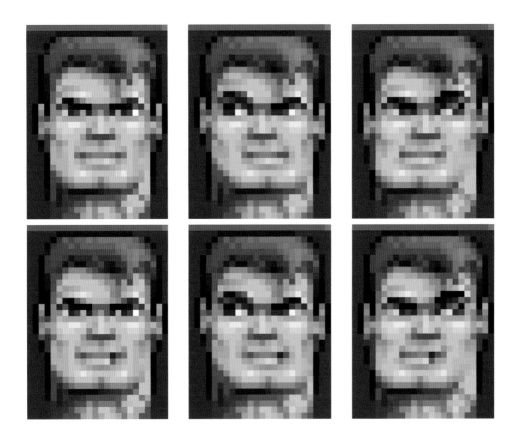

---

17 마이클 아브라시의 『Graphics Programming Black Book』 48장에서 사용된 단어

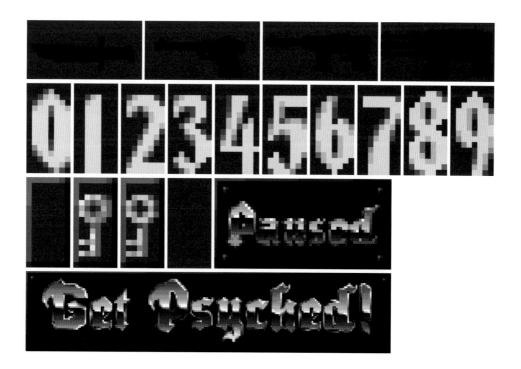

여기에도 요령이 있었다. 뱅크 0을 위한 모든 바이트, 뱅크 1을 위한 모든 바이트 등 엮인 상태로 이미지를 저장했다. 데이터를 저장하기 위한 이와 같은 영리한 방법은 memcpy 1개(이미지당 memcpy 4개)로 뱅크를 매우 빠르게 로드할 수 있도록 도왔다.

이 모든 애셋은 $48 \times 24 \times 4$(무기 스프라이트) + $14 \times 8 \times 16$(숫자와 열쇠 스프라이트) + $24 \times 24 \times 32$(얼굴 스프라이트) + 224×48(일시 정지 + 각성된) = 34,816바이트를 차지한다. 따라서 네 번째 VGA 페이지에는 미사용 35,324바이트가 있다.

이 기법을 활용하려면 화면 영역에서 이미지 원본과 대상을 4바이트로 수평 정렬해야만 한다. 화면에서 각 요소의 위치를 보면 요소가 4픽셀로 수평 정렬되어 있지만 수직으로는 제한이 없다는 사실을 확인할 수 있다.

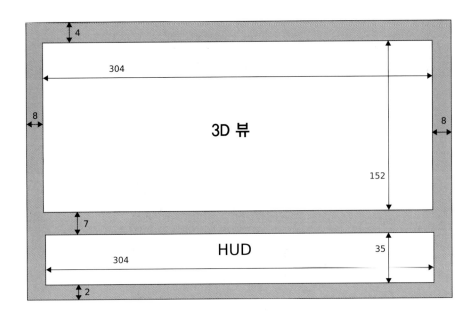

읽기 1번과 쓰기 1번으로 픽셀 4개를 복사하는 방식이 더 빠르지만, 이 기법은 화면 페이지 세 곳 모두에서 쓰기가 수행되어야 하므로 400%의 속도 향상을 제공하지는 못한다. 이러한 사실은 상태(주인공 얼굴)를 업데이트하는 루틴을 살펴보면 명백해진다.

```c
void StatusDrawPic (int x, int y, int picnum)
{
  unsigned temp;

  temp = bufferofs;
  bufferofs = 0;

  bufferofs = PAGE1START+(200-STATUSLINES)*SCREENWIDTH;
  LatchDrawPic (x,y,picnum);
  bufferofs = PAGE2START+(200-STATUSLINES)*SCREENWIDTH;
  LatchDrawPic (x,y,picnum);
  bufferofs = PAGE3START+(200-STATUSLINES)*SCREENWIDTH;
  LatchDrawPic (x,y,picnum);

  bufferofs = temp;
}
```

이와 같은 최적화로 전반적인 속도를 30% 증가시킬 수 있다.

4.7.4 화면 지우기

엔진은 프레임 시작점에서 다음 페이지로 전환되며 천장과 바닥 색상으로 3D 영역을 지운다. 2D 렌더러와 동일한 기법을 사용하고, VGA 뱅크 마스크를 15로 설정하여 모든 뱅크에 동시에 쓰도록 만든다. 16비트 레지스터를 사용하면 단일 명령어로 8픽셀을 기록할 수 있다. 전체 3D 캔버스에 대한 명령어는 5,776개 필요하다. 그러나 막상 뚜껑을 열어보면 예상보다 명령어 수가 줄어듦을 알 수 있다.

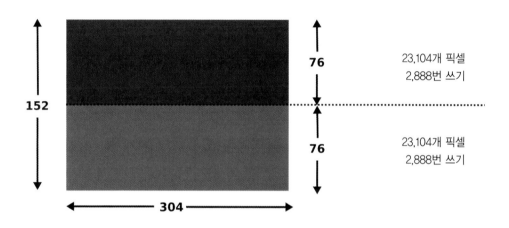

```
void VGAClearScreen (void)
{
  unsigned ceiling=vgaCeiling[gamestate.episode*10+mapon];

  asm  mov  dx,SC_INDEX
  asm  mov  ax,SC_MAPMASK+15*256    // 모든 평면에 쓰기
  asm  out  dx,ax

  asm  mov  dx,80
  asm  mov  ax,[viewwidth]
  asm  shr  ax,2
  asm  sub  dx,ax        // dx = 40 - viewwidth / 2

  asm  mov  bx,[viewwidth]
  asm  shr  bx,3         // bl = viewwidth / 8
  asm  mov  bh,BYTE PTR[viewheight]
  asm  shr  bh,1         // 절반 높이
```

```
asm    mov    es,[screenseg]
asm    mov    di,[bufferofs]
asm    mov    ax,[ceiling]

toploop:                  // 상단 루프. 한 행/순회
asm    mov    cl,bl
asm    rep    stosw
asm    add    di,dx
asm    dec    bh
asm    jnz    toploop

asm    mov    bh,BYTE PTR [viewheight]
asm    shr    bh,1          // 절반 높이
asm    mov    ax,0x1919

bottomloop:               // 하단 루프. 한 행/순회
asm    mov    cl,bl
asm    rep    stosw
asm    add    di,dx
asm    dec    bh
asm    jnz    bottomloop

}
```

REP STOSW 덕분에 $304 \times 152 = 46{,}208$ 픽셀로 만들어진 3D 캔버스를 지우기 위해서 779개의 명령어만이 필요해졌다(설정을 위해 16개, 상단 루프를 위해 5×76개, 중간 루프를 위해 3개, 하단 루프를 위해 5×76개를 쓴다).

바닥과 천장의 색상은 지도 데이터 파일에 나오지 않는다. 바닥은 항상 같은 색상(0x19)이며 천장 색상은 레벨별로 엔진에 하드코딩되어 있다.

```
byte vgaCeiling[] =
{
0x1d,0x1d,0x1d,0x1d,0x1d,0x1d,0x1d,0x1d,0x1d,0xbf,
0x4e,0x4e,0x4e,0x1d,0x8d,0x4e,0x1d,0x2d,0x1d,0x8d,
0x1d,0x1d,0x1d,0x1d,0x1d,0x2d,0xdd,0x1d,0x1d,0x98,

0x1d,0x9d,0x2d,0xdd,0xdd,0x9d,0x2d,0x4d,0x1d,0xdd,
0x7d,0x1d,0x2d,0x2d,0xdd,0xd7,0x1d,0x1d,0x1d,0x2d,
0x1d,0x1d,0x1d,0x1d,0xdd,0xdd,0x7d,0xdd,0xdd,0xdd
};
```

다음은 천장 색상 0x1D, 0xBF, 0x7D, 0x4E다.

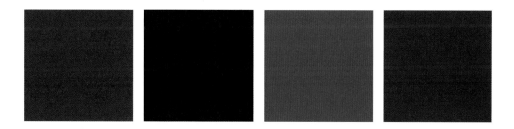

4.7.5 CPU 문제 해결

2장의 CPU 기능 설명을 읽은 독자는 CPU가 부동 소수점 연산을 충분히 빠르게 수행할 수 없다는 사실에 당혹감을 느낄지도 모른다. 모든 삼각법과 관련된 3D 엔진의 경우, 이러한 제약은 매우 큰 문제다. 이를 해결하기 위해 '고정 소수점 산술'로 ALU를 속이는 방법이 등장한다.

4.7.5.1 고정 소수점

int의 일반적인 배치는 다음과 같다.

2^{15}	2^{14}	2^{13}	2^{12}	2^{11}	2^{10}	2^9	2^8	2^7	2^6	2^5	2^4	2^3	2^2	2^1	2^0

그림 4-29 정수 배치

비트 시퀀스 값인 **0010001000100010**은 $2^{13}+2^9+2^5+2^1=8{,}738$을 표현한다.

2^{15}	2^{14}	2^{13}	2^{12}	2^{11}	2^{10}	2^9	2^8	2^7	2^6	2^5	2^4	2^3	2^2	2^1	2^0
0	0	1	0	0	0	1	0	0	0	1	0	0	0	1	0

고정 소수점은 CPU의 정수 연산을 여전히 사용하면서도 분수를 추적할 수 있다. 컴퓨터는 정

수로 간주되는 숫자를 조작하지만 프로그래머는 정수 부분과 소수 부분을 포함하는 값으로 인식한다.

2^7	2^6	2^5	2^4	2^3	2^2	2^1	2^0	2^{-1}	2^{-2}	2^{-3}	2^{-4}	2^{-5}	2^{-6}	2^{-7}	2^{-8}

그림 4-30 고정 소수점 배치 8:8(정수 부분 8비트, 소수 부분 8비트)

서로 다른 2의 거듭제곱을 담은 동일한 비트 시퀀스 값인 **0010001000100010**을 보자.

2^7	2^6	2^5	2^4	2^3	2^2	2^1	2^0	2^{-1}	2^{-2}	2^{-3}	2^{-4}	2^{-5}	2^{-6}	2^{-7}	2^{-8}
0	0	1	0	0	0	1	0	0	0	1	0	0	0	1	0

이는 다음과 같이 표현된다.

$2^5+2^1=34$ (정수 부분)

$2^{-3}+2^{-7}=0.1328125$ (소수 부분)

따라서 34.1328125

고정 소수점의 장점은 덧셈과 뺄셈이 CPU 명령어 쪽의 정수와 정확하게 똑같이 동작한다는 사실이다.

2^7	2^6	2^5	2^4	2^3	2^2	2^1	2^0	2^{-1}	2^{-2}	2^{-3}	2^{-4}	2^{-5}	2^{-6}	2^{-7}	2^{-8}
0	0	1	0	0	0	1	0	1	1	0	0	0	0	0	0

그림 4-31 34.75

2^7	2^6	2^5	2^4	2^3	2^2	2^1	2^0	2^{-1}	2^{-2}	2^{-3}	2^{-4}	2^{-5}	2^{-6}	2^{-7}	2^{-8}
0	0	0	0	0	0	0	1	1	0	0	0	0	0	0	0

그림 4-32 1.5

2^7	2^6	2^5	2^4	2^3	2^2	2^1	2^0	2^{-1}	2^{-2}	2^{-3}	2^{-4}	2^{-5}	2^{-6}	2^{-7}	2^{-8}
0	0	1	0	0	1	0	0	0	1	0	0	0	0	0	0

그림 4-33 34.75 + 1.5 = 36.25

오른쪽 시프트 기법(2의 거듭제곱으로 나누기)과 왼쪽 시프트 기법(2의 거듭제곱으로 곱하기)도 동작한다.

2^7	2^6	2^5	2^4	2^3	2^2	2^1	2^0	2^{-1}	2^{-2}	2^{-3}	2^{-4}	2^{-5}	2^{-6}	2^{-7}	2^{-8}
0	0	0	0	0	0	0	1	1	0	0	0	0	0	0	0

그림 4-34 1.5

2^7	2^6	2^5	2^4	2^3	2^2	2^1	2^0	2^{-1}	2^{-2}	2^{-3}	2^{-4}	2^{-5}	2^{-6}	2^{-7}	2^{-8}
0	0	0	0	0	0	1	1	0	0	0	0	0	0	0	0

그림 4-35 1.5 ≪ 1 = 3

2^7	2^6	2^5	2^4	2^3	2^2	2^1	2^0	2^{-1}	2^{-2}	2^{-3}	2^{-4}	2^{-5}	2^{-6}	2^{-7}	2^{-8}
0	0	0	0	0	0	0	0	1	1	0	0	0	0	0	0

그림 4-36 1.5 ≫ 1 = 0.75

고정 소수점을 위한 표기법은 BITS_FOR_INTEGER_PART:BITS_FOR_FRACTIONAL_PART다. 게임에서 주인공의 위치는 16:16으로 표현한다. 따라서 격자 위치는 player-> x >> 16이라는 시프트 연산 하나로 정수를 얻는다.

곱셈과 나눗셈은 특별한 경우다. 이를 수행하는 두 가지 방법이 존재한다. 32비트 값 2개를 곱해 64비트에 넣거나(상위와 하위 16비트를 삭제) 두 고정 소수점 값의 정밀도를 떨어뜨린 다음 곱해서 32비트에 넣는 방법이다. 두 방법 모두 오버플로 또는 언더플로underflow로 인한 데이터 손실을 감수해야 한다. 98.7539 × 1.5를 예로 들어보자.

2^7	2^6	2^5	2^4	2^3	2^2	2^1	2^0	2^{-1}	2^{-2}	2^{-3}	2^{-4}	2^{-5}	2^{-6}	2^{-7}	2^{-8}
0	1	1	0	0	0	1	0	1	1	0	0	0	0	0	1

그림 4-37 98.7539

2^7	2^6	2^5	2^4	2^3	2^2	2^1	2^0	2^{-1}	2^{-2}	2^{-3}	2^{-4}	2^{-5}	2^{-6}	2^{-7}	2^{-8}
0	0	0	0	0	0	0	1	1	0	0	0	0	0	0	0

그림 4-38 1.5

먼저 두 연산자를 오른쪽으로 4비트 시프트한다.

2^7	2^6	2^5	2^4	2^3	2^2	2^1	2^0	2^{-1}	2^{-2}	2^{-3}	2^{-4}	2^{-5}	2^{-6}	2^{-7}	2^{-8}
0	0	0	0	0	1	1	0	0	0	1	0	1	1	0	0

2^7	2^6	2^5	2^4	2^3	2^2	2^1	2^0	2^{-1}	2^{-2}	2^{-3}	2^{-4}	2^{-5}	2^{-6}	2^{-7}	2^{-8}
0	0	0	0	0	0	0	0	0	0	0	1	1	0	0	0

마지막으로 함께 곱한다.

2^7	2^6	2^5	2^4	2^3	2^2	2^1	2^0	2^{-1}	2^{-2}	2^{-3}	2^{-4}	2^{-5}	2^{-6}	2^{-7}	2^{-8}
1	0	0	1	0	1	0	0	0	0	1	0	0	0	0	0

그림 4-39 98.7539 × 1.5 = 148.125

$$128+16+4+0.125=148.125$$

직전 예제에서 일부 정밀도가 손실되고($\texttt{>>}$ 4 연산 과정에서 2^{-8}비트가 사라짐) 오버플로가 발생할 수 있었다(1.5 대신 3을 곱했다면 8:8의 정밀도를 넘었을 것이다).

소스 코드에서 모든 고정 소수점 변수는 32비트 너비를 가지며 특수한 typedef를 사용한다.

```
typedef long fixed;
```

모든 `fixed`가 동일하지는 않다. 몇몇은 **16:16**이고 몇몇은 **24:8**이며 곱셈 등의 연산은 다르게 구현될 수 있다. 가장 왼쪽 비트가 부호를 저장하는 방식으로 조율된 `fixed`의 경우 상당히 복잡하다.

```
fixed FixedByFrac (fixed a, fixed b) {
asm mov si,[WORD PTR b+2]    // 결과의 부호 =
                            // 분수의 부호
asm mov ax,[WORD PTR a]
asm mov cx,[WORD PTR a+2]

asm or  cx,cx
asm jns aok:         // 음수?
asm neg cx
asm neg ax
asm sbb cx,0
asm xor si,0x8000     // 결과 부호를 뒤집기
aok:

// cx:ax와 bx를 곱하기
asm mov bx,[WORD PTR b]
asm mul bx            // 분수*분수
asm mov di,dx         // di는 결과의 하위 워드
asm mov ax,cx         //
asm mul bx            // 단위 * 분수
asm add ax,di
asm adc dx,0

// 결과를 2의 보수로 dx:ax에 넣기
asm test  si,0x8000    // 결과가 음수인가?
asm jz  ansok:
asm neg dx
asm neg ax
asm sbb dx,0

ansok :;    // ASM으로 반환값을 고정
}
```

두 `fixed`가 동일 부호라는 사실을 엔진이 알아차리면 일이 훨씬 쉬워진다.

```
fixed FixedMul (fixed a, fixed b) {
  return (a>>8)*(b>>8);
}
```

고정 소수점 산술 사용은 PC 게임에만 국한되지 않았다. 1990년대 이후 제조된 많은 게임 콘솔에는 생산 비용을 줄이고 CPU 파이프라인 처리량을 최대화하기 위해 부동 소수점 장치가 없었다. 소니의 오리지널 플레이스테이션^{PlayStation}과 세가 새턴$^{Sega Saturn}$이 그 좋은 예다.

4.7.5.2 좌표계

CPU의 `float/int` 문제를 해결했으니 이제 광선이 어떻게 투사되는지 연구할 차례다. 좌표계$^{coordinate system}$는 왼쪽 상단에서 원점을 찾는다. 지도는 64×64 블록의 격자다.

블록 하나가 8피트(2.43미터)이므로 지도의 너비와 높이는 512피트(156미터)가 된다. 고정 소수점 변수는 모든 곳에서 사용된다. 세로선 높이는 29:3이다. 주인공 위치는 16:16이다. 그러나 각도는 [0, 3600] 범위에서 1/10 각도의 단위를 나타내는 `int`다.

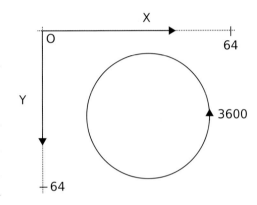

4.7.5.3 정사각형 세계와 광선 투사

벽을 그리는 것은 보이는 것, 보이지 않는 것, 앞에 있는 것을 결정하는 행위다. 이 주제에 대한 마이클 아브라시의 견해는 세부 사항을 낱낱이 말해준다.

이 책에서 가장 어려운 3D 문제인 가시적 표면 결정$^{visible surface determination}$(각 픽셀에 적절한 표면을 그리는 것)과 그 친척인 컬링^{culling}(최대한 빨리 보이지 않는 폴리곤을 버림으로써 가시적 표면 결정을 가속화하는 방법)에 대해 논하려 합니다. 간결함을 위해 VSD를 가시적 표면 결정과 컬링 모두를 의미하는 약어로 사용하겠습니다.

제가 VSD를 가장 어려운 3D 과제라고 생각한 이유는 무엇일까요? 텍스처 매핑과 같은 래스터화 문제는 흥미롭고 중요하지만 비교적 한정된 영역의 작업이며, 3D 가속기가 등장함에 따라 하드웨어로 옮겨가고 있습니다. 또한 이 문제는 화면 해상도가 높아지는 상황에 맞춰 커지지만, 상황 변화가 상대적으로 크지 않습니다.

반대로 VSD는 개방형 문제이며 현재 사용 중인 접근 방식이 수십 가지나 됩니다. 정교하지 않은 방식으로 수행된 VSD의 성능은 2차 또는 3차 함수로 증가하는 경향이 있는 장면 복잡도를 직접적으로 증가시키므로, 현실 세계에서 수행하는 과정에서 주요 제한 요소로 급격하게 부상하고 있습니다. 3D 세계가 점점 더 세밀해지고 있기에, 앞으로 몇 년 동안은 실시간 PC 3D 부문에서 VSD가 점점 지배적인 문제로 부상할 것임을 예상합니다.

– 마이클 아브라시

토막상식

1990년대 초, 아브라시가 집필한 책은 컴퓨터 그래픽과 어셈블리 프로그래밍에서 희귀한 고품질 정보원 중 하나였다.

아브라시는 저명한 책 두 권, 『Zen of Assembly Language(어셈블리 언어의 선)』(Scott Foresman Trade, 1990)과 『Zen of Code Optimization(코드 최적화의 선)』(Coriolis Group, 1994)을 출간했다. 그러나 명성은 『닥터 돕스 저널』에 매달 기고한 「Ramblings in Realtime(실시간으로 횡설수설하기)」 칼럼을 통해 얻었다.

1997년, 아브라시의 글 대부분에 퀘이크 엔진과 관련된 새로운 글들을 합친 『Graphics Programming Black Book』이 출간되었다. 이 책의 제목은 아브라시의 걸작에 경의를 표하는 오마주이기도 하다.

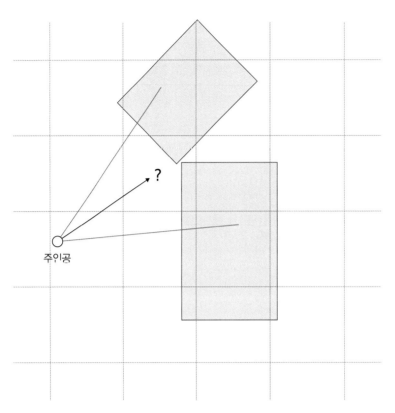

그림 4-40 객체가 자유 형태인 경우

VSD는 올바르게 수행하기가 복잡할 뿐만 아니라 빠르게 수행하기도 어렵다. [그림 4-40]과 같이 객체가 자유 형태인 예를 보면 이해하기 쉽다. 제약이 없는 세계에서는 물체와 광선의 교차점을 찾기란 어렵다.

유효한 접근 방법은 세계의 모든 객체를 순회하면서 광선 행진ray marching을 수행하는 것이다. 광선 행진은 광선이 일정한 간격으로 객체와 교차하는지를 확인하는 작업으로 구성된다. 그러나 이 방식은 CPU를 많이 사용하며 고정 소수점으로도 충분히 빠르지 않다. 일부 객체는 규칙적인 간격 사이에서 벗어나 VSD를 부정확하게 만들 수 있다.

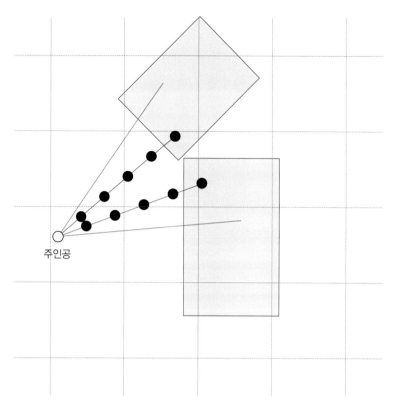

그림 4-41 광선 행진 진행

몇 가지 제약이 있는 세계에서는 문제가 훨씬 단순해진다. 지도가 격자 단위로 고르게 분포된 정렬된 정사각형 블록으로 구성된 경우, 광선이 격자를 '통과'할 때만 교차를 확인하는 방식을 사용하면 100% 정확도를 얻을 수 있으며 런타임 부하를 줄일 수 있다.

이것이 바로 〈울펜슈타인 3D〉가 선택한 방식으로, 게임이 8피트(2.44미터)×8피트×8피트의 수직 벽만 그릴 수 있는 이유를 설명한다.

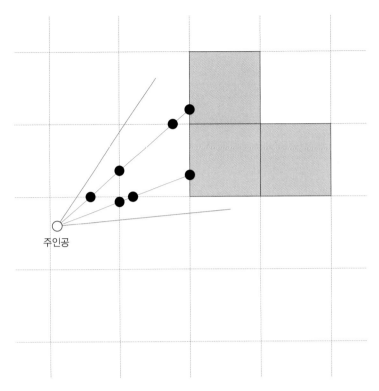

주인공

그림 4-42 격자로 광선 투사하기

이런 제약은 디자이너가 만들 수 있는 세계의 종류를 크게 제한했지만 반대로 빠른 알고리즘 사용이 가능하게 되었다.

디지털 차등 분석기digital differential analyzer(DDA)는 벽과 교차하는 지점을 찾기 위해 검색해야 할 좌표 수를 상당히 줄인다. DDA는 빠를 뿐만 아니라 (의도적으로) 오류에 대한 여지를 두지 않기에 정확하다.

〈울펜슈타인 3D〉에서 사용된 '광선 투사'와 관련해 여러 가지를 만들었지만, 이런 작업의 진짜 이유는 〈카타콤 3-D〉에서 벽면 확장 렌더링에 많은 문제가 있었기 때문입니다. 〈카타콤 3-D〉(그리고 그 이전의 〈호버탱크 3D〉)는 지도 블록 구성, 위치, 시야각의 조합으로 발생할 수 있는 다양한 그래픽 결함과 함께 출시되었습니다. 몇몇은 고정 소수점 정밀도 문제가 최적으로 처리되지 않았기 때문에 발생했으며 일부는 클리핑과 컬링 문제로 인해 몇 년 후까지도 제대로 처리하지 못했습니다. 어쨌든 이런 문제점들은 저를 상당히 성가시게 만들었습니다. 비논리적인 그래픽 결함은 게임에 푹 빠져드는 몰입감에 엄청난 해를 끼쳤습니다. 저는 이드 소프트웨어의 게임이 '단단한 느낌'을 가지길 절실히 원했습니다.

타일 지도를 통해 추적을 320회 수행하고 각 세로선을 독립적으로 처리하는 방식은 긴 벽 세그먼트 몇 개를 순회하는 방식보다 훨씬 더 느립니다. 그러나 결과로 만들어진 코드는 벽 확장 렌더러라는 마땅치 않은 녀석에 비해 작고 상당히 규칙적이며, 제가 원하는 바위처럼 단단한 느낌을 전달했습니다.

당신이 독립적인 벽 세그먼트 수십 개로 변하게 될 들쭉날쭉한 블록 지도를 만든 경우, 성능 면에서 광선 투사가 좋은 선택처럼 보일 수 있지만 이 정도까지 성능이 필요한 장면은 거의 없습니다. 이는 오늘날에도 여전히 진행되고 있는 광선 투사와 래스터화 성능 사이에 벌어지는 절충안과 정확히 일치하지만, 이제는 "얼마나 많은 벽 세그먼트가 있는지?" 대신 "광선 투사를 손익 분기에 이르게 하려면 프레임당 삼각형이 몇 천만 개가 되는지?"가 중요합니다.

– 존 카맥

〈울펜슈타인 3D〉를 슈퍼 닌텐도로 이식할 때, 소형 5A22 CPU가 감당하기에 광선 투사는 너무 큰 비용을 요구했다.

첫 번째 이식 버전은 프레임 레이트가 너무 낮아 플레이가 어려울 정도였다. 존 카맥은 BSP로 전처리 지도를 작성해 요소 정렬 속도를 높였다. 중복해서 그리는 상황을 방지하기 위해 폐색occlusion 배열을 사용해 가까운 곳부터 먼 곳으로 벽을 그렸다.

오른쪽 그림은 각 '영역'이 볼록한 모양convex 이 될 때까지 지도 E1M1[18]을 반복해서 2개로 나눈 결과다.

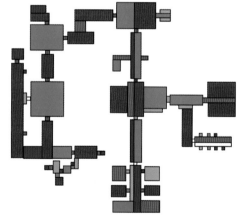

E1M1의 BSP 결과

---

18 옮긴이_ 에피소드 1의 맵(레벨) 1을 뜻한다.

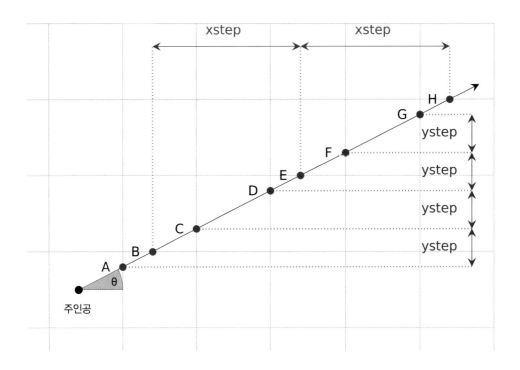

축이 있는 광선의 첫 번째 교차점을 알고 나면 (Y축의 경우 A, X축의 경우 B) 모든 후속 교차점의 좌표를 두 번만 더하면 되므로, DDA는 무척 빠르다.

$$C = (X_A + 1, Y_A + ystep)$$

$$D = (X_C + 1, Y_C + ystep)$$

$$F = (X_D + 1, Y_D + ystep)$$

$$G = (X_F + 1, Y_F + ystep)$$

마찬가지로 수직 교차점의 경우는 다음과 같다

$$E = (X_B + xstep, Y_B + 1)$$

$$H = (X_E + xstep, Y_E + 1)$$

$ystep = \tan(\theta)$이며 $xstep = \tan(90-\theta)$(여기서 θ는 지도 좌표계에서 광선의 각도)이므로 $ystep$과 $xstep$은 tan 배열에 대한 단순 참조라는 사실에 주목하자(단위원^{unit circle}을 어떻게 찾는지에 대한 시각적인 설명은 [그림 4-45]를 참조).

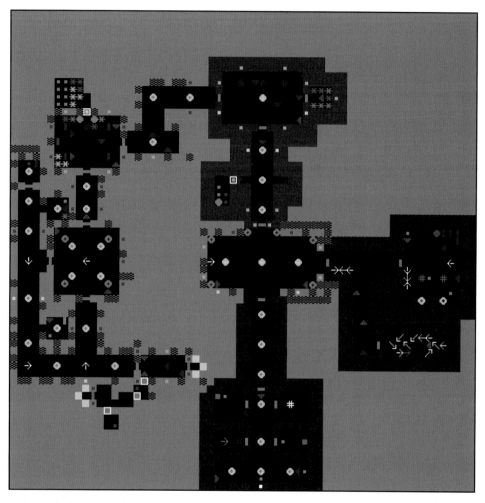

그림 4-43 전설적인 E1M1. 하단의 녹색 화살표가 주인공이다.

4.7.5.4 애퍼지에 전화하라

빠르고 쉽게 그리는 지도 덕분에 경연 대회가 계획되었다. 게임에서 특별히 접근하기 어려운 장소에 놓인 특별한 아이템을 찾은 사람에게는 애퍼지에 전화하라는 지침을 전달했다.[19]

미로는 E2M8에 위치했다. 밀 수 있는 벽의 숲(흰색 사각형)과 화난 보스(파란색 동그라미) 뒤에서 주인공은 마침내 이상한 표시(빨간색 삼각형)를 마주치게 된다.

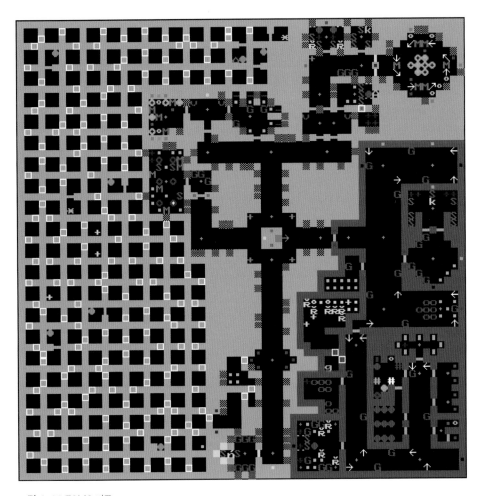

그림 4-44 E2M8 미로

19 자세한 내용은 다음을 참고. *http://joesiegler.blog/2016/08/call-apogee-and-say-aardwolf/*

그러나 사람들이 지도 형식을 리버스 엔지니어링하고 커닝 사이트가 등장함에 따라 경연 대회는 취소되었다. 두 번째 GT 버전(1994)과 액티비전 버전(1998)에서 이상한 표시는 뼈로 대체되었다.

E2M8에서 빨간색 삼각형으로 이끄는 미는 벽이 없다는 사실에 주목하자. 방은 봉인되었다.

"애퍼지에 전화해서 땅늑대aardwolf라고 말하세요." 이 표시는 오늘날까지도 상당한 질문을 받는 내용입니다. 〈울펜슈타인 3D〉의 에피소드 2의 레벨 8에서 특히 고약한 미로를 누비다 만날 수 있는 벽에 등장하는 표시입니다. 이 표시는 3D 렐름이 진행하려 했던 경연 대회의 목표였지만, 게임 출시 직후 곧바로 엄청난 커닝과 지도 표시 프로그램이 등장했습니다. 이 때문에 경연 대회를 열어 상을 주는 것은 불공평하다고 느꼈습니다. 표시는 계속해서 게임에 남아 있지만 지나고 나서 보니, 아마도 제거했어야 마땅하지 않았을까 싶네요. 오늘날까지도 3D 렐름은 땅늑대가 무엇인지 묻는 편지와 전화를 받습니다. "지금까지 이 표시를 본 사람이 있습니까?"라는 질문과 함께 말이죠.

이와 유사하게, 몇몇 게임 버전에 들어 있는 득점 테이블에 최고 점수를 올리고 나면 편지가 등장하기도 했습니다. 이 편지는 시작하기 앞서 폐기된 또 다른 경연 대회의 일부로 만들어졌었죠. 사람들이 전화로 점수를 알려주면 코드를 요청할 계획이었습니다. 코드를 사용해 우리는 점수를 검증할 수 있었거든요. 하지만 커닝 프로그램이 등장하면서 이 경연 대회 역시 취소되었습니다.

'땅늑대'와 편지들은 이제 아무 의미도 없습니다.

– 조 시글러Joe Siegler, 셰어웨어 혁명의 과거 개척자[19]

땅늑대(학명: *Proteles cristatus*)는 무엇인가? 남부와 동부 아프리카의 갈기 줄무늬 포유류로 하이에나와 비슷하며 주로 썩은 고기와 곤충을 먹는다. 땅늑대는 〈커맨더 킨〉 에피소드 6의 힌트 매뉴얼에 등장하는 이드 소프트웨어의 마스코트였다.

'땅늑대'가 선택된 이유는 넥스트스테이션의 NeXT 사전에 있는 첫 번째 이미지 파일이었기 때문입니다.

– 존 카맥

4.7.5.5 광선 투사: DDA 알고리즘

DDA 교차 알고리즘은 완전히 수작업으로 만든 740행짜리 어셈블리 루틴인 AsmRefresh에 구현되었다. 여기서는 가독성을 위해 '의사–C'로 표현한다. goto 문을 통해 서로 왔다 갔다 하는 while 루프 2개(수직과 수평 교차를 위해 각각 하나씩)로 구성된다. 코드는 상당히 특이하고 매우 효율적이다.

```
void AsmRefresh() {

    for (int i=0; i < pixx; i++) {
```

20 옮긴이_ 조 시글러와의 인터뷰 내용은 다음을 참고. *http://legacy.3drealms.com/news/2006/05/the_apogee_legacy_20.html*

```
            short angle=midangle+pixelangle[pixx];
            // 각도에 기반해 xstep과 ystep을 설정
            do {
                if (needed)
                    goto testhorizontal;

testvertical:
                move_vertically()
                if (hitdoor)
                    HitVertDoor();
                if (hitwall)
                    HitVertWall();
            } while (1);

            continue;

            do {
                if (needed)
                    goto testvertical ;

testhorizontal :
                move_horizontaly()
                if (hitdoor)
                    HitHorizDoor();
                if (hitwall)
                    HitHorizWall();

            } while (1);
        }
    }
```

이와 같은 구현에는 많은 **jmp** 명령어가 따라온다. **jmp** 명령어는 명령어 캐시를 죽이고 현대적인 CPU에서 파이프라인을 비운다. 그러나 386과 같이 파이프라인이 얕고 명령어 캐시가 없는 아키텍처에서는 이런 구현 방식이 초당 프레임을 떨어뜨리지는 않는다.

이 코드는 단위원 원칙에 크게 의존한다. X축으로 전진할 때 수직으로 얼마나 많이 갈지, Y축으로 전진할 때 수평으로 얼마나 많이 갈지를 알아야 할 필요가 있으므로 **tan** 함수가 특히 유용하다. 단위원 그림을 보면 이해하기가 훨씬 더 수월하다(원 반경 r은 1과 같다).

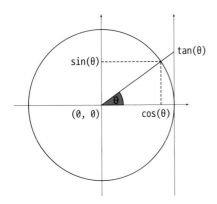

그림 4-45 단위원

X축에서 1을 전진시키면 광선이 Y축에서 tan(θ) 위로 이동한다. 역수를 게산하려면 Y축에서 1을 이동하고 X축에서 tan(90−θ) 이동한다. cos, sin, tan 계산을 가속화하기 위해 엔진은 참조 테이블을 사용한다. 4.11.1절을 참고하자.

4.7.5.6 고등학교 수학

주인공에서 벽까지 거리로 수행되는 작업을 설명하는 다음 절로 넘어가기 전에 엔진에서 대다수 계산의 기초를 형성하는 고등학교 수학에 대한 간단한 설명을 짧게 짚고 넘어가자. SOH-CAH-TOA로 외우자.[21]

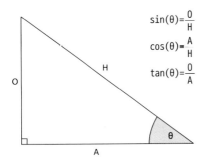

$$sin(θ)=\frac{O}{H}$$

$$cos(θ)=\frac{A}{H}$$

$$tan(θ)=\frac{O}{A}$$

그림 4-46 단위원

---

21 옮긴이_ [그림 4-46]에 나오는 삼각형을 수평으로 반전해서 왼쪽 하단에 θ가 가고 오른쪽 하단이 90도가 되게 만든 다음에 Cos의 C 자 Tan의 T자 Sin의 S자를 삼각형 꼭짓점을 기준으로 그리는 방법으로 암기하는 것이 한국의 보편적 방식이다.

이 그림은 어안 보정과 물체(주인공, 적, 아이템)를 배치하고 사운드 위치를 계산하는 데 사용되는 좌표 사영을 이해하는 데 필요한 모든 수학을 설명한다.

4.7.5.7 세로선 높이 계산

광선과 벽 사이의 교차점이 좌표 (viewx, viewy)에서 (xintercept, yintercept)로 발견되면 이 광선을 위한 픽셀 열 높이가 얼마나 될지를 계산해야 한다. 이 작업은 CalcHeight 함수에서 일어난다.

```
int CalcHeight (void)
{
  fixed gxt,gyt,nx,ny;
  long  gx,gy;

  gx = xintercept-viewx;
  gxt = FixedByFrac(gx,viewcos);

  gy = yintercept-viewy;
  gyt = FixedByFrac(gy,viewsin);

  nx = gxt-gyt;

  //
  // 원근 비율을 계산함(heightnumerator/(nx>>8))
  //
  if (nx<mindist)
    nx=mindist;          // 나누기 오버플로를 허용하지 않는다

    asm mov ax,[WORD PTR heightnumerator]
    asm mov dx,[WORD PTR heightnumerator+2]
    asm idiv  [WORD PTR nx+1]        // nx>>8
}
```

코드가 예상한 바와 다르다. 광선 투사 알고리즘은 각 픽셀 열에 대해 광선을 투사하고 거리 d를 사용해 화면에서 세로선의 높이를 추론하도록 기대한다. 다음 수식을 보면 이해가 쉬울 것이다.

$$d = \sqrt{dx^2 + dy^2}$$

하지만, 코드는 다음처럼 보인다.

$$d = dx * \cos(\alpha) - dy * \sin(\alpha)$$

뭔가 수상하다. 예를 들어 설명하겠다.

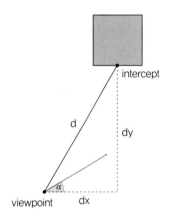

그림 4-47 거리 d를 사용한 광선 투사

위 도면에서 주인공은 시점 각도 α로 `vicwpoint`에 위치하고 있다. `viewpoint`에서 광선이 투사되어 `intercept`에서 벽에 부딪혔다. 거리 d는 주인공의 시점과 광선이 벽에 닿는 위치 사이를 연결하는 직선이다. $d = \sqrt{dx^2 + dy^2}$ 으로 얻을 수 있다. 모든 광선에 대해 반복되는 이런 알고리즘은 '어안 효과fisheye effect'를 일으킨다.

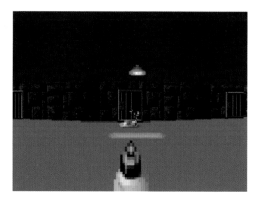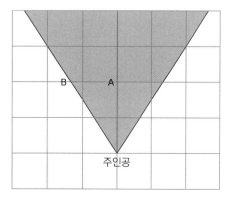

그림 4-48 어안 효과: 약함

이 시각적인 인공물은 주인공에서 벽까지 연결하는 직선 거리가 일정하지 않기 때문에 발생한다. 화면 측면에 위치한 벽은 더 멀리 떨어져 있으므로 더 작게 표시된다.

다음으로는 어안 왜곡 설명을 위해 수정된 엔진 버전의 스크린샷 세 개를 소개한다. 세로선 높이를 계산하기 위해 '다른 뭔가'를 대신해 직접적인 거리 d를 사용하도록 변경되었다. 32피트(9.75미터) 거리에서는 왜곡이 눈에 잘 띄지 않는다.

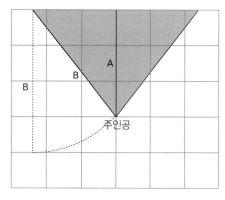

그림 4-49 어안 효과: 나쁨

24피트(7.32미터) 거리에서는 앞서 32피트 떨어진 스크린샷과는 달리 왜곡을 무시할 수 없다.

주인공이 벽에 가까워지더라도 A와 B의 비율은 동일하게 유지된다. 화면에서 세로선이 렌더링될 때 픽셀 높이의 절대 차이만 증가하고 있다.

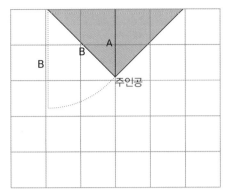

그림 4-50 어안 효과: 으악!

12피트(3.66미터)에서는 밀실 공포증을 느끼게 만드는 보기 싫은 왜곡이 일어난다.

이 왜곡을 피해 보기 좋게 렌더링하려면 직접 거리 d가 아니라 카메라 평면에 투영된 거리(시점 방향 z에 수직인)를 사용해야만 한다.

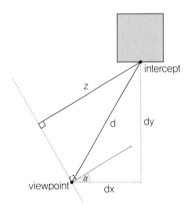

그림 4-51 직접 거리 d와 투영된 거리 z

특히 고정 소수점을 사용할 경우 투영 거리(z)는 수학적으로 계산하기가 어렵다. 따라서, 투영 거리를 분해해 두 가지 구성 요소로 나누고 SOH-CAH-TOA 공식을 사용하는 기법을 적용한다.

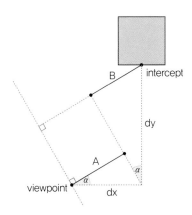

그림 4-52 투영된 거리 z는 하위 구성 요소 2개를 통해 계산된다.

CAH는 $A = dx * \cos(\alpha)$이며, SOH는 $B = dy * \sin(\alpha)$를 유도한다.

둘을 더해 하나로 합하면 다음과 같다.

$$z = A + B = dx * \cos(\alpha) + dy * \sin(\alpha)$$

dx와 dy는 거리가 아니라 (부호가 있는) 벡터이므로 방정식은 다음과 같다.

$$z = A + B = dx * \cos(-\alpha) + dy * \sin(-\alpha)$$

이를 간략하게 표현하면 다음과 같다.

$$z = A + B = dx * \cos(\alpha) - dy * \sin(\alpha)$$

방정식을 좋아하는 사람들의 경우, 전반적인 연산은 벡터 절편(dx, dy)과 백터 회전 행렬의 곱으로 볼 수 있다. [그림 4-53]과 같이 지도 공간에서 주인공 공간으로 좌표를 회전시킨다(축 방향은 주인공 시야각이 결정함).

$$\begin{bmatrix} \cos(\alpha) & -\sin(\alpha) \\ \sin(\alpha) & \cos(\alpha) \end{bmatrix} * \begin{bmatrix} dx \\ dy \end{bmatrix} = \begin{bmatrix} dx * \cos(\alpha) - dy * \sin(\alpha) \\ dx * \sin(\alpha) - dy * \cos(\alpha) \end{bmatrix}$$

개인적으로는 SOH-CAH-TOA가 더 명확하고 시각적인 설명을 제공한다.

공식을 도출하려고 시도할 때 수직 축 부호가 혼동을 일으킬 경우 〈울펜슈타인 3D〉 지도 좌표계 원점이 Y축을 뒤집어 왼쪽 상단에 있다는 사실을 염두에 두고 다시 도전해보자.

4.7.6 어안 효과 교정

어안 효과 교정correction은 보기 좋은 직선의 벽을 제공한다. 차이를 보여주기 위해 동일한 장면의 두 가지 버전을 나란히 표시했다. 먼저 수정되지 않은 어안 효과 화면이며, 다음은 직접 거리 d 대신 투영된 거리 z로 수정된 화면이다.

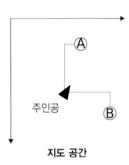

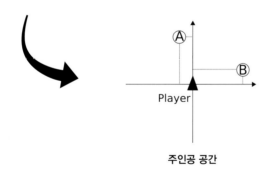

그림 4-53 지도 공간에서 주인공 공간으로 변환

[그림 4-53]에서 지점 A와 B의 지도 공간 좌표는 주인공이 좌표 (0, 0)에 위치하는 공간 좌표로 변환된다.

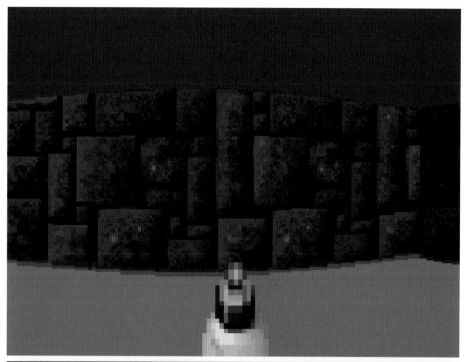

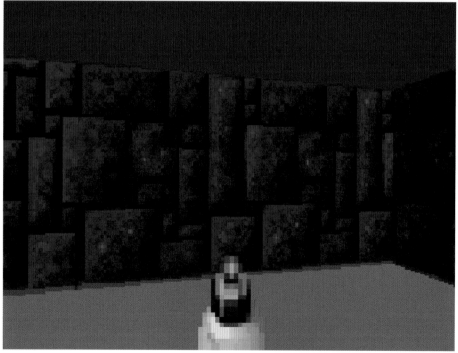

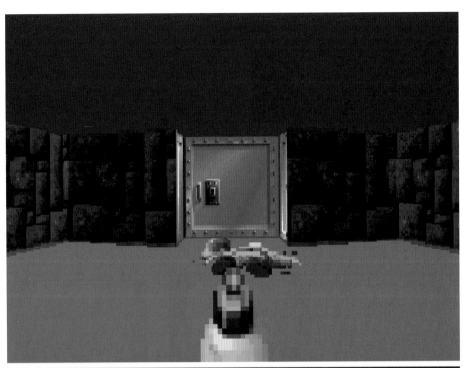

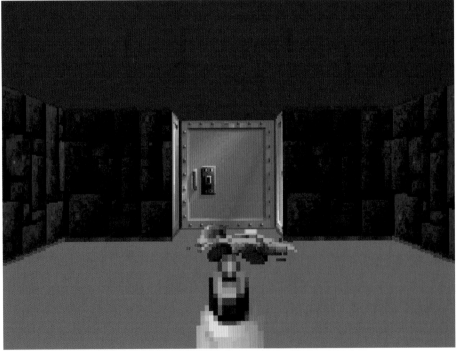

4.7.7 벽 그리기

세로선 높이를 계산하면, 이제 텍스처 픽셀 열을 그리는 작업만 남는다.

지금에야 쉽게 들릴지도 모르지만 386처럼 성능이 부족한 CPU에서 제대로 수행하기에는 어려웠다. 64텍셀(텍스처 픽셀)의 열을 확대하는 작업은 비싸다. 충분히 빠른 속도로 수행하려면 몇 가지의 최적화가 필요하다. 바로 이 부분 때문에 〈울펜슈타인 3D〉가 동시대의 다른 3D 엔진을 압도한다. 속도의 비결은 다음과 같은 두 가지 기법에 있다.

- 컴파일된 스케일러
- 지연된 세로선 렌더링

4.7.7.1 컴파일된 스케일러

벽을 표현하는 모든 픽셀 열은 수직으로 중심이 맞춰지고 확대 또는 축소된다. 목표는 2픽셀에서 최대 3D 캔버스(152픽셀) 범위의 높이로 64텍셀의 열을 빠르게 확장하는 것이다.

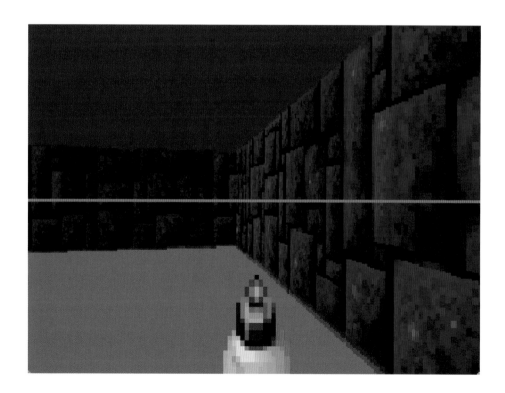

어노비 포토샵으로 처리한 분홍색 신이 보여주듯 벽을 위한 각 픽셀 열은 오프셋을 추가하지 않고 중앙에 수직으로 위치한다. 이를 위한 원래의 접근 방식은 다음과 같은 일반적인 루틴을 사용하는 것이다.

```
void scaleTextureToHeight(int height, void* src,void* dst){
  fixed_t src_cursor = 0;  // 24:8 형식
  int dest_cursor = 0;
  fixed_t step = FixedDiv(64, height);

  while (height > 0) {
    if (dst_not_clipped(dest_cursor)) {
      dst[dest_cursor] = src [ src_cursor >> 8];
    }
    src_cursor += step;
    height--;
    dest_cursor++;
  }
}
```

여기에서는 루프로 인해 최소한 jmp[22] 명령어 한 개, 고정 소수점 누산기, 중간 변수가 필요하다. 여러 명령어가 필요한 이유는 주로 함수의 일반화 때문이다. 실제로 이 유연한 함수는 **scaleTextureToHeight**가 0에서 **INT_MAX**까지 모든 높이를 수용하도록 허용한다.

램과 CPU 사이에서 절충안을 찾아 작업을 빠르게 수행하는 일반적인 방법이 존재한다. 이 경우 램을 조금만 더 투자한다면 많은 CPU 시간을 확보할 수 있다. 스케일러를 덜 일반적으로 만들고 그 대신 하드코딩된 함수를 생성하는 방법이다.

```
void scaleTextureTo2(void* src, void* dst) {
  dst[0] = src[16];
  dst[1] = src[48];
}

void scaleTextureTo4(void* src, void* dst) {
  dst[0] = src[0];
  dst[1] = src[16];
  dst[2] = src[32];
```

----

22 jmp 명령어는 항상 파이프라인 비우기를 유발한다.

```
    dst[3] = src[63];
  }
```

엔진이 시동될 때 런타임에서 기계어 코드를 생성한다. 작업은 **BuildCompScale**에서 수행
된다.

```
// 다음으로 호출한다
// DS:SI  확장을 위한 출발지
// ES:DI  확장을 위한 목적지
unsigned BuildCompScale (int height, byte far *code)
  [...]
  work = (t_compscale far *)code;
  code = &work->code[0];
  [...]
  for (src=0;src<=64;src++) {

    if (not_result_in_written_pixel)
      continue;

    // mov al,[si+src]    (src를 레지스터 al로 읽는다)
    *code++ = 0x8a;
    *code++ = 0x44;
    *code++ = src;

    for (magnification_size) {
      // mov [es:di + heightofs],al    (al을 목적지에 기록한다)
      *code ++ = 0x26;
      *code ++ = 0x88;
      *code ++ = 0x85;
      *((unsigned far *)code)++ = startpix*SCREENBWIDE;
    }
  }
  // retf
  *code++ = 0xcb;
}
```

주어진 높이에 맞춰 **BuildCompScale**은 외부에서 포인터로 넘어온 변수 **code**에 x86 명령어
를 생성한다. 결과적으로 〈울펜슈타인 3D〉는 어떤 높이든 수용하는 일반적인 함수 하나를 대
신해 높이가 하드코딩된 256개의 함수를 사용한다. 높이를 하드코딩하면 루프를 풀고 과부하
를 줄일 수 있다.

이와 같은 최적화를 통해 64텍셀의 열을 2픽셀 높이의 얼로 축소하는 네에는 명렁어 15개가 필요하다. 4픽셀로 축소하려면 명령어 25개가 필요하다. 128픽셀로 확대하려면 명령어 705(64×11+1)개가 필요하다. 사전 컴파일된 스케일러 함수는 축소 시 픽셀당 명령어 7개의 고정 비용과 확대 시 픽셀당 명령어 3+4×축적계수 개의 고정 비용이 발생한다. 이보다 더 빠를 수는 없다.

이런 스케일러를 선행 컴파일하고 캐싱할 경우 발생하는 램 비용은 얼마일까? 3D 캔버스에서 최대 치수로 렌더링할 때 엔진은 2에서 512 사이의 짝수에 해당하는 높이의 모든 스케일러를 생성한다.[23] 총 178,479바이트에 달하는 255개의 스케일러가 생성되었다. 이는 너무 높은 비용이었다.

램을 절약하기 위해, 76을 넘는 경우에는 짝수를 하나씩 더 건너뛰어 (2, 4, 6, …, 72, 74, 76)과 (78, 82, 86, …, 504, 508, 512)를 생성한다. 이 기법을 사용하면 83,160바이트의 스케일러 136개만을 생성하게 된다.

컴파일된 스케일러 생성을 건너뛰면 사용이 불가능한 경우 잘못된 스케일러를 사용하게 되어 약간 어색한 시각 효과가 만들어지지만, 눈치채기는 어렵다.

스케일러는 시작할 때 생성되지만 만일 3D 캔버스의 크기가 변경된 경우에는 재생성해야만 한다. 크기를 조정한 직후 'Thinking(생각 중)' 화면이 표시되는 동안 스케일러를 재생성하는 작업이 일어난다.

----

23 512는 3D 캔버스의 높이(152)보다 높다. 그럼에도 불구하고 엔진은 스프라이트가 수직으로 잘리는 지점에서 스프라이트를 확대해 렌더링할 필요가 있다.

4.7.7.2 지연된 세로선 그리기

두 번째 수준의 최적화는 지연된^{deferred} 렌더링을 기반으로 한다. 픽셀 열이 특정 조건을 충족하면 버퍼링되며, 쓰기 명령어를 절약하는 VGA 마스크를 지렛대로 삼아 나중에 일괄처리 방식으로 렌더링한다.

컴파일된 스케일러를 사용하는 간단한 광선 투사기는 다음과 같다.

```
for (int x=0 ; x< 320 ; x++) {
  castRay();
  height = CalculateWallHeight();
  drawColumn(x, height);
}
```

대신 엔진은 그릴 내용을 다음과 같이 버퍼링한다.

```
for (int x=0; x<320 ; x++){
  castRay();
  if (raySimilarToOnesInBuffer){
      AddColumnToBuffer();
    continue;
  } else {
      DrawBuffer();
      height = CalcWallHeight();
      AddColumnToBuffer();
  }
}
```

두 광선이 충분히 비슷하다고 간주될 때 렌더러가 약간의 속임수를 허용하기 때문에 이와 같은 버퍼링이 가능해진다. 연속적인 광선이 특성을 공유한다면, 주인공 관점에서의 정확한 거리와는 무관하게 함께 그룹으로 묶여버리고 같은 높이로 그려진다. 이 과정에서 약간의 왜곡이 발생하지만 엄청난 속도 향상을 가져온다. 엔진은 화면에 여러 개의 세로선을 그릴 수 있다(3번의 쓰기로 픽셀 8개까지).

광선이 같은 벽에 닿으면 동일한 v 수평 텍스처 좌표가 된다. 즉, 이런 최적화는 벽 확대를 지렛대로 활용한다.

이와 같은 기법의 우수 사례는 주인공이 벽에 아주 가깝게 붙은 상황을 보여주는 다음의 스크린샷에서 볼 수 있다. 벽이 화면의 왼쪽 부분을 완전히 덮는다. 텍셀이 여러 픽셀 사이에서 가로로 펼쳐지는 방식을 고려하면 확대는 명확하다. 이 경우 동일한 수평 좌표에서 연속된 여러 개이 광선이 테스처에 충돌한다.

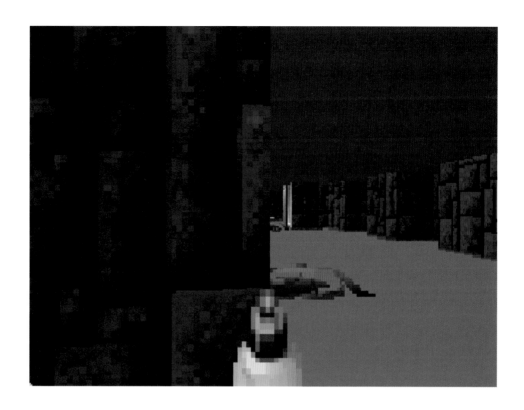

이와 같은 기법은 화면의 각 세로선이 단일 VGA 뱅크에 완전히 저장되어 있기 때문에 가능하다. 초록색, 파란색, 빨간색, 분홍색과 같은 일반 색상의 세로선이 번갈아 화면에 표시되는 경우 모든 녹색 색상은 뱅크 0에 있다. 모든 파란색 열은 뱅크 1에 있으며, 빨간색, 분홍색은 각각 뱅크 2, 3에 있다.

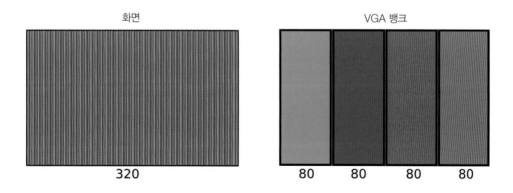

다음에 나오는 그림에서 뱅크 저장소와 3D 뷰를 볼 수 있다. 각 뱅크는 열을 네 개마다 하나씩 건너뛰면서 저장하므로 세로로 압축된 화면 버전처럼 보인다. 뱅크 0은 열 0, 열 4, 열 8 등을 저장한다. 뱅크 1은 열 1, 열 5, 열 9 등을 저장한다. 열 0과 열 1은 뱅크 0과 뱅크 1에서 동일한 주소에 위치한다.

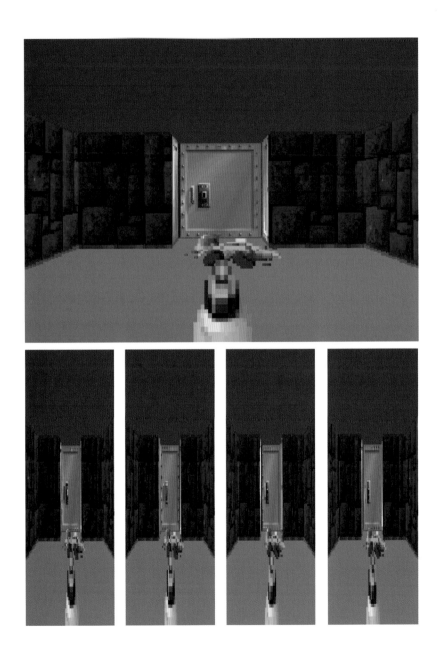

이와 같은 기법을 달성하기 위해 엔진은 4개의 뱅크 바이트 정렬과 화면에서의 열 위치에 주의해야 한다. 이에 대한 세부 내용은 *WLDRAW.C*의 ScalePost 메서드에 있다.

```
void    near ScalePost (void)  // VGA 버전
{
    ...
    // 벽의 바이트 너비 조각을 확대
    asm mov  bx,[postx]              // posx = x 좌표
    asm mov  di,bx                   // 그릴 장소
    asm shr  di,2                    // X(바이트 단위)
    asm add  di,[bufferofs]

    asm and  bx,3
    asm shl  bx,3                    // bx = pixel * 8 + postwidth
    asm add  bx,[postwidth]

    // 1단계
    asm mov  al,BYTE PTR [mapmasks1-1+bx]
    asm mov  dx,SC_INDEX+1
    asm out  dx,al                   // VGA 뱅크 마스크를 설정함
    asm lds  si,DWORD PTR [postsource]
    asm call DWORD PTR [bp]          // 컴파일된 스케일러를 호출함

    // 2단계
    asm mov  al,BYTE PTR [ss:mapmasks2-1+bx]
    asm or   al,al
    asm jz   nomore
    asm inc  di
    asm out  dx,al                   // VGA 뱅크 마스크를 설정함
    asm call DWORD PTR [bp]          // 컴파일된 스케일러를 호출함

    [...]

    // 3단계
nomore:
}
```

엔진은 열 8개까지를 그룹으로 함께 묶는다. VGA 정렬으로 인해 모두를 기록하려면 3단계가 필요하다. VGA 뱅크 정렬과 그리는 픽셀 수의 조합이 여러 개 존재하므로 VGA 마스크는 미리 계산되어 런타임에 참조해야 한다. 각 단계마다 고유한 설정이 있다. VGA 마스크가 0이 아닌 경우에만 각 단계를 실행한다.

```
byte  mapmasks1[4][8] = {
{1 ,3 ,7 ,15,15,15,15,15},
{2 ,6 ,14,14,14,14,14,14},
{4 ,12,12,12,12,12,12,12},
{8 ,8 ,8 ,8 ,8 ,8 ,8 ,8} };

byte  mapmasks2[4][8] = {
{0 ,0 ,0 ,0 ,1 ,3 ,7 ,15},
{0 ,0 ,0 ,1 ,3 ,7 ,15,15},
{0 ,0 ,1 ,3 ,7 ,15,15,15},
{0 ,1 ,3 ,7 ,15,15,15,15} };

byte  mapmasks3[4][8] = {
{0 ,0 ,0 ,0 ,0 ,0 ,0 ,0},
{0 ,0 ,0 ,0 ,0 ,0 ,0 ,1},
{0 ,0 ,0 ,0 ,0 ,0 ,1 ,3},
{0 ,0 ,0 ,0 ,0 ,1 ,3 ,7} };
```

mapmasks 배열은 각 x단계마다 사용된다.

VGA 마스크 = mapmasksX[first_column_x_coordinate%4][numcolumn - 1]

VGA 마스크가 0일 때 엔진은 바로 **return**을 수행한다('더 이상 그릴 픽셀이 없다'는 뜻). 그림으로 설명하면 더 쉽다. 먼저 VGA 바이트 마스크의 작동 방식을 요약한다.

- 비트 1 << 0 (1)이 1로 설정될 때 뱅크 0이 선택된다.

- 비트 1 << 2 (2)가 1로 설정될 때 뱅크 1이 선택된다.

- 비트 1 << 3 (4)가 1로 설정될 때 뱅크 2가 선택된다.

- 비트 1 << 4 (8)이 1로 설정될 때 뱅크 3이 선택된다.

미사용	뱅크 3	뱅크 2	뱅크 1	뱅크 0
	8	4	2	1

이를 염두에 두고, 엔진이 픽셀 열을 그리기 위해 다음과 같은 배치를 사용하는 몇 가지 예제를 살펴보자.

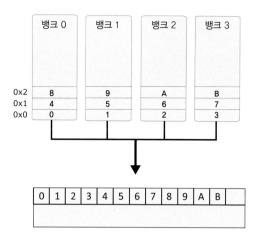

그림 4-54 다음에 나오는 모든 예제는 이 VRAM 화면 배치를 기반으로 한다.

(픽셀 0과 1 아래에서) 두 열을 그리기 위해서는 VGA 마스크를 3으로 설정하고 뱅크 0과 1에 기록한다. 1단계만으로도 완료할 수 있다.

```
PASS1: mapmasks1[0][1] = 3
PASS2: mapmasks2[0][1] = 0 -> EXIT
```

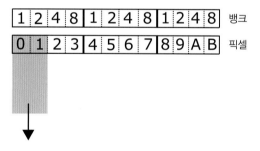

(픽셀 3과 4 아래의 열과 같이) 두 열이 올바르게 정렬되지 않으면, 마스크는 도움이 되지 않는다. 마스크를 8과 1로 설정하는 2단계가 필요하다.

```
PASS1: mapmasks1[3][1] = 8
PASS2: mapmasks2[3][1] = 1
PASS3: mapmasks3[3][1] = 0 -> EXIT
```

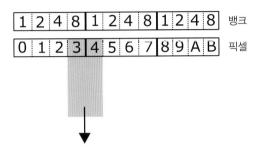

최악의 시나리오에서 엔진은 픽셀 3, 4, 5, 6, 7, 8, 9와 A 아래에서 픽셀 8열을 그릴 필요가 있다. 정렬이 좋지 않기 때문에 마스크를 8, 15, 7로 설정하는 3단계가 필요하다.

```
PASS1: mapmasks1[3][7] = 8
PASS2: mapmasks2[3][7] = 15
PASS3: mapmasks3[3][7] = 7 -> EXIT
```

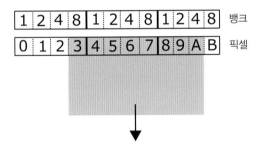

토막상식

1993년 이드 소프트웨어는 〈둠〉의 성공 과정에서 VGA '멀티 쓰기'를 중요한 수단으로 만들었다. 엔진은 인텔 486 CPU와 잘 작동했지만 386에서는 프레임 레이트가 한 자리 이내였다. 모든 픽셀 열을 두 배로 만드는 '낮은 해상도' 모드를 추가해 이 문제를 해결했다. 160×168의 해상도(VGA 편법을 사용해 320×168로 두 배 늘여 보여줌)는 386 CPU가 재생 가능한 두 자릿수 프레임 레이트에 도달하게 만들었다.

위 그림은 고해상도에서 동작하는 〈둠〉이며, 아래 그림은 저해상도에서 동작하는 〈둠〉이다. 게임을 수행하는 도중에는 차이를 거의 느낄 수 없다.

〈울펜슈타인 3D〉 성능 향상을 시각화하기 위해, VGA 마스크 조작 덕분에 '공짜로' 그려지는 픽셀 열을 분홍색으로 표시하도록 엔진을 수정했다. 쓰기 작업을 50%까지 줄여 성능이 크게 향상되었음을 확인할 수 있다.

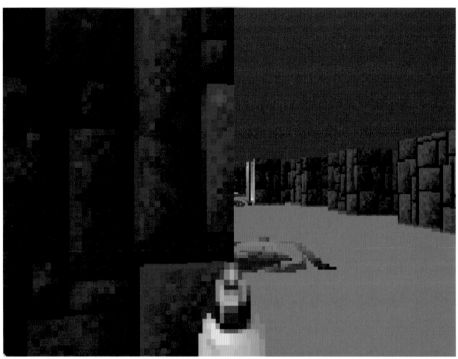

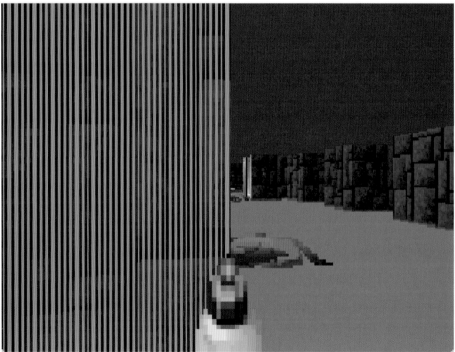

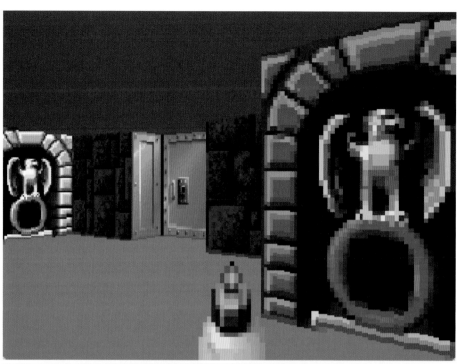

이런 기법을 사용하면 벽의 크기로 인해 많은 수의 픽셀을 기록해야 하는 시나리오를 해결할 수 있다. 확대가 많이 일어날 때 이 기법은 비로소 빛을 발한다. 멀리 떨어진 (축소된) 벽의 경우 렌더링할 픽셀 수도 적기 때문에 이 기법은 전혀 도움이 되지 않는다.

런타임에서 코드를 생성하는 방식이 낡은 기술처럼 들릴지도 모른다. 그러나 2016년에노 안드로이드 에뮬레이터가 PixelFlinger를 사용해 전체 화면을 렌더링하는 방식을 사용했다.

4.7.7.3 텍스처링

벽 렌더링의 품질을 향상시키기 위해 사용되는 미묘하지만 상당히 효율적인 기법은 조명 효과가 들어간 텍스처링을 미리 만들어놓는 것이다. 벽 텍스처 애셋은 조명을 비춘 버전과 비추지 않은 버전으로 각각 2개씩 만들어졌다.

런타임에서 광선과 벽의 교차점을 찾을 때 광선이 지도 공간에서의 Y축 수직 벽에 닿으면 엔진은 조명을 비춘 텍스처를 사용한다. 광선이 X축의 수평 벽에 닿으면 동일 텍스처의 조명을 비추지 않은 버전을 사용한다.

처음에는 양쪽의 차이가 불분명하다고 느껴지지만, 이 효과를 넣고 뺀 동일한 장면을 나란히 표시하면 시각적 차이가 두드러진다. 방향성 조명 효과로 인해 더욱 사실감 있는 장면이 된다.

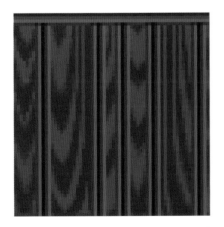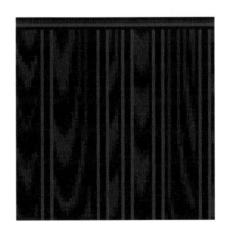

그림 4-55 조명을 비춘 나무 텍스처와 비추지 않은 나무 텍스처

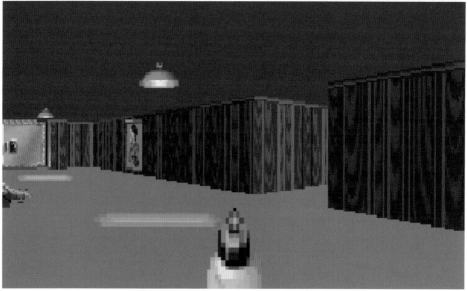

그림 4-56 위: 미리 만들어놓은 텍스처를 미적용. 아래: 미리 만들어놓은 텍스처를 적용

4.7.7.4 문

문은 광선 투사기를 통해 직접 렌더링된다. 구현이 훨씬 더 복잡해졌기 때문에 두께감은 없다.

'DOOR' 타일에 부딪힐 때, 광선 투사기는 doorposition 배열을 참조한다. 광선 투사기는 문이 얼마나 열려 있는지, 문 앞에서 멈출시 아니면 문을 통과할지를 계산할 수 있다.

```
// 열리는 문의 최대 개수
#define MAXDOORS 64

// 문의 앞 가장자리 0 = 닫힘, 0xffff = 완전히 열림
unsigned doorposition[MAXDOORS];
```

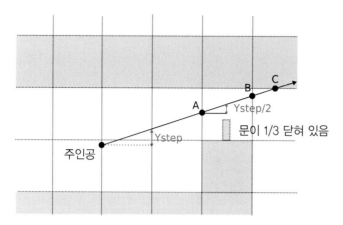

그림 4-57 부분적으로 열린 문을 가로지르는 광선

문에 의해 광선이 멈추는지 아니면 통과에 거의 비용이 들지 않는지를 테스트하는 수식은 다음과 같다.

$$Ax + \frac{ystep}{2} < doorposition[doorIndex]$$

성공한 경우 광선이 벽 타일을 가로지르게 되며, 그리드에 대해 계속 테스트를 진행한다. 광선이 부딪히면 해당 지점의 좌표는 $Intercept_X = A_X + \frac{ystep}{2}$ 와 $Intercept_Y = A_Y + \frac{TILE\_SIZE}{2}$ 로 계산되어 렌더러로 전달된다.

4.7.7.5 미는 벽

미는 벽도 광선 투사기를 통해 구현된다. 미는 벽도 문과 마찬가지로 특별한 경우로 취급된다. 미는 벽이 활성화된 경우 광선 투사기는 광선 차단 좌표에 오프셋을 추가한다.

4.7.8 스프라이트 그리기

일단 벽을 그리고 나면 적, 아이템(탄약, 무기), 장식(램프, 테이블)과 같은 스프라이트를 렌더링할 차례가 온다. 이 작업은 다음의 3단계로 구성된다.

1. 어떤 스프라이트가 보이는지 식별한다.

2. 스프라이트의 어느 부분이 가시적인지 결정한다(벽 뒤에 숨지 않은 것).

3. 가시적인 것을 그린다.

4.7.8.1 가시적인 스프라이트 결정

가시적인 스프라이트의 목록을 작성하는 작업은 광선 투사기가 수집한 정보를 활용해 간접적으로 수행한다. 가시적인 스프라이트가 가시적인 타일에 있다고 가정한다. 광선 투사기는 각광선이 방문한 모든 타일을 표시하고 벽을 찾기 위해 지도를 탐색한다.

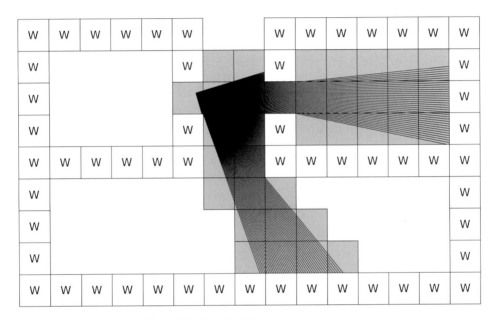

그림 4-58 광선이 투사되고 타일은 가시적이라고 표시되었다

가시적인 타일 추적은 타일을 방문했는지의 여부를 64×64 불리언Boolean 배열에 기록하는 간단한 방법으로 수행한다.

```
#define MAPSIZE  64  // 지도는 최대 64*64
extern  byte   spotvis[MAPSIZE][MAPSIZE];
```

엔진은 각 프레임의 시작 부분에서 배열을 초기화한다.

```
asm mov ax,ds
asm mov es,ax
asm mov di,OFFSET spotvis  // 초기화할 배열
asm xor ax,ax      // ax에 0을 넣는다
asm mov cx,2048   // 다음 명령어를 64*64/2만큼 수행한다
asm rep stosw      // ax를 es:di에 저장한다
```

광선 투사기(**AsmRefresh**)는 광선이 벽쪽으로 진행될 때 **spotvis** 배열에 **true**를 기록한다. 이 배열은 가시적인 객체만을 선택하기 위해 사용된다.

```
#define MAXVISABLE  50

typedef struct {
  int  viewx,viewheight,shapenum;
} visobj_t;

visobj_t  vislist[MAXVISABLE],*visptr,*visstep,*farthest;

void DrawScaleds (void) {
  int numvisable=0;
  visptr = &vislist[0];

  // spotvis []을 사용해 객체를 visptr에 추가한다. numvisable을 하나 증가시킨다

  // 먼 곳에서 시작해 가까운 곳으로 오면서 그린다
  for (i = 0; i<numvisable; i++){
    least = 32000;
    for (visstep=&vislist[0] ; visstep<visptr ; visstep++){
      height = visstep->viewheight;
      if (height < least){
        least = height;
        farthest = visstep;
      }
    }
    ScaleShape(farthest->x,farthest->id,farthest->height);
    farthest->viewheight = 32000;
  }

}
```

가시적인 타일 배열을 사용하는 방식이 엔진에서 가장 미묘한 부분은 아니지만($O(n^2)$ 복잡도로 동작) 스프라이트 수가 적어 제대로 작동한다. 지도에 있는 모든 스프라이트는 spotvis로 가시성을 테스트한 다음 높이를 계산한다. 가시적인 스프라이트는 모두 정렬되지 않은 vislist 배열에 추가된다. 마지막 이중 루프는 모든 스프라이트를 먼 곳에서 시작해 가까운 곳으로 오면서 그린다(각 순회 과정에서 거리를 결정하기 위해 스프라이트 높이를 사용한다).

4.7.8.2 렌더링

각 스프라이트는 ScaleShape(int xcenter, int shapenum, unsigned height) 함수에서 개별적으로 렌더링된다. 스프라이트는 벽을 그리기 위해 사용한 SOH−CAH−TOA 수학을 동일하게 사용하여 지도 공간에서 주인공 공간으로 변환한다.

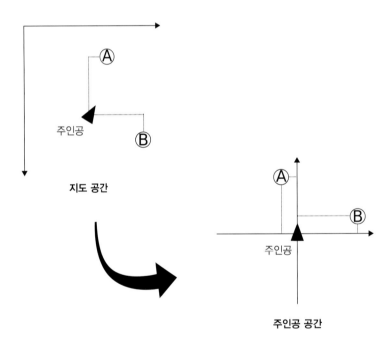

X 좌표는 화면에 스프라이트를 수평으로 배치하기 위해 사용되고 Y 좌표는 클리핑을 위해 사용된다. 스프라이트는 벽과 마찬가지로 동일한 64×64 텍셀 공간에 그려지므로 수직으로 배치할 필요가 없다.

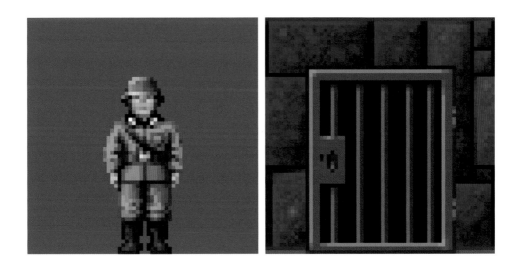

다음 스크린샷처럼 수평으로 중심이 정렬된 스프라이트의 크기를 조정하면 원근감을 제공할 수 있다.

그러나 스프라이트는 특별하다. 벽은 전체 64×64 공간을 채우고 완전히 불투명한 반면에 스프라이트에는 투명한 부분이 있다. 예를 들어 '음식' 스프라이트의 높이는 9텍셀에 불과하다. 램프 스프라이트는 전체 높이를 사용하지만 가운데가 투명하다.

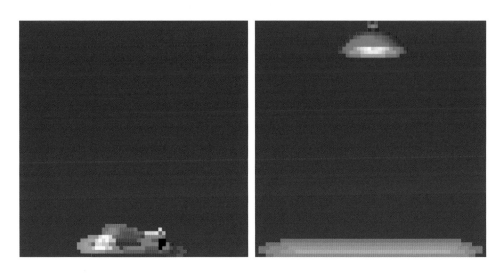

투명도가 높은 스프라이트(예를 들어 방금 본 두 스프라이트)는 나중에 iOS 이식 버전을 위한 하드웨어 가속 렌더러에서 주된 필레이트 문제를 일으키는 요소로 판명되었다.

원래 〈울펜슈타인 3D〉(그리고 〈둠〉)은 문자를 그릴 때, 공간이 많이 비어 있는 단색 픽셀들의 열을 늘이는(VGA 모드-X 인터리브 평면에서 효율성을 높이기 위해 수평 대신 수직으로) 방식으로 그렸다. 하지만 OpenGL 버전은 투명한 픽셀을 포함한 정사각형 텍스처로 생성해야 했다. 통상적으로 이런 텍스처는 공간이 대부분 비어 있는 큰 쿼드quad를 알파 블렌딩 또는 알파 테스팅하여 그렸다. 〈울펜슈타인 3D〉 초기의 몇 레벨까지는 문제없이 진행할 수 있었다. 그러나 후반 레벨은 종종 수십여 아이템을 중첩해 그려야만 할 만큼 지도가 커서 GPU를 최대로 활용하고도 프레임 레이트가 20fps까지 떨어졌다. 해결책은 텍스처의 단색 픽셀들을 묶고 제한된 영역만 그리는 방법이었다. 이걸로 아이템과 관련된 문제는 대부분 해결할 수 있었다. 하지만 〈올펜슈타인 3D〉에는 많이 사용되는 램프 텍스처가 몇몇 있었는데, 상단에 작은 전구가 있고 하단에는 얇지만 너비를 가득 채운 그림자가 있는 것들이었다. 이들은 픽셀을 한 번 묶는 방식만으로는 여러 텍셀을 배제하기 어려웠기에 두 번 묶는 방식을 사용했고, 그 결과 렌더링이 몇 배는 더 빠르게 되었다.

– 존 카맥

4.7.8.3 클리핑

게임의 모든 것들이 그렇듯이 스프라이트도 열로 만들어지고 그려진다. 스프라이트에서 각 열을 그리기 전, 엔진은 각 열이 벽으로 막혀 있는지 확인한다. 이런 작업을 '클리핑'이라고 하는데 이는 벽과 스프라이트가 동일한 64×64 좌표계에 위치하기 때문에 쉬운 단계다. 일단 주인공의 공간에서 스프라이트의 위치가 변환되면 거리 Y를 기준으로 높이가 생성된다. 이 높이는 벽에 대해 계산된 값과 같다. 따라서 스프라이트 열이 벽 뒤에 있는지 확인하려면 엔진은 벽 높이와 스프라이트 높이를 비교하면 된다.

이를 위해 광선 투사기는 각각의 열에 대해 계산된 각각의 높이를 wallheight라고 하는 폐색 배열에 유지한다.

```
#define MAXVIEWWIDTH  320
unsigned wallheight[MAXVIEWWIDTH];
```

폐색 배열은 광선 투사 과정에서 채워진다.

```
// HitVertWall, HitHorizWall, HitVertDoor,
// HitHorizDoor, HitHorizPWall, HitVertPWall 메서드에서 채운다
wallheight[pixx] = CalcHeight();
```

스프라이트를 그리는 동안 폐색 배열을 읽는다. 벽의 높이가 스프라이트의 높이보다 크면 벽이 스프라이트 앞에 있고 열을 건너뛴다는 의미다.

```
if (wallheight[slinex] >= height)
    continue;   // 인접한 벽에 가려져 있다
```

다음 프레임에서 전체 화면을 새로 고치므로 프레임 시작 시점에서 폐색 배열을 지울 필요는 없다.

> 벽 텍스처에 대해 컴파일된 스케일러 성능을 개선할 여지가 조금 더 남아 있었습니다. 텍스처가 '미들-아웃middle-out'[24]이 되도록 텍스처를 재구성한 경우, 16비트 읽기와 상위 픽셀을 위한 AL과 하위 픽셀을 위한 AH 쓰기를 통해 과부하를 절반으로 줄일 수 있었습니다.
>
> 더 높은 배율에서 더 효율적으로 컴파일된 스케일러와 VGA 래치 쓰기를 결합해 전체 열을 피함으로써 〈울펜슈타인 3D〉는 큰 벽과 작은 벽을 그리는 속도를 비슷하게 유지할 수 있었고 이는 매우 중요했습니다.
>
> – 존 카맥

4.7.8.4 사물 그리기

스프라이트 렌더링은 벽 그리기와 동일한 최적화(컴파일러 스케일러와 지연된 렌더링)에서 이점을 제공했다. 그러나 스프라이트에 요구되는 투명성을 위해 기술이 다소 조정되었다.

4.7.8.5 컴파일된 스케일러

가시적인 스프라이트 열 렌더링은 컴파일된 스케일러로도 수행하지만 스케일러를 직접적으로 사용할 수는 없다. 컴파일된 스케일러는 매개변수의 부재에서 속도 향상을 이끌어낸다. 컴파일된 스케일러는 64텍셀 텍스처 높이에서 읽고 미리 정해진 수의 픽셀을 쓰거나 확대하기 위해 x86 명령어로 하드코딩된 펼쳐진 루프다. 예를 들어, 컴파일된 스케일러 #112는 항상 텍스처의 64픽셀을 읽고 이를 화면에서 134픽셀로 확대한다. 스케일러가 투명한 픽셀을 분홍색으로 그리는 것과 같이 투명도는 전혀 처리되지 않는다. 이 문제를 해결하기 위해서는 손을 본 컴파일된 스케일러가 투명 픽셀을 건너뛸 수 있도록 특별한 방식으로 스프라이트를 저장해야 한다.

---

24 옮긴이_ 중앙에서 시작해서 상단과 하단으로 퍼져나가는 방식

스프라이트는 64개 항목의 배열로 저장된다. 각 항목은 열을 형성하는 일련의 '명령'이다. 일반적인 명령은 다음과 같다.

1. 수직 오프셋

2. 수직 길이

3. 텍셀의 페이로드

열에서의 마지막 명령은 오프셋 **0x00**으로 표시된다.

예를 들어보자. 램프 스프라이트의 열 #25는 투명 픽셀 5개와 램프를 위한 5픽셀로 구성된다.

계속해서 투명 픽셀 49개가 이어지며 빛이 바닥에 퍼지는 효과를 위한 5픽셀로 마무리된다.

총합은 64텍셀이다. 이 열은 1바이트 오프셋 + 1바이트 길이 + 5바이트 페이로드로 구성된 명령 2개로 인코딩된다. 길이가 **0x00**인 페이로드가 없는 명령이 끝을 표시한다. 전체 크기는 16바이트다.

아이디어는 x86 명령어를 조기 반환 명령어인 **ret**로 패치하여 스케일러가 텍셀 64개를 소비하지 않도록 방어하는 것이다. 이를 위해 코드 생성기는 패치 위치를 생성한다. 컴파일된 스케일러를 포함하는 **t_compscale** 구조체는 code에 x86 명령어를 담을 뿐만 아니라 패치 오프셋도 담는다.

```
typedef struct
{
  unsigned  codeofs[65];
  unsigned  width[65];
  byte      code[];
} t_compscale;
```

스케일러낭 패치 위치 64개(0에서 63까지의 긱 픽셀 길이마다 하나씩 codeofs[]에 저장됨) 가 있으므로 RETF 명령어를 기록하는 방법으로 조기 반환을 허용한다. 스프라이트 열의 각 명령에 대해 엔진은 명령 페이로드에 포함된 텍셀 수와 스케일러를 패치할 위치를 찾고, 그 후 이 위치에 명령을 저장하고 RETF로 덮어쓴다. 스케일러가 반환한 다음(명령 페이로드가 렌더링된 다음) 스케일러의 패치가 해제된다.

어셈블리로 최석화된 코드에서 codeofs를 가리키는 BX 레지스디를 활용히여 엔진이 코드 패치 위치를 알아내는 방식에 주목하자.

```
asm mov bx,[ds:bp]          ; 패치할 rtl 테이블 위치
asm or  bx,bx
asm jz  linedone            ; 0은 세그먼트 목록의 끝을 알림
asm mov bx,[es:bx]
asm mov dl,[es:bx]          ; 예전 값을 저장
asm mov BYTE PTR es:[bx],OP_RETF  ; RETF를 패치
asm mov si,[ds:bp+4]        ; 테이블 위치 또는 진입점
asm mov ax,[es:si]
asm mov WORD PTR ss:[linescale],ax  ; 스케일링을 시작하기 위해 여기를 호출
asm mov si,[ds:bp+2]        ; 이 세그먼트를 위한 형상의 교정된 상단
asm add bp,6                ; 다음 세그먼트 목록

asm mov ax,SCREENSEG
asm mov es,ax
asm call ss:[linescale]     ; 픽셀의 세그먼트 확대

asm mov es,cx               ; 스케일러의 세그먼트
asm mov BYTE PTR es:[bx],dl ; RETF 패치 해제
asm jmp scalesingle         ; 다음 세그먼트를 수행
```

스케일러 패치만으로는 충분하지 않다. 이것은 겨우 64텍셀 미만을 소비하도록 허용할 뿐이다. 화면에 빈 구명을 적절하게 그리기 위해, 엔진은 다음 명령의 스케일러를 시작하기 이전의 화면 공간에서 수평으로 건너뛸 픽셀 수를 알아야 한다. 이때 width[] 배열을 사용한다. 스케일러 생성기는 스프라이트의 투명 높이를 화면 공간 높이로 변환하기 위해 64개 항목을 저장한다.

4.7.8.6 지연된 렌더링

벽과 마찬가지로 동일한 지연된 그리기 기술은 스프라이트에도 사용되며 스프라이트가 확대되었을 때 특히 강력하다.

이 장면에서 64×64 경비병 스프라이트는 2.2배 확대된다. 확대하면 각 열이 적어도 2번 이상, 때로는 3번 반복되는 모양새를 볼 수 있다. VGA 마스크 조작을 위한 완벽한 최적화 사례다.

엔진의 수정된 버전(분홍색으로 '비용 없이' 열을 그리는)을 다시 사용한다. 여기서 대다수 열은 한 번만 그려졌다. 화면에 그리는 텍셀 수가 두 배 이상임에도 확대에는 비용이 거의 들지 않았다.

4.7.9 무기 그리기

캔버스의 맨 아래에 무기를 그리는 작업은 복잡하지 않다. 스프라이트와 동일한 렌더링 유형을 사용하지만 클리핑이 비활성화되어 있다(ScaleShape 함수에서). 컴파일된 스케일러와 지연 렌더링 기법을 사용한다.

4.7.10 인공지능

적을 흉내 내기 위해 몇몇 물체는 발사, 걷기 또는 소리 지르기와 같은 행동을 '생각'해서 취할 수 있다. 생각하는 물체를 '액터actor'라고 부른다.

액터는 상태 머신state machine을 통해 프로그래밍된다. 공격적이거나 교활하거나 벙어리(그 예로 로켓)일 수도 있다. 액터는 자신의 행동을 모델링하기 위해 다음처럼 적의 상태를 구분한다.

- 서 있음
- 공격
- 조우
- 고통
- 사격
- 추적
- 죽음
- 특별 보스

각 상태마다 연관된 think와 action 메서드 포인터가 있다. 현재 상태가 완료되었을 때 액터가 어떤 상태로 전환돼야 하는지를 지시하는 next 포인터도 존재한다.

```
typedef struct    statestruct
{
    boolean    rotate;
    int        shapenum;    // 화면에 렌더링할 스프라이트
    int        tictime;     // 이 상태에 머무는 기간
    void    (*think) (),(*action) ();
    struct    statestruct    *next;
} statetype;
```

서 있는 위치의 경비병은 항상 같은 상태를 유지한다(next는 자신을 가리킨다).

```
statetype s_grdstand = {true,SPR_GRD_S_1,0,T_Stand,NULL,&s_grdstand};
```

다음처럼 추적과 같은 일부 상태의 연쇄는 훨씬 더 복잡하다.

```
statetype s_grdchase1 ={truc,SPR_GRD_W1_1,10,T_Chase,NULL,&s_grdchase1s};
statetype s_grdchase1s={true,SPR_GRD_W1_1,3,NULL,NULL,&s_grdchase2};
statetype s_grdchase2 ={true,SPR_GRD_W2_1,8,T_Chase,NULL,&s_grdchase3};
statetype s_grdchase3 ={true,SPR_GRD_W3_1,10,T_Chase,NULL,&s_grdchase3s};
statetype s_grdchase3s={true,SPR_GRD_W3_1,3,NULL,NULL,&s_grdchase4};
statetype s_grdchase4 ={true,SPR_GRD_W4_1,8,T_Chase,NULL,&s_grdchase1};
```

> 가장 큰 축 변위를 먼저 고려하느냐 아니면 가장 작은 축 변위를 먼저 고려하느냐와 같이, 주인공에게 접근하기 위한 결정 방식에 따라 〈울펜슈타인 3D〉의 적들은 다르게 느껴졌습니다. 가까운 곳으로부터 거리를 좁히는 방식은 제복 입은 군인들이 멀리 떨어진 곳에서 당신을 향해 정렬하게 만들었으므로 주인공이 사격하기 쉬웠습니다. 먼 곳부터 거리를 좁히는 방식은 장교가 총알을 피하는 듯 불규칙적인 대각선으로 당신을 향해 접근하게 만들었습니다.
>
> – 존 카맥

보스를 포함한 모든 유형의 적마다 자체적인 상태 머신을 가진다. 적들은 종종 행동(그 예로 T_Stand와 T_Path)을 공유하지만 때로는 독자적으로 행동하기도 한다.

적을 흥미롭게 만드는 요소는 T_Stand를 통해 서 있는 상태에서 공격적으로 변하도록 자극하는 방식이다. 주인공을 감지하는 방법은 다음의 세 가지다.

- 근접
- 목격
- 소음

가장 중요한 자극이자 인공지능이 '똑똑하다고' 느끼게 만드는 요소는 단연코 소음에 대한 반응이다.

4.7.10.1 소리 전파

게임 초반, 적들이 총성에 반응하고 소음의 원천을 찾는다는 것을 플레이어에게 가르친다. 소리는 경험에서 필수적인 부분이며 이를 사실적으로 전파하기는 어렵다.

플러드 필flood fil 알고리즘을 사용할 수도 있었지만 속도가 느렸다. 작업 속도를 높이기 위해 지도를 사전에 처리했다. 각 객실은 구역을 구분했다. 런타임에서 엔진은 영역을 연결하는 포털 배열을 유지 관리하고 문을 열거나 닫을 때 포털 배열을 갱신했다. 적이 주인공의 총소리를 들을 수 있는지 판단하기 위해서는 테이블에서 간단한 조회 과정만 거치면 됐다.

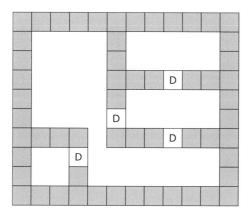

그림 4-59 TED5로 만든 지도로서 오디오 전파를 위한 전처리 전후를 비교. 처리 후 각 블록은 특정 영역에 속해야만 한다.

	0	1	2	3	4
0	-	0	0	0	0
1	0	-	0	0	0
2	0	0	-	0	0
3	0	0	0	-	1
4	0	0	0	1	-

엔진은 런타임에서 포털 메트릭스를 최신으로 유지한다. 문이 열리고 닫힐 때마다 배열 `areaconnect[][]`를 갱신하고 `areabyplayer[]` 배열을 `areabyplayer[player.tile]` = 1부터 시작해 재귀적으로 채운다. 주인공이 영역 4에 있고 문을 영역 3 방향으로 연다면 `areabyplayer[]`는 아래처럼 보일 것이다.

0	1	2	3	4
0	0	0	1	1

X 지역의 적이 주인공의 소리를 들을 수 있는지 판단하려면 `areabyplayer[X]`라는 간단한 조회로 가능하다.

```
#define NUMAREAS    37

byte    far areaconnect[NUMAREAS][NUMAREAS];
boolean  areabyplayer[NUMAREAS];
```

4.7.10.2 소리 전파 막기

완벽한 소리 전파는 단순한 모델이다. 총이 발사되면, 소음을 들을 수 있는 모든 적들이 "아흐퉁(주의)Achtung!"이라고 외치며 소음의 원점을 향해 모여들 것이다. 소리는 상당히 빠르게 전파될 것이다. 디자이너들은 게임을 더 매끄럽게 만들기 위해, 인공지능을 좀 더 똑똑하게 보이도록 만드는 해킹 기법을 도입했다.

지도 E1M1의 게임 초반에 완벽한 예시가 있다.

이 시점에서 주인공은 적들이 충격에 반응해 원점을 향해 이동한다는 사실을 알게 되었다. 이 방에 들어와서 경비병을 처리할 때, 주인공은 이곳이 안전하다고 자연스럽게 생각한다. 다른 적들과 마주칠 수 없도록 경계가 쳐진 구역이기 때문이다. 그렇지 않다면 벌써 시야에 적이 들어왔거나 최소한 시끄럽게 소리를 질렀을 것이라고 생각하기 때문이다.

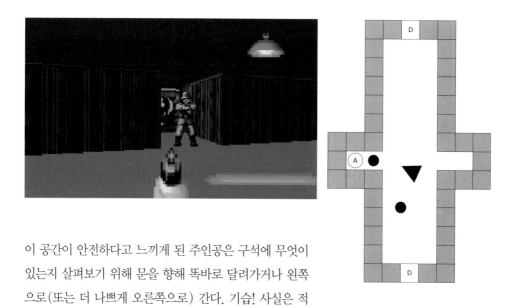

이 공간이 안전하다고 느끼게 된 주인공은 구석에 무엇이 있는지 살펴보기 위해 문을 향해 똑바로 달려가거나 왼쪽으로(또는 더 나쁘게 오른쪽으로) 간다. 기습! 사실은 적이 '숨어' 있었다. 이 동작은 'AMBUSH(매복)'로 표시된 특수 타일 덕분에 가능하다. 엔진이 특수 타일 위에 서 있는 액터들에게는 소리를 전파하지 않은 탓이다.

매복은 아마도 가장 서림하게 구현 가능한 기능일 것이나. 그러나 이 기능이 사람들의 정신을 바짝 차리게 만들었다는 사실에는 모두가 동의할 것이다.

다음과 같이 공식 힌트 매뉴얼에 매복을 위한 행동이 설명되어 있다.

> 적마다 당신의 존재를 알고 난 다음에 자신의 다음 행동을 지시하는 특정 명령이 내려져 있습니다. 몇몇은 즉시 공격하도록 명령을 받고, 다른 몇몇은 시각적인 접촉에만 반응하도록 훈련을 받았습니다.
>
> – 케빈 클라우드

버그든 기능이든 매복 타일의 경비병은 주인공을 목격한 후에만 반응한다. 다른 액터가 바로 앞에서 죽는다고 하더라도 매복한 경비병은 활성화되지 않는다.

4.7.10.3 순찰

액터는 '조우path' 모드에서 순찰을 시뮬레이션한다. 이 과정에 경로 찾기는 없다. 모든 순찰은 단순히 액터의 방향을 바꾸는 중간 지점waypoint들을 통해 이뤄진다. 액터는 '방향 변경' 타일을 밟으면 해당 방향으로 벽에 닿을 때까지 계속 직진한다. 모든 중간 지점은 지도 디자이너가 TED5를 사용해 수동으로 배치한다.

중간 지점 시스템은 독일 셰퍼드(다음 그림에서 'D'로 표시)의 흥분해 날뛰는 모양새를 시뮬레이션하기 위해 E1M1과 같은 레벨에서 창의적으로 사용되었다. 다음 그림은 [그림 4-43] 지도의 오른쪽 날개 부분인데, 개가 원을 그리며 지그재그로 달리는 것처럼 보이도록 중간 지점 8개가 표시되어 있다.

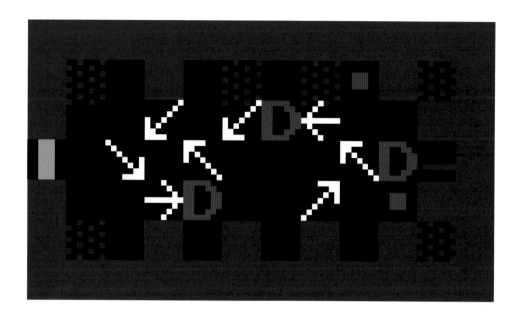

4.8 오디오와 심장박동

오디오와 심장박동 시스템은 나머지 프로그램과 동시에 실행된다. 다중 프로세스나 스레드를 지원하지 않는 운영체제에서는 인터럽트를 사용해 정상 실행을 중지하고 본래의 줄기를 벗어나 작업을 수행한다.

하드웨어를 구성할 때 하드웨어 인터럽트를 정기적으로 트리거하도록 만드는 것이 핵심이다. 프로그래머블 인터럽트 컨트롤러programmable interrupt controller(PIC)가 이 하드웨어 인터럽트를 포착해 소프트웨어 인터럽트로 변환한다. 소프트웨어 인터럽트 ID는 엔진에 속한 함수를 찾기 위해 벡터에서 오프셋으로 사용된다. 이 시점에서 CPU는 3D 렌더러를 실행할 가능성이 있는 모든 작업을 수행하지 못하게 중지(다시 말해 인터럽트)하고 ISR의 실행을 시작한다. 이제 두 시스템이 병렬적으로 실행된다.

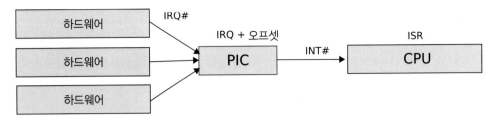

그림 4-60 하드웨어 인터럽트는 PIC를 통해 소프트웨어 인터럽트로 변환된다.

인터럽트는 다양한 소스에서 지속적으로 트리거되므로, ISR은 IRQ[interrupt request][25] 실행 중에 인터럽트가 발생할 경우 어떻게 해야 할지를 선택해야 한다. 여기에는 두 가지 옵션이 있다. ISR은 실행하는 데 오랜 시간이 걸리므로 인터럽트 마스크 레지스터[interrupt mask register](IMR)를 통해 다른 IRQ를 비활성화하기로 결정할 수 있다. 이런 옵션은 키보드 또는 마우스 입력과 같은 중요한 정보를 누락하는 문제를 일으킨다.

ISR은 다른 IRQ를 마스크하는 대신, 즉시 처리하지 않으면 데이터를 잃을지도 모르는 더 중요한 인터럽트의 발생을 지연시키지 않도록 최대한 빠르게 작업을 처리하는 방식을 선택할 수도 있다.

〈울펜슈타인 3D〉는 후자의 접근 방식을 사용하며 ISR의 작업을 매우 작고 짧게 유지한다. 이와 같은 효과를 얻기 위해 오디오와 심장박동 시스템의 모든 구현은 어셈블리로 작성되며 '무거운' 처리 과정은 피한다.

4.8.1 IRQ와 ISR

IRQ와 ISR 시스템은 주기적 타이머[programmable interval timer](PIT)인 인텔 8254와 PIC인 인텔 8259라는 칩 2개에 의존한다. PIT는 사각파에서 진동하는 수정 발진자를 특징으로 한다. 각 주기마다 세 카운터가 감소한다. 카운터 #2는 '메모리 새로 고침' 기능을 자동으로 수행하기 위해 램에 연결된다.[26] 카운터 #1은 버저에 연결되어 사운드를 생성한다. 카운터 #0은 PIC에 연결되어 있다. 카운터 #0이 0에 도달하면 IRQ를 생성해 PIC로 보낸다.

---

25 장치가 CPU에 인터럽트 신호를 보낼 수 있는 하드웨어 라인
26 주기적인 새로 고침이 없으면 DRAM은 내용을 잃어버린다. 이 과정이 느리기 때문에 캐시 시스템에서는 SRAM을 선호한다.

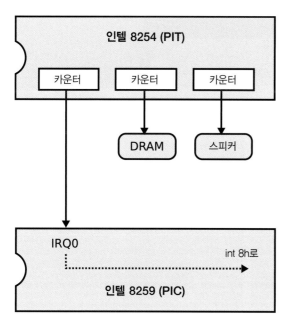

그림 4-61 PIT와 PIC의 상호작용

PIC의 하드웨어 IRQ0~IRQ7은 오프셋 8에서 시작하는 인터럽트 벡터에 매핑된다(그 결과로 소프트웨어 인터럽트 INT08~INT0F에 매핑됨).

인터럽트 벡터 테이블 항목	유형
00h	CPU 0으로 나누기
01h	디버그 한 단계
02h	마스크 불가능한 인터럽트
03h	디버그 브레이크포인트
04h	정수 오버플로
05h	BIOS가 제공하는 화면 인쇄 루틴
06h	예약
07h	예약
08h	IRQ0, 시스템 타이머
09h	IRQ1, 키보드 컨트롤러
0Ah	IRQ2, 둘째 8259를 위한 버스 전파 서비스

인터럽트 벡터 테이블 항목	유형
0Bh	IRQ3, 직렬 포트 COM2
0Ch	IRQ4, 직렬 포트 COM1
0Dh	IRQ5, LPT2, 병렬 포트(XT에서는 HDD)
0Eh	IRQ6, 플로피 디스크 컨트롤러
0Fh	IRQ7, LPT1, 병렬 포트
10h	비디오 서비스(VGA)
11h	장비 점검
12h	메모리 크기 결정

그림 4-62 인터럽트 벡터 테이블(항목 0에서 18까지)

인터럽트 #8은 시스템 타이머와 관련되며 일반적으로 운영체제 클록을 업데이트한다는 사실에 주목하자. 인터럽트 벡터 테이블interrupt vector table(IVT) #8을 중간에 가로챘기에 〈울펜슈타인 3D〉가 실행되는 동안 운영체제 클록은 업데이트되지 않는다. 게임을 종료하면 게임을 실행한 시간만큼 도스가 늦게 실행될 것이다.

이 두 칩을 사용하고 IVT #8에 자체 함수를 배치하면 엔진이 정기적으로 실행을 중지해 나머지 모든 시스템과 동시에 실행되는 하위 시스템을 효과적으로 구현할 수 있다.

엔진은 재생할 사운드/음악 유형에 따라 인터럽트 주기와 함께 어떤 장치를 사용할지 결정할 수 있다. 결과적으로 IVT #8에는 다음과 같은 세 가지 ISR이 있었다.

1. SDL_t0SlowAsmService: 사운드 블라스터의 펄스 폭 변조pulse width modulation(PWM)와 PCM 오디오 효과로 신호음에 대한 사운드 효과를 재생하기 위해 140Hz에서 실행

2. SDL_t0FastAsmService: 애드립에서 FM 음악과 FM 사운드 효과를 재생하고 디즈니 사운드 소스에서 PCM 오디오 효과를 재생하기 위해 700Hz에서 실행

3. SDL_t0ExtremeAsmService: PCM 사운드를 다른 방식으로 재생하기 위해 7000Hz로 실행. 이 모드는 판매된 제품에서 활성화되지는 않았다(4.9.6절 참조).

4.8.2 PIT와 PIC

PIT 칩은 1.193182MHz에서 실행된다. 처음에는 하드웨어 설계자의 이상한 선택인듯 보였지만 논리적으로 근본있는 선택이었다. 최초의 IBM PC 5150이 설계된 1980년, 텔레비전 회로에 사용되는 공통 발진기는 14.31818MHz로 실행되고 있었다. TV 발진기는 대량 생산이 가능해 매우 저렴했기에 PC에 사용할 경우 비용 절감 효과가 있었다. 엔지니어들은 TV 발진기 주변에 PC 타이머를 구축해 CPU의 주파수를 3으로 나눴으며(인텔 CPU가 4.7MHz로 동작한 이유), CGA 비디오 카드의 경우 4로 나눠 3.57MHz로 동작하게 만들었다. 이런 신호를 논리적으로 AND로 결합함으로써 기본 주파수를 12로 나눈 값과 동일한 주파수를 만들었다. 이 주파수가 바로 1.1931816666MHz다. 1991년, 발진기는 훨씬 더 저렴해졌고 어떤 주파수를 사용해도 문제가 없어졌지만 하위 호환성을 위해 이를 계속 유지했다.

4.8.3 심장박동

인터럽트 시스템이 구동될 때마다 오디오 요청을 처리하기 전에 작은 (하지만 가장 중요한) 또 다른 시스템을 실행한다. 이 심장박동 시스템의 유일한 목표는 64비트 변수인 TimeCount를 유지하는 것이다.

```
longword TimeCount;
```

TimeCount는 초당 70의 속도로 업데이트된다(VGA 업데이트 속도와 일치). 이 단위를 '틱tick'이라고 한다. 오디오 시스템의 실행 속도(140Hz부터 7,000Hz까지)에 따라 TimeCount를 얼마나 증가시킬지를 조정한다.

엔진의 모든 시스템은 이 변수를 사용해 보조를 맞춘다. 최소한 틱 하나가 지나갈 때까지는 렌더러가 프레임 렌더링을 시작하지 않는다. AI 시스템은 동작 지속 시간을 틱 단위로 표현한다. 입력 샘플러는 키를 얼마나 오래 눌렀는지 확인하며, 나머지 다른 모든 시스템도 마찬가지다. 사람과 상호작용하는 모든 시스템은 TimeCount를 사용한다.

4.8.4 오디오 시스템

오디오 시스템은 처리 가능한 오디오 장치의 파편화로 인해 복잡하다. 1990년대 초는 윈도우 95가 DirectSound라는 공통 API하에서 모든 오디오 카드를 통합하기 전이었다. 개발 스튜디오마다 자체적인 추상화 계층을 작성해야만 했으며 이는 이드 소프트웨어에게도 예외 없이 적용됐다. 고수준에서, 사운드 관리자는 두 가지 범주(사운드용과 음악용)로 구분된 얇은 API를 제공한다.

```
void      SD_Startup(void);
void      SD_Shutdown(void);

[...]
[...]

boolean SD_PlaySound(soundnames sound);
boolean SD_PositionSound(int leftvol,int rightvol);
void      SD_SetPosition(int leftvol,int rightvol);
void      SD_StopSound(void);
void      SD_WaitSoundDone(void);
word      SD_SoundPlaying(void);
word      SD_SetSoundMode(SDMode mode);

void      SD_StartMusic(MusicGroup far *music);
void      SD_MusicOn(void);
void      SD_MusicOff(void);
void      SD_FadeOutMusic(void);
boolean SD_MusicPlaying(void);
boolean SD_SetMusicMode(Smmode mode);
```

그러나 구현에는 네 가지 사운드 출력을 위해 I/O 포트에 직접 접근하는 함수의 미로가 존재한다. 애드립, 사운드 블라스터, 부저, 디즈니 음원이 바로 그것이다. 이들은 지원되는 세 가지 사운드 생성기 그룹인 FM 신디사이저, PCM, PWM 중 하나에 속한다.

4.8.5 음악

음악 재생은 그다지 지저분할 게 없었다. 야마하 YM3812 FM 신디사이저가 달린(즉 애드립이나 사운드 블라스터를 갖춘) PC에서만 음악 트랙을 재생하게 하면 됐기 때문이다. 사운드 블라스터가 애드립과 호환되는 프로그래밍 인터페이스를 만들었으므로 두 카드는 단일 코드 경로를 따랐다. 음악이라는 특정 작업에 맞춰 제대로 설계된 하드웨어를 사용하므로 마법은 없다. 그러나 몇 가지의 요령은 존재했다.

음악 시스템은 사운드 카드를 통해 데이터를 스트리밍한다. 1990년대 음악은 오늘날의 CD 또는 MP3와 같이 디지털화된 형식이 아니었다(저장 공간과 대역폭이 너무 많이 소요될 것이므로). 대신 음악은 악기를 흉내 내는 채널에서 연주되는 일련의 음표로 저장되었다. 사용되는 형식은 악명 높은 MIDI와 비슷했지만 몇 가지 변형이 있었고 IMF라고 불렸다. 이는 이드 소프트웨어가 소유한 형식으로 OPL2를 염두에 두고 설계되었다(기본 형식은 변환 없이 애드립/사운드 블라스터 신디사이저로 바로 전송이 가능한 형식이다). IMF에서는 하드코딩된 재생 속도를 따르며 700Hz에서 악보를 재생한다.

하드웨어 제약으로 인한 특징이 작곡을 할 때 드러났다. OPL2에는 9개의 채널(다시 말해 악기)이 있지만 작곡가 보비 프린스는 채널 1에서 8까지만 사용하라는 요청을 받았다. 채널 0을 언제나 사용할 수 있도록 유지하는 이러한 요령은, 애드립 카드에서 음악과 사운드 효과를 다중화multiplexing할 수 있게 지원한다(사운드 블라스터는 사운드를 다르게 재생한다).

4.8.5.1 OPL2/YM3812 프로그래밍

OPL2 출력 프로그래밍은 상당히 난해했다. 애드립과 크리에이티브는 SDK를 제공했지만 비쌌다. 문서는 드물었고 종종 암호처럼 보였다. 오늘날에도 두 회사의 SDK는 찾기가 매우 어렵다.

OPL2는 악기를 흉내 낼 수 있는 채널 9개로 구성된다. 각 채널은 발진기 2개로 구성된다. 변조기는 출력을 반송파의 입력으로 공급한다. 채널마다 주파수와 엔벨로프(고조율, 감쇄율, 지속 수준, 소실율, 비브라토로 구성[27])를 포함한 개별 설정이 있다. 또한 각 발진기는 파형을 선택할 수도 있다. 이런 특징으로 인해 YM3812을 사용했다면 누구나 쉽게 인식할 수 있는 사운드를 제공하게 된다.

....

27 옮긴이_ 자세한 내용은 다음을 참고. *https://comdoc.tistory.com/entry/MIDI-%EA%B4%80%EB%A0%A8-%EC%9A%A9%EC%96%B4-%ED%95%B4%EC%84%A4*

이 모든 채널을 제어하기 위해 개발자는 OPL2의 내부 레지스터 244개를 구성해야 한다. 이들 레지스터는 모두 외부 I/O 포트 2개를 통해 접근한다. 포트 하나는 카드의 내부 레지스터를 선택하기 위한 것이고 다른 포트 하나는 데이터를 읽거나 쓰기 위한 것이다.

```
0x388 - 주소/상태 포트 (R/W)
0x389 - 데이터 포트 (W/O)
```

애드립이 출시된 1986년, 개발자들은 '최대한 빠르게' 데이터를 전송하라는 지시를 받았다. 4.77MHz에서는 PC가 애드립을 따라잡을 수 없었다. 그러나 CPU가 빨라짐에 따라 문제가 발생하기 시작했고 이번에는 애드립이 CPU를 따라잡을 수 없게 되었다.

> 원래의 애드립 매뉴얼(출시 전)은 어떠한 지연도 요구하지 않았습니다. 오리지널 IBM PC(4.77MHz)는 카드를 능가하지 못했습니다. 애드립이 출시될 무렵에 제조사는 우리에게 IN 명령어를 한 번만 수행하게 지시했지만, 새로운 고속 프로세서가 나올 때마다 제조사는 초기 권장 사항에 약간의 지연을 추가했습니다. 구식 8088 CPU는 요즘 요구되는 35 IN 명령으로 작동하지 않았으며 기계를 느리게 만들었기에 다른 작업을 수행할 수 없었습니다.[28]
>
> — 제이슨 린하트Jason Linhart, 마이크로매직MicroMagic의 창립자이자 선임 프로그래머

나중에 프로그래밍 가이드는 신뢰할 수 있는 사양으로 개정되었다.

> 주소 지정을 위해 3.3μs, 데이터를 위해 23μs 동안 기다린다.
>
> — 애드립 매뉴얼

엔진은 OPL2의 세부 사항에 대해 알지 못한다. 여기에는 추상화 계층 또는 변환이 존재하지 않는다. IMF 곡은 OPL2의 레지스터와 데이터 포트에 쓸 값을 정확하게 포함하는 일련의 메시지로 구성된다. 각 메시지는 4바이트다.

---

28 출처 http://www.oldskool.org/guides/oldonnew/sound

```
struct music_packet {
    char reg;      // 레지스터 포트로 전송
    char data;     // 데이터 포트로 전송
    int delay;     // 대기 시간
}
```

reg 바이트는 포트 0x388로 전송되고 data 바이트는 0x389로 전송되며 delay 2바이트는 다음 레지스터/데이터를 카드로 보내기 전에 대기 시간이 얼마인지를 알려주기 위해 사용된다. 스트림은 700Hz로 하드코딩되고 지연은 이 단위로 표시된다. 700이라는 값은 다른 명령을 보내기 전 1,000ms 동안 대기하는 것을 의미한다. 음악이 재생될 때마다 엔진은 700Hz 정도에서 작동한다. 값이 0이면 다음 메시지를 즉시 보내야만 한다.

IMF를 통해 거의 모든 것이 선행처리 되었기에 음악 실행은 전반적으로 간단했다. 오디오 시스템이 깨어날 때마다, 음악 패킷을 보내야만 하는지 점검한 다음 패킷을 전송하고 사운드 효과로 넘어갔다.

4.9 사운드 효과

사운드 효과는 작업이 복잡해지는 지점이다. 어떤 사운드 카드도 같은 형식을 사용하지 않으며 오디오 구성도 다양하다. 섹션 3개로 구성된 사운드 설정 화면은 사운드 효과가 얼마나 복잡한지 보여주는 단적인 예다.

토막상식

다음 그림에서 사운드 설정 화면이 어떻게 중복되는지에 주목하자. 예를 들어 사운드 블라스터는 'Sound Effects(사운드 효과)' 섹션과 'Digitized Sound(디지털화된 사운드)' 섹션에 모두 표시되므로 두 번 선택할 수 있다. 이런 현상은 선택한 조합으로 인한 결과를 불명확하게 만든다.

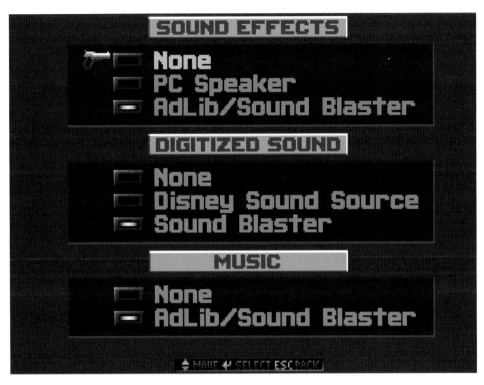

그림 4-63 중첩된 오디오 설정

사운드는 세 가지 형식으로 저장된다.

1. PC 스피커
2. 애드립
3. 사운드 블라스터/디즈니 사운드 소스

세 형식 모두 MUSE로 만든 **AudioT** 아카이브에 패키징되어 있다. 사운드는 형식별로 분리되어 있지만 항상 같은 순서로 저장된다. 이런 식으로 STARTPCSOUNDS + sound_ID 또는 STARTADLIBSOUNDS + sound_ID를 사용해 세 가지 형식으로 사운드에 접근할 수 있다.

이상하게도 PC 스피커와 애드립 사운드만 *AUDIOT.** 파일에 저장된다. 디지털화된 사운드는 *VMSWAP.** 아카이브에 있다. 결과적으로 오프셋 STARTDIGISOUNDS는 결코 사용되지 않는다. 해당 코드 작성자에게 질문을 했지만 그 이유를 기억하지 못했다.

```
// /////////////////////////////////////////////
//
// MUSE Header for .SDM
// Created Thu Aug 27 07:12:39 1992
//
// /////////////////////////////////////////////

#define STARTPCSOUNDS      0
#define STARTADLIBSOUNDS  81
#define STARTDIGISOUNDS  162
#define STARTMUSIC       243

// 사운드 이름과 색인
typedef enum {
    HITWALLSND,         // 0
    MISSILEHITSND,      // 1
    [...]
    DEATHSCREAM1SND,    // 29
    GETMACHINESND,      // 30
    GETAMMOSND,         // 31
    SHOOTSND,           // 32
    HEALTH1SND,         // 33
    HEALTH2SND,         // 34
    BONUS1SND,          // 35
    BONUS2SND,          // 36
    BONUS3SND,          // 37
    /* */
    ANGELTIREDSND,      // 80
    LASTSOUND
} soundnames;

// 음악 이름과 색인
typedef enum {
    XFUNKIE_MUS,        // 0
    DUNGEON_MUS,        // 1
    XDEATH_MUS,         // 2
    [...]
    XTOWER2_MUS,        // 23
    LASTMUSIC
} musicnames;
```

4.9.1 사운드 효과: 애드립

애드립에는 FM 신디사이저만 있으며 채널 0에서 사운드가 재생된다. 앞서 설명한 바와 같이 IMF를 통해 음악과 동일한 방식으로 사운드를 재생한다.

4.9.2 디즈니 사운드 소스 시스템: PCM

디즈니 음원은 한 가지 기능만 가지기 때문에 프로그램이 단순하다.[29] 단일 채널에서 7,000Hz로 8비트 PCM 오디오를 재생하는 것이 전부이다. 데이터는 병렬 포트를 통해 장치로 공급되고 16바이트 FIFO 대기열에 저장되며 통합 스피커에 연결된 8비트 DAC에 데이터를 공급한다.

샘플링 속도가 7,000Hz이지만 사운드 시스템은 이런 고주파에서 작동할 필요가 없다. 16바이트 버퍼는 700Hz에서 실행될 수 있으며 순회할 때마다 9~10바이트 묶음을 전송한다. 오디오 시스템이 깨어날 때마다 DAC 상태를 읽어 FIFO에서 소비된 바이트 수를 점검한다. 엔진은 FIFO가 가득 찰 때까지 최대한 많은 바이트를 밀어 넣고 반환한다. FIFO가 비면 디즈니 소스는 소음 생성을 멈춘다.

4.9.3 사운드 블라스터 시스템: PCM

사운드 블라스터는 7,000Hz PCM도 지원하므로 디즈니 사운드 소스와 동일한 사운드 효과 파일을 사용한다. 그러나 DMA가 가능한 DSP 또한 사운드 블라스터의 특징이다. 결과적으로 CPU는 데이터 전송 주기를 낭비하지 않아도 된다. 오디오 시스템은 할 일이 거의 없으며 140Hz에서 '느린' 모드로 작동할 수 있다. DMA 루틴 콜백을 통해 16K 세그먼트의 끝을 통과할 때마다 DMA가 올바른 메모리 주소를 가리키도록 깨운다.

---

29 디즈니 음원에 대한 프로그래머 지침서는 고작 2페이지다!

4.9.4 사운드 블라스터 프로 시스템: 스테레오 PCM

2.4.3절에서 설명한 '고급' 사운드 블라스터 프로에 탑재된 믹서는 3D 사운드를 시뮬레이션할 때 사용된다. 먼저 4.7.5절에서 설명한 공식으로 사운드 소스를 회전한다. 주인공의 위치는 두 감쉿값(0과 15 사이)을 생성하는 데 사용되며, 감쉿값은 바이트로 압축되어 믹서로 전송된다. 볼륨의 차이는 사운드 원점이 180도 내의 어딘가에 위치했다고 인식하도록 우리의 귀를 속인다.

```
#define    sbOut(n,b)     outportb((n) + sbLocation,b)

#define    sbpMixerAddr    0x204
#define    sbpMixerData    0x205

//  사운드 블라스터 프로 믹서 주소
#define    sbpmVoiceVol    0x04

static void SDL_PositionSBP(int leftpos,int rightpos) {
    byte    v;

    if (!SBProPresent)
        return;

    leftpos = 15 - leftpos;
    rightpos = 15 - rightpos;
    v = ((leftpos & 0x0f) << 4) | (rightpos & 0x0f);

    asm    pushf
    asm    cli

    sbOut(sbpMixerAddr,sbpmVoiceVol);
    sbOut(sbpMixerData,v);

    asm    popf
}
```

토막상식

사운드 블라스터 카드를 연결하는 것만으로는 소리가 나지 않는다. 윈도우 95에서 'P&P plug&play'가 도입되기 이전이었다. 사용자는 PC의 시작 명령(autoexec.bat)에 다음과 같은 특수 행을 작성해야만 했다.

```
SET BLASTER=A220 I5 D1
```

위 명령은 엔진이 런타임에 getenv를 사용해 검색하고 구문을 분석하기 위해 변수 BLASTER를 정의한다. A는 카드가 사용 중인 포트를 나타낸다. I는 관련된 인터럽트 벡터, D는 데이터 전송에 사용할 DMA 채널을 지정한다. 이 모두가 제대로 작동하기 위해서는 점퍼 커넥터를 통해 사운드 카드를 적절히 구성해야만 했다. 소스 코드에서 SDL_SBPlaySeg와 ISR SDL_SBService를 참고하자.

4.9.5 PC 스피커: 사각파

2장에서 사운드 효과의 문제에 대해 설명했다. 기본 PC 스피커는 사각파만 생성할 수 있으므로 게인에 부적합한 긴 신호음이 발생했다. 이를 해결하기 위혜 PC 스피커를 반복 모드로 설정하고 1/140초마다 주파수를 변경해 선율을 근사화했다. 신호가 단순한 사인 곡선을 예로 들면 이해가 쉽다.

그림 4-64 원래의 소리

그림 4-65 사각파와 주파수 변경으로 비슷하게 근사화한 소리

이를 위해 오디오 시스템은 다시 한 번 PIT 칩셋에 의존한다. 카운터 0은 오디오 시스템을 기동할 때 사용된다. 카운터 1은 주기적으로 램을 새로 고칠 때 사용된다. 하지만 카운터 2는 PC 스피커에 직접 연결되어 있다. 여기서는 PIT 카운터 2를 사각파 모드(모드 3)로 설정해 오디오 시스템을 반복적으로 기동하여 원하는 사각파 주파수를 프로그래밍하는 기법을 사용했다.

모드	유형
0	터미널 카운터에서 인터럽트
1	하드웨어로 다시 일으킬 수 있는 일회성 인터럽트
2	출력 조절 발생기
3	사각파 발생기
4	소프트웨어로 비롯된 점멸
5	하드웨어로 비롯된 점멸

그림 4-66 PIT 카운터의 사용 가능한 모드

PC 스피커 사운드 효과를 재생하도록 지시하면, 오디오 시스템은 스스로를 PIT 카운터 0을 통해 140Hz에서 실행되도록 설정한다. 매번 실행될 때마다 다음 1/140초 동안 유지하기 위해 주파수를 읽고 카운터 2에 기록한다. 사용할 주파수는 바이트 스트림으로 인코딩하며 그 값은 다음과 같이 디코딩한다.

```
frequency = 1193181 / (value * 60)
```

어셈블리에서 I/O 포트 세 곳에 접근한다.

```
#define pcTimer    0x42
#define pcTAccess 0x43
#define pcSpeaker 0x61
```

훌륭한 최종 결과는 아니지만, 삑삑거리는 경고음보다는 훨씬 낫다.

토막상식

루카스아츠는 〈원숭이 섬〉 시리즈에서 놀랍도록 좋은 결과를 얻었다. 'LGR-PC 오디오의 진화'라는 이름의 영상을 참고하자.[30]

```
MACRO DOFX
  les di,[pcSound]      ; PC 사운드 효과
  mov ax,es
```

----

30 https://www.youtube.com/watch?v=a324ykKV-7Y

```
or ax,di
jz @@nopc                 ; PC 사운드 효과 없음

mov bl,[es:di]            ; 바이트 얻기
inc [WORD PTR pcSound]    ; 포인터 증가
cmp [pcLastSample],bl     ; 이 샘플이 마지막과 동일한가?
jz @@pcsame               ; 그렇다면 아무 일도 하지 않는다
mov [pcLastSample],bl     ; 아니라면 다음을 위해 저장

or bl,bl
jz @@pcoff                ; 0이면 사운드 끄기
xor bh,bh
shl bx,1
mov bx,[pcSoundLookup+bx] ; 참조로 바이트 사용

mov al,0b6h               ; 채널 2 (스피커) 타이머 선택
out pcTAccess,al
mov al,bl
out pcTimer,al            ; 하위 바이트
mov al,bh
out pcTimer,al            ; 상위 바이트

in al , pcSpeaker         ; 스피커와 게이트 켜기
or al ,3
out pcSpeaker ,al
```

주파수를 구하는 과정에서 * 60을 계산하는 대신 참조하는 방식에 주목하자. 엔진은 램을 조금 더 사용해 CPU 시간을 최대한 절약하려 한다. 참조 테이블 pcSoundLookup에서 주파수를 읽는다.

```
word        pcSoundLookup[255];
```

b6(10110110)을 PIC 명령 레지스터로 전송하는 방식에 주목하자.

- 10 = 목표 카운터 2
- 11 = 갱신될 카운터의 상위 바이트와 하위 바이트
- 011 = 사각파 발생기
- 0 = 16비트 모드

4.9.6 PC 스피커: PCM

소스 코드에는 PC 스피커를 통해 PCM 디지털 사운드를 재생하는 오디오 코드 경로가 존재한다. SDL_PlayDigiSegment 함수에는 재생 경로를 라우팅하는 스위치가 있다. PCM을 버저에서 재생하도록 SDL_PCPlaySample로 이끄는 경로에 주목하자.

```
void SDL_PlayDigiSegment(memptr addr,word len) {
    switch (DigiMode)
    {
    case sds_PC:  // 결코 사용되지 않음 :(
        SDL_PCPlaySample(addr,len);  break;
    case sds_SoundSource:
        SDL_SSPlaySample(addr,len);  break;
    case sds_SoundBlaster:
        SDL_SBPlaySample(addr,len);  break;
    }
}
```

이 방법의 문제점은 8비트 샘플을 1비트 DAC에 맞추는 방법을 찾는 것이다. 8비트짜리 샘플 6,896개로 구성된 디지털화된 사운드 'Mein Leben'[31]의 예를 들어보자.

그림 4-67 'Mein Leben' PCM 8비트. 각 음절을 명확하게 구분할 수 있다.

오디오 시스템은 놀랍도록 직관적인 해법을 제공한다. 스스로를 7,000Hz에서 실행되도록 설정하고 양자화를 사용해 256의 값을 1 또는 0으로 매핑하는 방법으로 스피커의 진동판을 수동으로 이동시킨다.

----

31 옮긴이_ 독일어로 '내 인생(my life)'을 뜻한다.

```
PROC    SDL_t0ExtremeAsmService
PUBLIC  SDL_t0ExtremeAsmService
   ...

   les di,[pcSound]          ; 바이트를 얻기 위한 준비
   mov ax,es
   or  ax,di
   jz  @@donereg             ; 널 포인터

   mov bl,[es:di]            ; PCM 바이트 얻기
   inc [WORD PTR pcSound]    ; 포인터 증가

   and bl,11100000b          ; 정밀도를 줄이기 위해 폭격
                             ; ( DEBUG: 테이블로 이런 작업을 수행 )
   xor bh,bh
   mov ah,[pcdtab+bx]        ; 바이트 변환

   in al,pcSpeaker
   and al,11111100b
   or  al,ah
   out pcSpeaker,al
```

SDL_t0ExtremeAsmService는 8비트 값을 가져와 이 값을 **00** 또는 **01**로 변환해 I/O 포트 **61h**에서 비트 1을 보낸다. 비트 1이 1로 설정되면 스피커 진동판이 높은 위치로 이동하고, 0으로 설정되면 낮은 위치로 이동할 것이다.

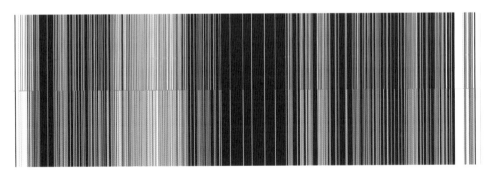

그림 4-68 'Mein Leben'이 1비트로 다시 샘플링된 모습

'Mein Leben' PCM 샘플당 1비트의 시각적 표현은 으깬 감자처럼 보이지만 놀랍도록 훌륭하다. PCM 재생이 가능한 엔진을 다시 컴파일한 열정적인 유튜버 데이프 앨런Dafe Allen 덕분에 오늘날에도 이를 들을 수 있다.[32]

그럴싸하게 들리는 코드 경로가 출시되었지만 활성화되지는 못했다. 존 카맥에 따르면 과부하는 상당히 심각한 문제였다. 짐 레너드Jim Leonard는 상세한 설명을 제공했다.

> SDL_t0ExtremeAsmService가 필요한 경우 PC 스피커를 통한 PCM 재생이 중단될 수 있습니다. 디즈니 사운드 소스에는 16바이트 버퍼가 있었지만 PC 스피커에는 없었습니다. 충분히 빠르게 데이터를 제공하기 위해서는 7,000Hz에서 인터럽트 오디오 시스템을 실행하는 방법이 유일했습니다.
>
> 고급 386은 이를 처리할 수 있지만 286에서는 지속이 불가능했습니다. 병렬 포트로 데이터를 전송하는 데는 많은 시간이 걸리지 않았지만 인터럽트 과부하가 발생했고 12MHz 286에서 7,000Hz는 확실히 눈에 띄었습니다.
>
> 이 정도의 높은 주파수에서 실행하면 샘플이 스피커를 통해 재생되는 동안 (느린 기계라면) 게임이 정지될 위험성이 있었습니다.
>
> – 짐 레너드

4.9.7 PC 스피커: PWM

〈울펜슈타인 3D〉에서 사용하지 않은 방식임에도 불구하고, 해커가 PC 스피커를 통해 그럴싸한 사운드를 재생할 수 있는 세 번째 방법을 언급할 가치가 있다. 이 방법은 사각파와 1비트 변환보다 우수한 오디오 품질을 제공했다. 이를 PWM이라고 한다.

스피커 진동판을 수동으로 조작하여 가능한 한 빨리 움직이도록 지시한 후, 위아래 위치 사이의 '어딘가'에 멈추게 하는 아이디어다.

---

32 〈울펜슈타인 3D〉 해킹' 영상을 참고. https://www.youtube.com/watch?v=1BtlsjJRnFU

이 기술은 액세스 소프트웨어가 특허(US US5054086 A)를 냈으며 '리얼사운드^{RealSound}'라고 불렸다. 1980년대에 여러 스튜디오에서 이 기술에 대한 라이선스를 공여받았지만, 1990년대 초 FM과 PCM 기능을 갖춘 전용 사운드 카드가 출현한 이후로 리얼사운드는 구식 기술이 되었다.

> PC 스피커는 일반적으로 2단계 출력만으로 사각파를 재생합니다(스피커는 일반적으로 0V와 5V 라는 두 전압 수준만으로 구동). 그러나 짧은 펄스(즉, 한 출력 레벨에서 다른 출력 레벨로 이동한 다음 처음으로 되돌아가는 방법)를 신중하게 타이밍하고 스피커의 물리적인 필터링 속성(제한된 주파수 응답, 자체 인덕턴스 등)에 의존하는 방식을 통해, 최종 결과는 중간 사운드 레벨에 해당되었습니다. 이는 스피커가 조잡한 6비트 DAC로 기능하도록 만들었고 PCM 오디오 재생에 가까운 결과를 얻을 수 있었습니다. 이러한 기술을 PWM이라고 합니다.
>
> – 짐 레너드, *oldskool.org*

다음 그림은 스피커 진동판을 원래보다 더 빨리 움직이도록 명령하면 중간 위치에 자리 잡을 수 있음을 보여준다.

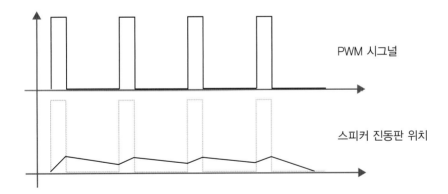

PWM 시그널

스피커 진동판 위치

4.10 사용자 입력

마이크로소프트가 윈도우 95에서 다이렉트인풋^{DirectInput} API을 사용해 모든 사용자 입력을 처리하기 전까지는 개발자가 지원을 원하는 각 입력 유형에 맞춰 드라이버를 직접 작성해야만 했다. 여기에는 물리적 포트에서 공급 업체 프로토콜로 하드웨어와 직접 통신하는 내용도 포함되었다. 키보드는 PS/2 또는 AT 포트에, 마우스는 직렬 포트(DE9)에, 조이스틱은 게임 포트(DA-15)에 연결되었다.

4.10.1 키보드

키보드는 표준적이고 오래된 입력 매체이므로 접근하기 매우 쉽다. 키를 누르면 인터럽트가 벡터 인터럽트 테이블의 ISR로 라우팅된다. 엔진은 여기에 자체 ISR을 설치한다.

```
#define KeyInt    9 // 키보드 ISR 번호

static void INL_StartKbd(void) {
  INL_KeyHook = NULL;  // 키 후크 루틴 없음

  IN_ClearKeysDown();

  OldKeyVect = getvect(KeyInt);
  setvect(KeyInt,INL_KeyService);
}

static void interrupt INL_KeyService(void) {
  byte  k;
  k = inportb(0x60);  // 스캔 코드를 얻는다

  // XT 키보드 컨트롤러에게 키를 지우도록 요청한다
  outportb(0x61,(temp = inportb(0x61)) | 0x80);
  outportb(0x61,temp);

  [...] // 스캔 코드를 처리한다
  Keyboard[k] = XXX;

  outportb(0x20,0x20); // 시스템을 인터럽트하기 위한 인터럽트 ACK
}
```

키보드의 상태는 전체 엔진이 조회할 수 있는 전역 배열 Keyboard에 유지된다.

```
#define NumCodes  128
boolean   Keyboard[NumCodes];
```

4.10.2 마우스

마우스에 접근하려면 드라이버를 로드해야 했다. 도스는 마우스 드라이버를 기본으로 제공하지 않았다. 마우스 드라이버는 일반적으로 공급 업체가 제공한 플로피 디스크에 들어 있었다. 램에 상주하도록 *MOUSE.COM*(또는 *MOUSE.SYS*)을 *config.sys*에 추가해야만 했다. 이 드라이버 파일은 일반적으로 *DOS* 폴더에 저장되었더.

```
C:\DOS\MOUSE.COM
```

드라이버는 대략 5KiB 정도의 램을 사용한다. 드라이버가 로드된 후 모든 상호작용은 소프트웨어 인터럽트 0x33에서 발생한다. 이 인터페이스는 레지스터 AX에 요청을 담고 레지스터 CX, BX, DX에 응답을 담는 방식으로 동작한다. 볼랜드 컴파일러에서 지원하는 간편 구문 _{syntactic sugar}을 사용하면 반복적인 문구를 거의 사용하지 않고서도 쉽게 작성할 수 있다(_AX와 같은 공동의 특수 키워드 덕분에 레지스터에 직접 접근할 수 있음에 주목하자).

```
#define MouseInt  0x33
#define Mouse(x)  _AX = x,geninterrupt(MouseInt)

static void INL_GetMouseDelta(int *x,int *y) {
  Mouse(MDelta);
  *x = _CX;
  *y = _DX;
}
```

요청	유형	응답
AX = 0	상태 얻기	AX = FFFFh: 사용 가능, AX = 0: 사용 불가
AX = 1	포인터 보여주기	
AX = 2	포인터 감추기	
AX = 3	마우스 위치	CX = X 좌표, DX = Y 좌표
AX = 3	마우스 버튼	BX = 1(왼쪽 버튼 누름), BX = 2(오른쪽 버튼 누름), BX = 3(중간 버튼 누름)
AX = 7	수평 한계 설정	CX=MaxX1, DX=MaxX2
AX = 8	수직 한계 설정	CX=MaxY1, DX=MaxY2

그림 4-69 마우스 요청/응답

4.10.3 조이스틱

조이스틱과의 모든 상호작용은 I/O 포트 **0x201**을 통해 진행된다. 조이스틱 2개를 함께 연결할 수 있으며 두 조이스틱의 상태가 한 바이트에 들어간다.

```
word INL_GetJoyButtons(word joy){
  register  word  result;

  result = inportb(0x201); // 모든 조이스틱 버튼을 얻는다
  result >>= joy? 6 : 4;   // 조이스틱 A와 B에 맞춰 비트를 시프트한다
  result &= 3;             // 불필요한 비트를 가린다
  result ^= 3;
  return(result);
}
```

비트 번호	의미
0	조이스틱 A, X축
1	조이스틱 A, Y축
2	조이스틱 B, X축
3	조이스틱 B, Y축
4	조이스틱 A, 버튼 1
5	조이스틱 A, 버튼 2
6	조이스틱 B, 버튼 1
7	조이스틱 B, 버튼 2

그림 4-70 조이스틱 샘플링 비트와 의미

처음에는 API가 깨끗하게 보이며 각 버튼이 눌렸는지 여부를 나타내는 비트와 연관되어 있다. 그러나 자세히 살펴보면 축당 하나의 정보 비트만 있음을 알 수 있고, 이는 조이스틱의 위치를 인코딩하기에 충분하지 않다. 이 비트는 사실 아날로그 입력을 디지털 값으로 변환할 수 있는 플래그다. 이해를 돕기 위해 세부 사항을 파헤쳐보자.

조이스틱 하드웨어에서 각 축은 100kΩ 가변저항potentiometer에 연결된다. 허용된 5V 전압은 스틱 위치에 따라 가변 전류를 생성한다(옴의 법칙Ohm's law에서 $I = V/R$).

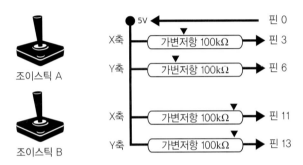

그림 4-71 조이스틱 2개와 가변저항 4개가 게임 포트 핀에 연결된다.

조이스틱 하드웨어에서 전류를 전달하는 각 핀은 단조다중발진기monostable multivibrator(충전되었으면 1을 출력하고 충전 중일 때 0을 출력하는 축전기의 복잡한 이름)에 연결된다. 발진기가 충전하는 데 걸리는 시간을 측정해 조이스틱 위치를 추론하는 아이디어다. 강한 전류는 약한 전류보다 축전기를 빠르게 충전한다.

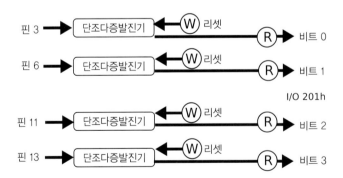

그림 4-72 각 가변저항은 충전 상태에 따라 0 또는 1을 출력할 수 있는 축전기에 연결된다.

다음의 3단계를 통해 CPU에서 조이스틱의 위치를 검색할 수 있다.

1. ⓦ를 I/O 포트 201h에 쓴다. 이렇게 하면 모든 축전기가 방전될 것이다.

2. 카운터를 0으로 초기화하고 201h에서 ⓡ을 읽는다. 모든 비트 0−4는 0과 같다.

3. 계속해서 반복하며(또는 안전 조치로 카운터 == 0xFFFF까지) 순회할 때마다 카운터를 증가시킨다. 1로 뒤집어질 때, 각 비트에 대한 카운터 값을 저장한다.

286 CPU에서 조이스틱/축전기 위치에 따라 카운터 값의 범위는 7부터 900 사이가 된다. 루프를 더 빠르게 실행하는 386 CPU에서는 값이 더 높아진다. 따라서 측정된 값은 최솟값, 최댓값과 비교할 경우에만 조이스틱 위치로 변환될 수 있다.

조이스틱을 캘리브레이션calibration해야 하는 이유가 여기에 있다. 정확한 위치가 필요한 1990년대 비행 시뮬레이터의 경우, 사용자에게 조이스틱을 왼쪽 상단 위치에 놓고(양 축의 가변저항을 최소 저항으로 설정하기 위함이다) 버튼을 눌러 '루프 카운트loop count'를 읽을 수 있게 요청했다. 그런 다음 오른쪽 하단 위치에서 작업을 반복해 시스템이 이 조이스틱/CPU 조합에 대한 최소와 최대 '루프 카운트'를 알도록 했다.[33]

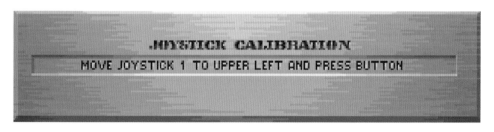

그림 4-73 〈스트라이크 커맨더〉 타이틀 화면에서 조이스틱을 캘리브레이션할 수 있다.

〈울펜슈타인 3D〉에서는 엔진 시동 과정에서 루프 카운트를 샘플링하며 조이스틱이 중립 위치에 있다고 가정했기 때문에 캘리브레이션 과정이 없다. 게임이 실행되고 조이스틱 위치가 필요할 때 엔진은 루프 카운트를 샘플링하고 카운트를 중립에서 측정한 값과 비교한다. 각 축에

33 트러스트마스터(Thrustmaster)의 마크−1 FCS와 CH의 플라이트 스틱 프로는 1990년대에 나온 최고의 비행 게임용 컨트롤러였다. 두 회사는 하나의 컨트롤러를 위해 모든 비트를 사용해 네 가지 뷰 변환을 위한 추가 2축과 함께 버튼 4개가 달린 장치를 제공했다. 자세한 내용은 다음을 참고. https://en.wikipedia.org/wiki/Joystick

서 정확한 조이스틱 위치를 계산하기 위해서는 충분하지 않지만 >, ==(작은 차이를 무시하기 위해 엡실론 사용), < 비교 연산을 사용해 위/아래, 왼쪽/오른쪽을 결정하는 수준까지는 충분했다.

4.11 속도 높이는 기법

이 절에서는 렌더링 속도를 높이는 데 사용되는 임의의 기법을 설명한다. 간단하게 사전 계산된 cos/sin 테이블에서부터 엔진에서 가장 아름다운 해킹 중 하나인 선형 되먹임 시프트 레지스터에 이르기까지 다양하다.

4.11.1 cos/sin 테이블 참조

cos과 sin은 부동 소수점 계산과 관련된 비싼 연산이다. 런타임에서 cos와 sin이 광범위하게 사용된다. 계산 속도를 높이기 위해 엔진은 시작 과정에서 참조 배열(각도 하나당 값 하나)을 생성하고 이를 캐시한다. 램을 절약하기 위해 수학 속성($\cos(X) = \sin(X+90)$)을 사용하는 대신, 다음 sin 테이블을 재사용하는 방법으로 cos 메서드 호출 360개와 램 240바이트를 절약한다.

```
#define ANGLES    360
fixed far sintable[ANGLES+ANGLES/4];
far *costable = sintable+(ANGLES/4);
```

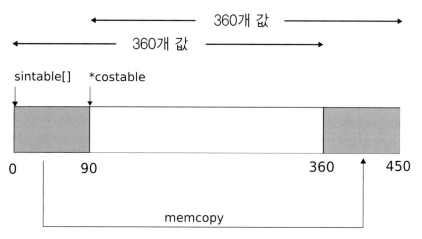

그림 4-74 cos 참조 테이블을 완성하기 위해 회색 영역의 sin 값 90개가 배열 끝에 중복된다.

4.11.2 피즐페이드

대부분의 화면 전환은 팔레트를 이동해 서서히 검은색으로 바꾸는 방식으로 수행하지만, 피즐페이드fizzlefade로 화면을 전환하는 두 가지 상황이 있다.

- 주인공이 죽을 때
- 보스를 죽일 때

피즐페이드 효과는 글로 설명하기 어렵다. 책의 내용을 보충하는 웹사이트[34]의 비디오를 보면 훨씬 더 명확해진다. 독자의 쉬운 이해를 돕기 위해 이후 페이지에 스크린샷을 실었다.

전환하는 동안 화면의 각 픽셀은 주인공이 죽을 때 빨간색으로, 보스를 죽일 때 파란색으로 바뀐다. 각 픽셀은 한 번만 처리되며 무작위로 보인다. 바뀌는 영역은 일정한 속도로 증가하는데, 이는 기본 알고리즘이 이미 처리한 픽셀을 다시 처리하려고 '시도'하지 않음을 의미한다.

---

34 자세한 내용은 다음을 참고. *http://fabiensanglard.net/fizzlefade/*

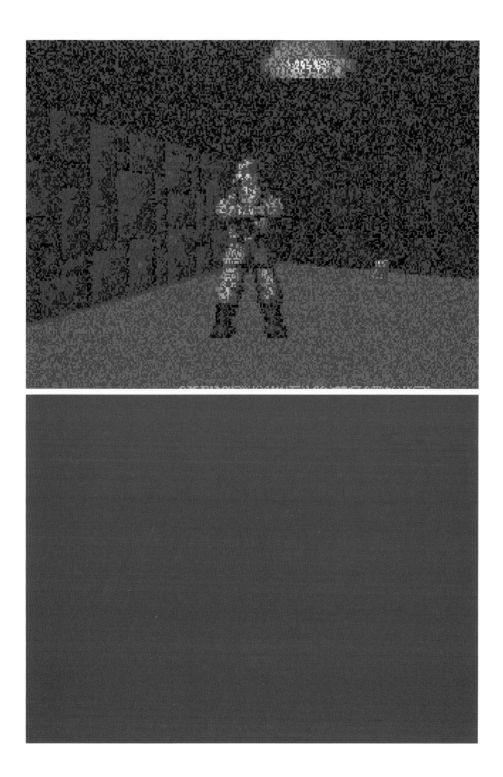

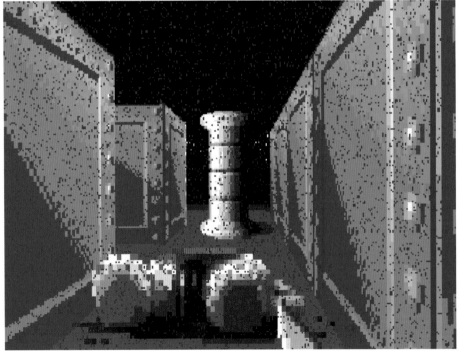

이 효과를 구현하기 위한 본질적인 접근 방식은 의사 난수 생성기 **US_RndT**를 사용하여 어떤 픽셀이 피즐페이드로 처리되었는지 추적하는 방식이 될 것이다. 그러나 이것은 지속 시간과 관련해 화면 전환을 비결정적으로 만들며 동일한 픽셀 좌표 (X, Y)가 여러 차례 나타날 수 있기 때문에 CPU 사이클을 낭비한다.

의사 난수 생성기를 구현하는 더 빠르고 우아한 방법이 있다. 이 효과를 책임지는 코드는 **id_vh.cpp**의 **FizzleFade** 함수에서 찾을 수 있다. 저음에는 농작 원리가 냉확하시 않은 듯 보인다.

```
boolean FizzleFade {
  long rndval = 1;
  int x,y;
  do{
    // 난수값을 x/y 쌍으로 분리
    asm mov ax,[WORD PTR rndval]
    asm mov dx,[WORD PTR rndval+2]
    asm mov bx,ax
    asm dec bl
    asm mov [BYTE PTR y],bl // 하위 8 bits - 1 = y
    asm mov bx,ax
    asm mov cx,dx
    asm mov [BYTE PTR x],ah // 다음 9 bits = x
    asm mov [BYTE PTR x+1],dl

    // 다음 난수 항목으로 이동
    asm shr dx,1
    asm rcr ax,1
    asm jnc noxor
    asm xor dx,0x0001
    asm xor ax,0x2000
  noxor:
    asm mov [WORD PTR rndval],ax
    asm mov [WORD PTR rndval+2],dx

    if (x>width || y>height) continue;

    copy_screen_pixel(x,y);

    if (rndval == 1) return false;  // 마지막 순서
  } while (1)
}
```

위 코드는 다음과 같이 이해할 수 있다.

- rndval을 1로 초기화한다.
- 8 + 9비트로 분해한다. 8비트를 사용해 Y 좌표를 생성하고 9비트를 사용해 X 좌표를 생성한다. 이 픽셀을 빨간색으로 바꾼다.
- rndval을 연속적으로 XOR한다.
- rndval 값이 어떤 식으로든 1로 돌아갔다면 멈춘다.

위 과정은 흑마법처럼 느껴진다. rndval가 어떻게 값 1로 돌아갈까? 이는 선형 되먹임 시프트 레지스터$^{linear\ feedback\ shift\ register}$(LFSR) 기술을 통해 가능해진다. 레지스터 하나를 사용해 상태를 저장하고 다음 상태를 생성하며 값도 생성하는 아이디어다. 다음 값을 얻으려면 오른쪽으로 시프트한다. 최상위 비트가 사라지므로 왼쪽에 새로운 비트가 필요하다. 이 새로운 비트를 생성하기 위해 레지스터는 값을 XOR하고 새로운 비트 값을 생성하기 위해 비트 오프셋인 '탭'을 사용한다. 피보나치 표현은 탭이 2개 있는 간단한 LFSR을 보여준다.

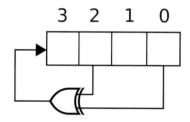

위에 묘사된 레지스터는 원래 상태로 돌아가기 전에 값을 6개 생성할 수 있다. 다음은 모든 값의 목록이다.

```
* *    ¦  value
====================
0001   ¦   1
1000   ¦   8
0100   ¦   4
1010   ¦   A
0101   ¦   5
0010   ¦   2
0001   ¦   1 -> CYCLE
```

탭을 나앙하게 배열하면 나른 수열이 생성될 것이나. 4비트 레지스터의 경우 수열 크기의 최댓값은 16−1 = 15다(0에는 도달할 수 없음). 비트 0과 1의 탭으로 이를 달성할 수 있다. 이를 '최대 길이' LFSR이라고 부른다.

```
  **      |   value
===================
 0001     |    1
 1000     |    8
 0100     |    4
 0010     |    2
 1001     |    9
 1100     |    C
 0110     |    6
 1011     |    B
 0101     |    5
 1010     |    A
 1101     |    D
 1110     |    E
 1111     |    F
 0111     |    7
 0011     |    3
 0001     |    1 -> CYCLE
```

순환하기 전까지 15개 숫자를 거쳤다.

〈울펜슈타인 3D〉는 탭 2개와 17비트 최대 길이 LFSR을 사용해 일련의 의사 난수 값을 생성한다. 각 반복마다 만들어지는 17비트 중 9비트를 사용해 X 좌표를 생성하고, 8비트를 사용해 Y 좌표를 생성한다. 대응하는 픽셀이 화면에서 빨간색 혹은 파란색으로 바뀐다.

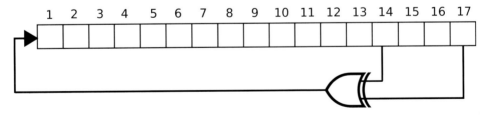

그림 4-75 17비트 최대 LFSR(피보나치 표현)

피보나치 표현Fibonacci representation은 일반적인 아이디어를 이해하는 데 도움이 된다. 그러나 LFSR은 소프트웨어에서 일반적으로 구현되는 방식이 아니다. 그 이유는 탭 수에 따라 선형으로 확장되기 때문이다. 탭 4개를 사용하면 3개의 순차적 XOR 연산이 필요하다.

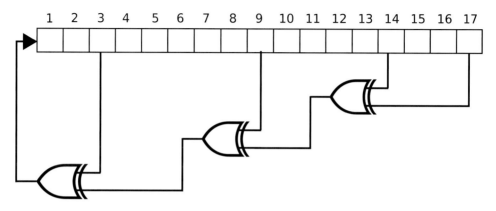

그림 4-76 17비트 레지스터에서 탭 4개. XOR마다 명령어가 필요

LFSR을 표현하는 '갈루아Galois'라는 다른 방법이 있으며, 탭 수에 관계없이 한 번의 XOR 연산이 가능하다. 〈울펜슈타인 3D〉가 LFSR을 구현하고 결정적인 지속 시간 동안 320×200 = 64,000픽셀을 정확히 한 번 기록하는 방법이다.

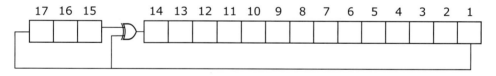

그림 4-77 갈루아 표현은 탭 수에 관계없이 하나의 XOR 연산을 허용한다. 구성은 [그림 4-75]와 같다.

> **참고** 이런 효과는 개별적으로 픽셀을 그리는 방식으로 작동하므로 개발자가 게임을 하드웨어 가속 GPU로 이식하려고 할 때 복제가 어려웠다. 최대 길이 LFSR 탭 구성이 320×200보다 높은 해상도에 도달하는 〈Wolf4SDL〉을 제외하고는 어떤 이식도 피즐페이드를 복제하지 못했다.

> **참고** 17비트의 탭 구성은 순환 전에 131,072 값을 생성한다. 320×200 = 64,0000이므로 16, 15, 13, 4라는 탭(갈루아 표기법에서)과 함께 16비트 최대 길이 레지스터로 구현할 수 있었다.

4.11.3 팔레트

게임의 그래픽 능력은 제한됐지만 동시에 팔레트 시스템이 강자로 변모했다. 아이템을 획득할 때의 흰색, 부상을 입을 때의 빨간색, 2D 메뉴 사이에서 전환할 때의 검은색으로 화면을 쉽게 전환할 수 있었다. 전체 화면을 수정하기 위해서는 256×3 = 768바이트와 768개의 out 명령어가 필요하다.

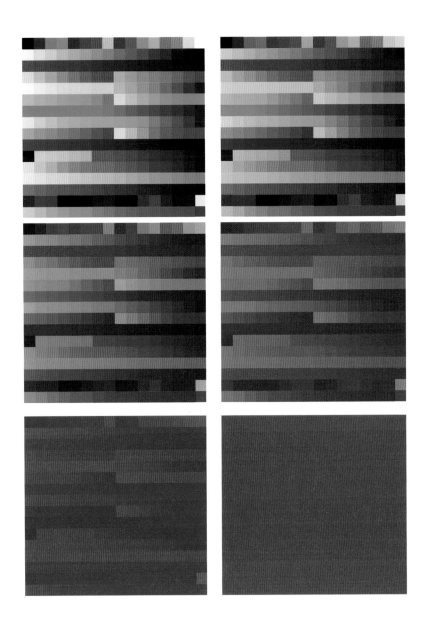

팔레트를 빠르게 업데이트하는 빠른 경로는 `rep outsb` 명령어이다(역설적이게도 CPU가 VGA 프로세서만큼 느릴 경우에만 작동한다). 지원되지 않는 경우에는 루프 펼치기[35]를 사용한다.

```
/*
=================
= VL_SetPalette
= 빠른 팔레트 설정을 테스트하고, 이를 사용한다
= (몇몇 카드는 outsb 팔레트 설정을 좋아하지 않는다)
=================
*/

void VL_SetPalette (byte far *palette) {
    asm mov dx,PEL_WRITE_ADR
    asm mov al,0
    asm out dx,al
    asm mov dx,PEL_DATA
    asm lds si,[palette]

    asm test  [ss:fastpalette],1
    asm jz slowset
// 받아들일 수 있는 카드를 위해 팔레트를 빠르게 설정한다
    asm mov cx,768
    asm rep outsb
    asm jmp done

// 몇몇 비디오 카드를 위해 팔레트를 천천히 설정한다
slowset:
    asm mov cx,256
setloop:
    asm lodsb
    asm out dx,al
    asm lodsb
    asm out dx,al
    asm lodsb
    asm out dx,al
    asm loop  setloop

done:
    asm mov ax,ss
    asm mov ds,ax
}
```

---

35 옮긴이_ out 명령어 3개로 풀어낸 후 256회를 반복하는 방법. 총 768번 수행한 결과와 동일해진다.

4.12 의사 난수 생성기

난수는 정확도를 기준으로 적을 명중시킬 수 있는지 계산하는 작업을 비롯해, 실행 중에 벌어지는 많은 작업에 필요하다. 이것은 사전에 계산해 놓은 256개 의사 난수 수열로 가능해진다.

```
rndindex dw ?

rndtable

db     0,    8, 109, 220, 222, 241, 149, 107,  75, 248, 254, 140,  16,  66
db    74,   21, 211,  47,  80, 242, 154,  27, 205, 128, 161,  89,  77,  36
db    95,  110,  85,  48, 212, 140, 211, 249,  22,  79, 200,  50,  28, 188
db    52,  140, 202, 120,  68, 145,  62,  70, 184, 190,  91, 197, 152, 224
db   149,  104,  25, 178, 252, 182, 202, 182, 141, 197,   4,  81, 181, 242
db   145,   42,  39, 227, 156, 198, 225, 193, 219,  93, 122, 175, 249,   0
db   175,  143,  70, 239,  46, 246, 163,  53, 163, 109, 168, 135,   2, 235
db    25,   92,  20, 145, 138,  77,  69, 166,  78, 176, 173, 212, 166, 113
db    94,  161,  41,  50, 239,  49, 111, 164,  70,  60,   2,  37, 171,  75
db   136,  156,  11,  56,  42, 146, 138, 229,  73, 146,  77,  61,  98, 196
db   135,  106,  63, 197, 195,  86,  96, 203, 113, 101, 170, 247, 181, 113
db    80,  250, 108,   7, 255, 237, 129, 226,  79, 107, 112, 166, 103, 241
db    24,  223, 239, 120, 198,  58,  60,  82, 128,   3, 184,  66, 143, 224
db   145,  224,  81, 206, 163,  45,  63,  90, 168, 114,  59,  33, 159,  95
db    28,  139, 123,  98, 125, 196,  15,  70, 194, 253,  54,  14, 109, 226
db    71,   17, 161,  93, 186,  87, 244, 138,  20,  52, 123, 251,  26,  36
db    17,   46,  52, 231, 232,  76,  31, 221,  84,  37, 216, 165, 212, 106
db   197,  242,  98,  43,  39, 175, 254, 145, 190,  84, 118, 222, 187, 136
db   120,  163, 236, 249
```

각각의 항목마다 두 가지 목적이 있다. 0~255[36] 범위의 정수이며, 다음 호출을 위해 가져올 다음 항목의 색인이기도 하다. 전반적으로 255개로 구성된 항목의 연결 리스트로 작동한다. 의사 난수 수열은 엔진 시동 과정에서 현재 시각을 256으로 나눈 나머지를 사용해 초기화된다.

---

36 적어도 의도된 범위대!

랜덤 테이블은 심지어 값을 섞지도 않습니다. 테이블에 1은 없고 2가 두 번 존재한다는 사실에 주목하세요. 작은 C 프로그램에서 256개의 난수를 저장하는 방법으로 테이블을 빌드했습니다. 물론 나쁜 방법이지만요!

– 존 카맥

```
; ===============================================
;
;
; void US_InitRndT (boolean randomize)
; RND 생성기에 기반하여 테이블을 초기화
; randomize가 false면 카운터를 0으로 설정
;
;
;===============================================

PROC US_InitRndT randomize:word

  uses si,di
  public US_InitRndT

  mov ax,SEG rndtable
  mov es,ax

  mov ax,[randomize]
  or ax,ax
  jne @@timeit  ; randomize가 true면 진짜 난수

  mov dx,0     ; 확실한 값으로 설정
  jmp @@setit

@@timeit:
  mov ah,2ch
  int 21h       ; GetSystemTime
  and dx,0ffh

@@setit:
  mov [es:rndindex],dx
  ret

ENDP
```

의사 난수 생성기는 마지막 색인을 **rndindex**에 저장한다. 새로운 숫자를 요청하면 새로운 값을 간단하게 찾아 **rndindex**를 갱신한다.

```
;============================================
;
; int US_RndT (void)
; 0부터 255까지 난수값을 반환
; 반환 : AX = 값
;
;============================================
PROC   US_RndT
  public   US_RndT

  mov ax,SEG rndtable
  mov es,ax
  mov bx,[es:rndindex]
  inc bx
  and bx,0ffh
  mov [es:rndindex],bx
  mov al,[es:rndtable+BX]
  xor ah,ah
  ret

ENDP
```

256개 값으로 구성된 의사 난수 수열은 8비트 최대 길이 LFSR(8,6,5,4)로 생성될 수 있다. 당시 LFSR 관련 문헌은 찾기 어려웠으며, 16비트 최대 길이 레지스터를 위한 올바른 탭을 찾기 위해 노력하는 건 가치 없는 일이었다.

4.13 성능

속력을 높이는 기법과 최적화에 대해 모두 설명했지만 게임이 1990년대 초반에 나온 컴퓨터에서 얼마나 잘 실행될지 궁금하지 않은가? 사실 과거의 컴퓨터 대부분이 사라진 지금, 이에 대해 쉽게 말하기는 어렵다. 다행히도 짐 레너드와 포원 튜링의 개인 컬렉션과 '초당 프레임 수'를 표시하는 〈울펜슈타인 3D〉의 개조 버전 덕분에 [그림 4-78]과 같은 숫자를 구할 수 있었다.

단언컨대, PC에서 CPU 다음으로 중요한 구성 요소는 VGA 카드이다. 시러스 로직^{Cirrus Logic} 램은 빠른 쓰기(그리고 느린 읽기)를 위해 최적화되어 있었기에 성능을 크게 끌어올릴 수 있었다. 나쁜 VGA 카드가 장착된 386DX-40은 좋은 VGA 카드가 장착된 386SX-16과 같은 수준으로 성능을 발휘할 수 있었다. 마찬가지로 VGA 카드를 업그레이드하면 386DX-40의 성능을 두 배까지 끌어올릴 수 있었다.

CPU	MHz	캐시	오디오	VGA 카드	버스	평균 fps
286	6MHz	0	애드립	허큘레스 VGA	8	5
286	12MHz	0	애드립	파라다이스 PGVA1A	16	7
286	25MHz	0	ESS1868	시러스 로직 5420	16	19
386SX	16MHz	0	없음	오크 테크놀로지 OTIVGA	16	10
386SX	16MHz	0	없음	ATI VGA 원더	16	10
386SX	16MHz	0	없음	ATI VGA 원더	8	10
386SX	16MHz	0	없음	챙 랩스 et300ax	8	11
386SX	16MHz	0	없음	트라이던트 Tvga8900c	16	12
386SX	16MHz	0	없음	헤드랜드 테크 GC208-PC	16	13
386SX	16MHz	0	없음	시러스 로직 AGVA3M-C03	16	14
386SX	40MHz	0	없음	ATI VGA 원더	16	16
386SX	40MHz	0	없음	ATI VGA 원더	8	16
386SX	40MHz	0	없음	챙 랩스 et300ax	8	17
386SX	40MHz	0	없음	오크 테크놀로지 OTIVGA	16	17
386SX	40MHz	0	없음	트라이던트 Tvga8900c	16	21
386SX	40MHz	0	없음	헤드랜드 테크 GC208-PC	16	24
386SX	40MHz	0	없음	시러스 로직 AGVA3M-C03	16	26
386SX	40MHz	0	사운드 블라스터	ATI VGA 원더	8	16
386SX	40MHz	0	사운드 블라스터	ATI VGA 원더	16	17
386SX	40MHz	0	사운드 블라스터	오크 테크놀로지 OTIVGA	16	17
386SX	40MHz	0	사운드 블라스터	챙 랩스 et300ax	8	18
386SX	40MHz	0	사운드 블라스터	트라이던트 Tvga8900c	16	21
386SX	40MHz	0	사운드 블라스터	헤드랜드 테크 GC208-PC	16	21

CPU	MHz	캐시	오디오	VGA 카드	버스	평균 fps
386SX	40MHz	0	사운드 블라스터	시러스 로직 AGVA3M-C03	16	25
386DX	40MHz	128KiB	없음	챙 랩스 et300ax	8	21
386DX	40MHz	128KiB	없음	ATI VGA 원더	16	21
386DX	40MHz	128KiB	없음	ATI VGA 원더	8	21
386DX	40MHz	128KiB	없음	우크 테크놀로지 OTIVGA	16	22
386DX	40MHz	128KiB	없음	트라이던트 Tvga8900c	16	26
386DX	40MHz	128KiB	없음	헤드랜드 테크 GC208-PC	16	32
386DX	40MHz	128KiB	없음	시러스 로직 AGVA3M-C03	16	33
386DX	40MHz	128KiB	사운드 블라스터	ATI VGA 원더	16	20
386DX	40MHz	128KiR	사우드 블라스터	ATI VGA 원더	8	20
386DX	40MHz	128KiB	사운드 블라스터	챙 랩스 et300ax	8	21
386DX	40MHz	128KiB	사운드 블라스터	오크 테크놀로지 OTIVGA	16	21
386DX	40MHz	128KiB	사운드 블라스터	트라이던트 Tvga8900c	16	26
386DX	40MHz	128KiB	사운드 블라스터	헤드랜드 테크 GC208-PC	16	32
386DX	40MHz	128KiB	사운드 블라스터	시러스 로직 AGVA3M-C03	16	34

그림 4-78 컴퓨터당 평균 fps

엔진은 성능 차이를 보완하기 위해 3D 캔버스를 줄여 광선 투사 수와 렌더링 대상 픽셀 수를 줄인다. 최댓값은 광선 304개이며 46,208픽셀로 렌더링되고(304×152), 최솟값은 광선 64개이며 2,432 픽셀로 렌더링된다(64×38).

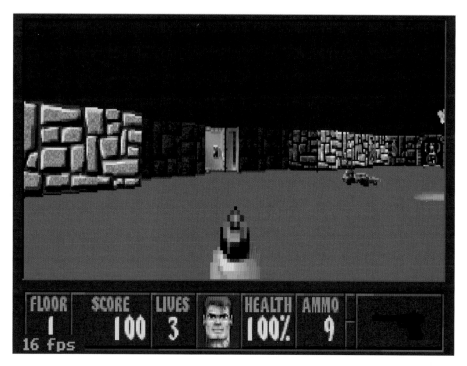

그림 4-79

[그림 4-79]에서 게임은 최대 해상도인 광선 304개, 해상도 304×152로 동작한다. 이 386SX-16MHz는 초당 16프레임을 달성했다.

다음 두 스크린샷에서 3D 캔버스 크기가 줄어들면 프레임 레이트도 향상된다. 광선 224개와 해상도 224×112는 프레임 레이트를 20fps로 높인다. 광선 64개와 해상도 64×38은 프레임 레이트를 최대 52fps까지 높인다.

참고 그림의 'fps' 카운터 기능은 엔진의 일부가 아니다. thandor가 2012년에 추가한 버전이다.

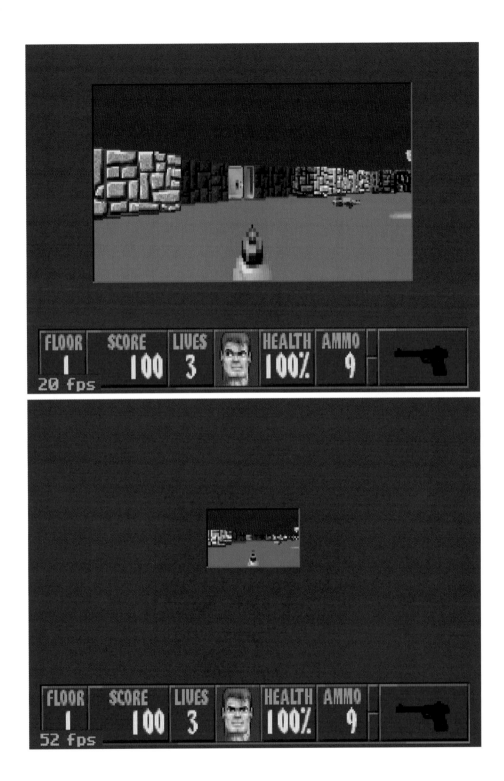

1994년 3D 렐름은 톰 홀이 감독한 〈라이즈 오브 더 트라이어드〉를 출시했다. 이 게임은 고도로 수정된[37] 〈울펜슈타인 3D〉 엔진을 사용하며 동일한 창 크기 조정 시스템을 특징으로 한다. 이 게임은 1990년대 초의 비디오 게임에서 찾을 수 있는 개그 요소인 이스터 에그를 포함하고 있는데, 가장 낮은 설정을 선택한 사용자에게는 어서 486을 구매하라며 조르곤 했다.

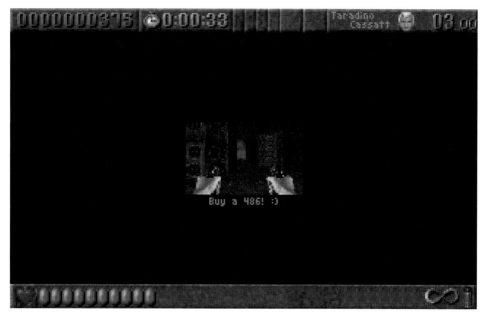

그림 4-80 "486을 구매하세요! :)"

---

37 바닥과 천장의 텍스처, 다양한 벽 높이, 계단, 트램펄린, 심지어 점프까지도 수정되었다.

CHAPTER 5

속편

톰 홀이 서문에서도 언급했듯이 〈울펜슈타인 3D〉는 재정적인 성공을 거뒀다. 각각 10개 레벨로 구성된 여러 에피소드가 있었지만 수많은 팬들을 만족시키기에는 부족했다.

- **에피소드 1**: 울펜슈타인 감옥에서 탈출
- **에피소드 2**: 철권 작전
- **에피소드 3**: 죽음, 총통, 죽음!
- **에피소드 4**: 암흑의 비밀
- **에피소드 5**: 미치광이의 자취
- **에피소드 6**: 대결

이드 소프트웨어는 다른 회사와의 계약을 통해 더 많은 맵을 만들었으며 독자적인 속편도 작업했다.

5.1 운명의 창

이드 소프트웨어가 완전히 독자적으로 작업해 1992년 9월 18일에 출시한 〈운명의 창〉은 〈울펜슈타인 3D〉와 동일한 게임 엔진을 사용했지만 새로운 그래픽, 음악, 레벨을 탑재했다. 〈울펜슈타인 3D〉의 영웅인 B. J. 블라스코비치^{B. J. Blazkowicz}가 겪은 모험을 다루는 전편이며, 21개 레벨로 구성된 추가 에피소드 하나를 포함한다.

그림 5-1 〈운명의 창〉 타이틀 화면

속편 작업은 여러 가지 의미를 가진다.

1. 판매가 원활했기 때문에 매출의 가속도를 활용하지 않는 것은 어리석은 짓이었다.

2. 디자인과 그래픽 팀은 바빴지만, 차세대 엔진과 도구를 구축할 시간을 공학 팀에게 줄 수 있었다.

비록 같은 엔진을 사용했지만 〈운명의 창〉은 여러 면에서 혁신적이었다. 거대하고 투명한 스프라이트를 도입해 초목을 시뮬레이션했으며(이어지는 그림 참고), 각 지도의 부동산을 모두 활용한 영리한 지도 설계로 직교 세계의 제약에서 탈피하려고 시도했다.

아래의 그림에서 '빨간 죽음의 천사red angel of death' 보스는 WW2 시대를 맞이하여 게임의 주제가 얼마나 극적으로 바뀌었는지를 보여준다. '대형 총기류로 무장한 영웅 투사 악마' 테마는 이드 소프트웨어의 다음 게임인 〈둠〉의 초석이 되기도 했다.

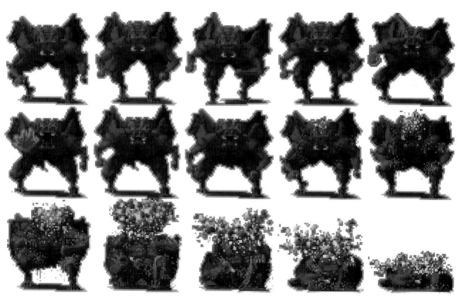

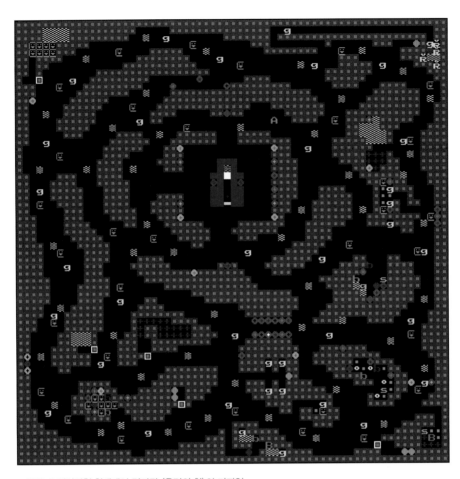

그림 5-2 직사각형 형태에서 멀어진 〈운명의 창〉의 디자인

〈울펜슈타인 3D〉에는 복제 방지 메커니즘이 탑재되지 않았었다. 등록된 버전을 다운 받은 후 플로피를 복제하는 것이 식은 죽 먹기였다. 이 문제를 해결하기 위해 〈운명의 창〉은 1990년대 초반의 전통적인 복제 방지 메커니즘을 탑재했다. 디스크 복제보다도 복사기를 찾는 게 더 어려운 시절이었으므로 게임 매뉴얼 종이를 복사하는 것은 거의 불가능했다. 복제를 방지하기 위해 게임 매뉴얼에 나와 있는 몇 가지 내용을 질문했고, 대답하지 못하면 게임은 시작을 거부했다.[1]

---

1 회사들은 여러 해에 걸쳐 점점 더 정교해진 종이 기반 보호 기능을 출시했다. 루카스아츠의 〈원숭이 섬〉에는 질문과 응답을 105개 생성할 수 있는 '회전 원판'이 포함되어 있었다. 델핀 소프트웨어는 〈007 제임스 본드: 스텔스 어페어〉를 위해 정교한 컬러 드로잉을 사용했다. 그 당시 컬러 복사기는 존재하지 않았다. 〈스트라이크 커맨더〉는 복사가 불가능한 98페이지 분량의 가짜 잡지 『단판 승부(Sudden Death)』와 함께 배포되었다. 자세한 내용은 다음을 참고. *http://fabiensanglard.net/reverse_engineering_strike_commander/docs/StrikeCommanderManual.pdf*

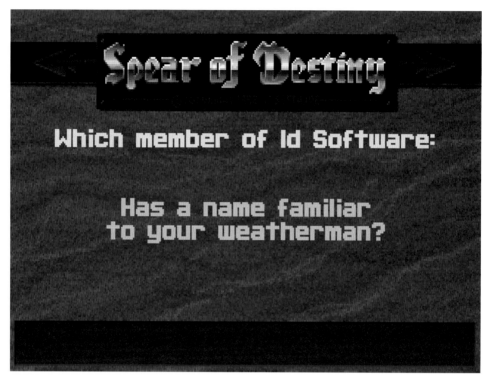

그림 5-3 〈운명의 창〉에 포함된 1990년대의 전통적인 복제 방지 메커니즘

복제 방지 메커니즘에는 (아마도 개인적인 농담인 듯한) 백도어가 들어 있었다.[2]

```
BackDoorStrs[5][16] = {
    "a spoon?",
    "bite me!",
    "joshua",
    "pelt",
#ifdef BETA
    "beta"
#else
    "snoops"
#endif
}
```

----

2   옮긴이_ BETA 매크로는 베타 테스팅 기간인지 확인하는 용도였던 것으로 보인다. 관련 정보는 다음 문서 참고. *https://tcrf.net/Wolfenstein_3D_(DOS)#Beta-testing_message*

각 질문에 대한 정답은 다음과 같았다.

```
GoodBoyStrs[10][40] = {
    "...is the CORRECT ANSWER!",
    "",

    "Consider yourself bitten, sir.",
    "",

    "Greetings Professor Falken, would you",
    "like to play Spear of Destiny?",

    "Do you have any gold spray paint?",
    "",

#ifdef BETA
    "Beta testing approved.",
#else
    "I wish I had a 21\" monitor...",
#endif
    ""
},
```

이는 1984년에 개봉한 스릴러 영화인 〈위험한 게임〉에 대한 오마주였다.

CHAPTER 6

이식

4장에서는 엔진과 PC 하드웨어가 얼마나 밀접하게 결합되어 있는지를 설명했다. VGA, 오디오 시스템 또는 심지어 선형 피드백 시프트 레지스터와 같은 단순한 기법으로 구성된 아키텍처는 386보다 100배 더 강력한 컴퓨터에도 복제가 불가능하다고 판명되었다.

〈Wolf4SDL〉(그리고 여기서 파생된 〈초콜릿 울펜슈타인 3D^Chocolate Wolfenstein 3D〉[1])을 제외하고는 원래의 도스 경험을 완벽하게 복제한 이식은 지금껏 없었다.

6.1 슈퍼 닌텐도

이드 소프트웨어는 1992년 5월 〈울펜슈타인 3D〉를 SNES로 이식한다는 계약을 이미 지니어^Imageneer와 체결했다. 〈둠〉에 중점을 두기 위해 이식 프로젝트의 진행을 하청 계약으로 돌린 것이었고 팀은 이 사실을 잊었

다. 6개월이 지난 후 담당 프로그래머는 납품에 실패했다. 마감일을 맞추기 위해 팀원 모두가 〈울펜슈타인 3D〉 이식 작업에 뛰어들었다.

---

1 옮긴이_ 저자가 직접 만든 버전. *https://github.com/fabiensanglard/Chocolate-Wolfenstein-3D*

재난 발생!

우리 모두가 〈둠〉 작업을 중단해야만 했습니다. 우리가 작업을 맡긴 슈퍼 닌텐도 버전은 완료되지 않았습니다. 이미지니어도 기뻐하지 않았죠. 이식 작업은 여름부터 진행되고 있었기에 대략 9개월이 흘렀고, 이미지니어는 우리에게서 어떤 소식도 듣지 못했으니까요. 외주 개발자는 이식 작업을 진행하고 있었고 우리는 이 개발자를 다독여줄 수 없었습니다. 악몽과도 같았어요. 나른 누군가를 시켜 작업을 마무리할 수 없는 상황이었습니다. 그래서 팀 전체가 〈둠〉 작업을 중단하고 〈올펜슈타인 3D〉를 닌텐도로 이식하기 위해 달려들었습니다. 이식 작업을 끝내는 데에는 3주가 걸렸습니다. 이식 작업에는 쥐들과 녹색 피가 포함되어 있었지요.

– 존 로메로

이드 소프트웨어는 늦은 출시에 대한 지체보상금을 간신히 피할 수 있었다. 이 게임은 1994년 3월에 출시되었다.

포장 상자가 카트리지의 내용물처럼 수수했다. 닌텐도의 '게임 내용 지침'을 준수하기 위해 이드 소프트웨어는 게임의 그래픽을 대폭 변경하고 붉은 피, 개,[2] 제2차 세계대전 당시 나치의 모든 흔적을 제거해야 했다. 기술 측면에서도 흥미로운 점이 있었다.

〈울펜슈타인 3D〉를 SNES로 이식할 때에는 광선 투사 성능 비용이 너무 커서 새로운 벽 확장 렌더러를 만들어야만 했습니다. BSP 트리를 배우니 컬링 문제를 더 정확하게 해결할 수 있었으므로 이는 〈둠〉 렌더러까지 이어졌습니다.

몇 년 후, 저는 〈둠〉 RPG의 모바일 BREW^binary runtime environment for wireless 버전에서 매우 유사한 프로그래밍 절충안을 찾았습니다. J2ME 〈둠 RPG〉는 타일 지도 세계, 텍스처 벽, 단색 바닥, 천장이 있는 〈울펜슈타인 3D〉처럼 보였지만 매우 멋진 벽 확장 렌더러로 완성되었습니다. 〈울펜슈타인 3D〉를 작성한 이후로 한두 가지 배운 것이 있었습니다. ARM 네이티브 코드 BREW 버전의 경우 타일별로 텍스처를 선택해 텍스처로 매핑된 바닥과 천장을 추가하고자 했습니다. 타일 지도를 폴리곤 권선으로 바꾸고 완전히 텍스처 매핑된 폴리곤 래스터라이저를 쓰기 시작했지만, 모바일 렌더러 작업에 투입할 수 있는 시간이 며칠밖에 없었기에, 제한된 시간 내에 확실하게 구현할 수 없을 것이 분명했습니다.

해법은 구현 단순화를 위한 성능 희생이었습니다. 바닥/천장 텍스처로 벽 주위의 빈 픽셀을 채우려 시도하는 대신, 벽을 바닥과 천장 위에 그리기 전에 전체 화면을 바닥과 천장 텍스처로 완전히 도배했습니다. 심지어 바닥/천장 대칭과 고정된 텍스처 크기를 사용하면 픽셀당 타일 지도 조회도 매우 빨라졌습니다. 튼튼하고 균열이 없었으며 할당된 시간 내에 렌더링이 완료되었습니다.

– 존 카맥

광선 투사에서 BSP로 정렬된 벽 확장 래스터화로 핵심 알고리즘을 전환하는 해법은, 게임을 슈퍼 NES에서 실행하기 위해 존 카맥이 사용한 기법이었다. 콘솔 그래픽은 스프라이트 엔진을 기반으로 하므로 1장에서 프레임 버퍼에 대한 〈울펜슈타인 3D〉의 요구 사항을 만족하기 어렵다고 했던 내용을 기억하는지 모르겠다.

....

2 쥐로 대체되었다.

이러한 문제의 해결책으로 SNES 모드 7[3]을 사용한다. 여기서 14×12짜리 타일들로 만들어진 배경 레이어 하나는 모드 7 변환 행렬 덕분에 2배로 확대된 224×192로 112×96 프레임 버퍼를 흉내 낸다. SNES의 PPU^pixel processing unit 스프라이트 엔진은 32×32 타일로 무기와 상태 표시줄을 그리는 데 사용된다.

위의 스크린샷을 보면 스케일링한 흔적이 눈에 띈다. SNES 해상도는 224×192이며 타일을 포함한 3D 화면은 112×80에서 224×160으로 두 배 확대되었다. 상태 표시줄/무기의 크기는 해상도가 높은데, 이는 확대되지 않은 32×32 타일 덕분이다.

....

3 〈슈퍼 마리오〉와 〈에프제로〉에 사용된 것과 동일한 모드 7

6.2 재규어

재규어Jaguar 이식 작업은 1994년, 존 카맥이 '흡혈귀 모드'[4]로 변해 몇 주 안에 완료했다. 240p(NTSC로 인해 흐려진 320×240) 해상도에서 초당 60프레임에 도달할 수 있는 유일한 이식이라는 점과, 화염방사기와 로켓 발사기라는 두 가지 새로운 무기가 소개되었다는 사실에 주목하자.

재규어 하드웨어에 대해서는 존 카맥이 2000년 3월 *slashdot.org*에서 설명했다.

> 메모리, 버스, 블리터bliter,[5] 비디오 프로세서의 폭은 64비트이지만 프로세서(68k와 커스텀 RISC 프로세서 2개)는 32비트였습니다.
>
> 블리터는 수평과 수직 확장을 위한 기본 텍스처 매핑을 수행할 수 있었지만 캐싱이 없었기에 모든 픽셀이 램 페이지 2개를 누락하게 만들었으며 64비트 버스의 1/4만 사용했습니다. 64비트 버퍼 2개는 텍스처 매핑 성능을 3배 향상시킵니다. 불행히도 말입니다.
>
> 재규어는 Z 버퍼와 음영 처리된 삼각형으로 64비트 버스를 더욱 잘 사용할 수 있었지만 이것이 게임을 매력적으로 만들지는 못했습니다.
>
> 재규어는 RGB 대신, 단일 채널을 기반으로 조명 효과를 수행할 수 있는 유용한 색상 공간 옵션을 제공했습니다.
>
> 비디오 합성 엔진은 재규어 콘솔에서 가장 혁신적인 부분이었습니다. 〈울펜슈타인 3D〉의 모든 문자 표시는 블리터 대신 백엔드 스케일러로 수행되었습니다. 그럼에도 불구하고 그 한계와 실패를 겪은 경험은 나에게 마이크로소프트의 (다행히도 취소된) 탤리즈먼Tailsman 프로젝트에 대항할 수 있는 좋은 기회를 주었습니다.
>
> 작은 RISC 엔진은 괜찮은 프로세서였습니다. 업계 규격에 맞는 설계를 사용하지 않았다는 사실에 놀랐지만 기본적으로 정상 동작했습니다. 수정되지 않은 몇 가지 설계 위험 요인(쓰기 후 쓰기)이 존재했지만, 실제로 문제가 되는 유일한 단점은 캐시 대신 임시 메모리가 있었고 주 메모리에서 코

---

4 자세한 내용은 『Computer Gaming World(컴퓨터 게이밍 월드)』 120호를 참고
5 비트맵 복사와 같은 그래픽 연산을 빠르게 만들기 위한 보조 프로세서

드를 실행할 수 없다는 제약이었습니다. 〈둠〉 렌더러를 순차적으로 로드되는 오버레이 9개로 나눠야만 작동했습니다(뒤늦게 깨달았지만, 대략 세 번에 걸쳐 다르게 수행했을 것입니다).

68k는 느렸습니다. 이것이 시스템의 주요 문제였습니다. 쉬운 처리를 위해 68k에서 모든 것을 실행하고 느리게 진행하거나, 아니면 오버레이로 병렬화한 어셈블러 덩어리를 만드느라 진땀을 흘리면서 RISC 프로세서에서 뭔가를 빠르게 돌아가게 만드는 두 가지 선택이 가능했습니다.

이는 플레이스테이션 개발을 위해 많은 노력이 필요한 이유와 같았습니다. 빠른 단일 가속기가 달린 단일 직렬 프로세서처럼 프로그래밍하기 위한 목적이었습니다.

재규어가 68k를 버렸고, RISC 프로세서에 동적 캐시를 제공했고, 블리터에 자그마한 버퍼링이 있었더라면, 소니에 대항하여 치열한 전투를 치뤘을지도 모릅니다.

– 존 카맥

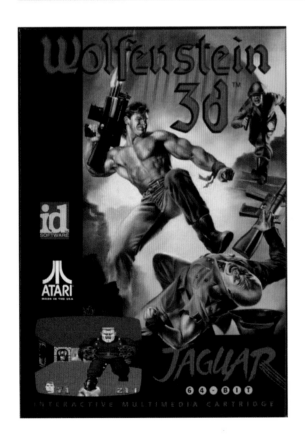

그림 6-1

[그림 6-1]에서 NTSC에서 제정한 표준 4:3 종횡비에 주목하자. 다음 게임을 위해 더 나은 그래픽을 제작했으므로 기관총 스프라이트는 〈울펜슈타인 3D〉 PC 버전에서 가져온 기관총이 아니라 〈둠〉에서 등장한 체인건이었다.

> 재규어 울프는 30fps로 동작했습니다. 어떨 때에는 (저조차도 처음으로 경험한) 60fps 3D 그래픽도 가능했지만 이 정도 성능은 드물었습니다. 갑자기 30fps로 떨어지면 축 처지는 느낌을 줬기 때문에 30fps로 성능을 고정했습니다.
>
> – 존 카맥

그림 6-2 새로운 무기인 화염방사기가 도입되었다.

6.3 아이폰

존 카맥은 〈울펜슈타인 3D〉를 애플이 2007년 출시한 첫 번째 아이폰인 iOS 1.0으로 직접 이식했다. 소스 코드는 애플 앱 스토어 출시와 동시에 배포되었다.

하드웨어 가속 렌더링 덕분에 이중 선형 필터링이 가능해진 것이 가장 주요한 개선 사항이었다. 그러나 이중 선형 필터링이 모든 사람을 만족시키지는 못했다. 몇몇 사람들은 적들이 '흐리게' 보인다고 불평하며 픽셀을 보고 싶어 했다.

다음은 존 카맥이 쓴 〈울펜슈타인 3D〉 iOS 버전의 배포 노트 (2009년 3월 25일)다.

6.3.1 아이폰 개발 노트 (존 카맥)

이드 소프트웨어가 1년이 넘는 시간 동안 어떠한 아이폰 개발 프로젝트도 진행하지 않았다는 사실에 실망했었다. 나는 아이폰을 사랑하며 앱 스토어는 소프트웨어 비즈니스에서 매우 중요한 모델이라고 생각한다. 불행히도 앱 스토어 플랫폼에 〈울펜슈타인 3D〉를 일찍이 출시하려던 계획은 틀어졌다.

로버트 두피Robert Duffy와 나는 아이폰에서 〈오크와 엘프Orcs & Elves〉 DS 코드 기반을 다지기 위해 일주일을 보냈다. 이 게임은 아이폰 게임의 서막을 열기에는 훌륭한 프로젝트였지만 확실한 성공작처럼 보이지는 않았다. 아이폰 그래픽 하드웨어는 닌텐도 DS 하드웨어의 상위 버전이었으나(드라이버 과부하는 훨씬 더 나쁘지만) 코드 기반은 거의 DS에 맞춰져 있었고 닌텐도 API 호출 코드는 사방에 널려 있었다. 나는 OpenGL ES로 변환하는 방법을 사용하여 기본적인 얼개를 그렸지만, 까다로운 소규모 특수 효과를 사용하는 가장 좋은 방법이 완전한 GL 변환일지 아니면 DS 그래픽 라이브러리 에뮬레이션 계층일지를 결정하지 못하고 있었다. 명백한 사실은 전체 사용자 인터페이스를 다시 생각하고 테스트해야 한다는 것과 프로젝트를 완료하려면 몇 개월에 걸친 개발 시간이 걸리고 코딩 작업 외에 아티스트와 디자이너가 필요하다는 것이었다.

나는 아이폰 이식이 좋은 계획이라고 주장했나. 그러나 '이드모바일idMobile' 팀은 이미 전통적인 자바와 BREW 휴대전화용 〈울펜슈타인 RPGWolfenstein RPG〉 프로젝트에 전념하고 있었고, 애나[6]는 성공적인 개발 프로젝트의 이정표를 놓치고 아이폰 프로젝트에 도전하려 하지 않았다.

아이폰 플랫폼의 능력에 대해 조금 더 고민한 후에는 아이폰 프로젝트에 대한 공격적인 계획을 수립했고 실제로 몇몇 내부 자원을 투입하기도 했지만, 개발을 맡을 프로그래머를 찾지 못해 포기했다. 우연히도 외부의 개발 팀이 위Wii에서 동작하는 비슷한 프로젝트를 우리에게 제안했고, 위 프로젝트 대신 아이폰 프로젝트를 우리와 함께 진행하기로 결정했다. 우리는 이 멋진 프로젝트를 빠르게 완수하여 곧 발표해야만 했다. 일정이 빡빡했지만, 소프트웨어 개발이 다 그렇지 뭐….

모바일 팀은 계획했던 〈울펜슈타인 RPG〉의 개발을 작년 말에 모두 완료했지만, 일렉트로닉 아츠는 다양한 휴대전화를 위한 수백 종의 전용 버전뿐만 아니라 다른 팀이 아이폰을 위한 미디어 품질을 대폭 향상시키는 데 관심이 있다고 제안했다. 〈울펜슈타인 RPG〉는 전통적인 휴대전화용으로 매우 정교하게 제작된 제품이었지만 아이폰의 인터페이스나 능력을 위해 설계되지 않았으므로 이상적인 프로젝트는 아니었다. 하지만 한 번은 시도할 가치가 있었다. 우리가 테스트할 첫 번째 빌드를 받았을 때 고해상도 디자인이 보이는 방식에 만족했지만, 느리게 실행되는 모양새에는 깜짝 놀랐다. 그것은 내가 예상한 바와 같이 뛰어나지 않은 중간 범위의 자바 버전 중 하나처럼 느껴졌다. 나는 가슴이 철렁했다. 레벨을 돌아다니면서 의구심을 확인할 수 있는 뷰를 살펴봤으며 몇몇 각도에서 충분히 확인 가능한 뷰를 찾았을 때, 회전하는 동안 텍스처에서 숨기려고 해도 숨길 수 없는 중간 폴리곤 아핀affine 수영[7]을 볼 수 있었다. 그들은 아이폰에서 소프트웨어 래스터화 구현을 사용하고 있었다. 개선된 모바일 렌더러, 지능형 레벨 디자인과 제한된 움직임, 고해상도 그래픽의 조합으로 인해 소프트웨어 렌더러가 하드웨어 렌더러와 거의 시각적으로 구분할 수 없게 되었다는 사실은 칭찬했지만 구현에 대해서는 엄청난 불만이 있었다.

나는 일렉트로닉 아츠에게 우리가 이렇게 이식된 버전을 아이폰의 첫 번째 이드 소프트웨어 제품으로는 출시하지 않을 것이라고 말했다. 아이폰의 하드웨어 3D 가속 사용은 요구 사항이며, 쉬워야 마땅하다. 자바로 작성된 2세대 모바일 렌더러를 수행했을 때 변환/클리핑/래스터화 연

---

6 옮긴이_ 존 카맥의 배우자이자 〈울펜슈타인 RPG〉의 디렉터인 캐서린 애나 강(Katherine Anna Kang)을 일컫는다.

7 아핀 변환 과정에서 일그러지는 형상은 다음을 참고. *https://en.m.wikipedia.org/wiki/Texture_mapping#Affine_texture_mapping*

산을 수행한 TinyGL이라고 이름 붙인 클래스 위에 계층화되었다. TinyGL은 OpenGL 시맨틱과 상당히 유사하지만 고정 소수점과 원근 교정을 위한 수평/수직 래스터화 옵션이 추가되었다. 회의에서 돌아온 개발자들은 두 달이 걸릴 것이고 예산을 초과할 것이라고 말했다.

나는 이 문제를 놓고 심각하게 대립하는 대신 프로젝트를 내게 넘기라고 말했고 직접 작업을 진행했다. 캐스 에버릿^{Cass Everitt}은 아이폰에서 몇 가지 개인적인 작업을 진행해왔기 때문에 다른 애플 제품의 기대치보다 훨씬 더 조악했던 아이폰 개발 환경 구축에 도움을 줬다. 평소처럼 즉흥적으로 추정한 예상 작업 시간은 '이틀'이었는데, 과하게 낙관적이었다. 그러나 나흘 안에 완료했으며 8배속 프레임 레이트를 달성하자 게임은 확실히 더욱 즐길 만했다. 게다가 이런 작업은 재미있었다.

아이폰을 대상으로 '실제 작업'과 비슷한 뭔가를 진행하고 있었기에 〈울펜슈타인 3D〉 이식의 우선순위는 뒤로 미뤄졌다. 캐스가 집에서 취미로 손보던 프로젝트 중 하나는 〈퀘이크 3〉 이식이었고 우리는 종종 다양한 인터페이스 전략에 대해 논의했다.

몇 가지 작업을 차분하게 시도한 끝에, 우리는 〈퀘이크 3〉가 아이폰 제어 시스템에 대해 긍정적인 판단을 내릴 만큼 충분히 빠르지 않음을 (불행히도) 깨달았다. 하드웨어 능력은 충분했지만, 렌더링 코드를 최대한 활용하려면 약간의 아키텍처 코드 변경이 필요해 보였다.

예전 코드 기반으로 가서 초기 실험을 할 가능성을 고려했을 때 〈퀘이크 3〉를 대규모로 개정하기 위한 프레임워크를 수립하기 시작했다. 우리가 방정식에서 성능을 끄집어낸다면 FPS 게임의 할아버지 격인 〈울펜슈타인 3D〉로 다시 돌아갈 수 있었다. 15년 동안 만들어진 쏘고 도망치는 기본적인 게임이었지만, 원래 286 컴퓨터에서 실행되었던 게임이기에 아이폰에서 좋은 프레임 레이트를 유지하는 것은 어렵지 않아야 마땅했다.

〈울펜슈타인 3D〉는 원래 볼랜드 C와 TASM을 사용해 도스용으로 작성되었지만 오래 전에 코드를 오픈 소스로 만들었으며 OpenGL과 최신 운영체제에서 작동하도록 원본 코드를 개선한 여러 프로젝트가 있었다. 몇 가지를 살펴보았고 *http://wolf3dredux.sourceforge.net/*에서 〈울펜슈타인 3D 리덕스^{Wolfenstein 3-D Redux}〉를 찾았다. '굵은 16비트 코드 제거'에 대한 개발 주석이 나를 미소짓게 만들었다.

〈울펜슈타인 3D〉의 상용 사본에서 데이터를 추출하고 고해상도로 PC에서 재생하는 작업은 쉽고 간단했다. 처음에는 예상처럼 매끄럽지 않았지만 두 가지 작은 변화가 큰 차이를 만들었다. 70Hz 게임 틱에 맞추기 위해 밀리세컨드를 세는 대신 사이클당 하나의 틱으로 수직 귀선 기간^{vertical blanking interval}(VBL)과 동기화된 갱신 속도로 진행했으며, 마우스 움직임이 예상보다 더 빨리 변속되는 문제를 초래하던 각도 갱신 코드에 존재하는 성급한 통합 버그를 수정했다. 〈울펜슈타인 3D〉는 여전히 재밌었고, 컨트롤만 잘 살린다고 가정한다면 단순히 테스트베드로 사용하기보다는 〈울펜슈타인 3D〉로 아이폰용 게임을 만드는 것이 가치가 있다는 생각이 들기 시작했다. 게임의 단순한 에피소드적인 특성으로 인해 첫 번째 에피소드만 포함된 0.99달러짜리 버전과 레벨 60개를 모두 포함한 더 비싼 버전으로 쉽게 분리할 수 있었고, 추가 수요가 있을 경우 〈운명의 창〉도 출시할 수 있었다. 아이폰에서의 가능성을 입증하기 위해 즐길 수 있는 데모도 없는 상태에서 평상시보다 앞서 나갔지만 〈울펜슈타인 3D〉, 〈둠〉, 〈퀘이크〉, 〈퀘이크 2〉와 〈퀘이크 아레나〉와 같은 고전적인 이드 소프트웨어 타이틀의 전체 제품군을 옮긴다는 생각은 정말 멋지게 들리기 시작했다.

〈울펜슈타인 3D 리덕스〉 프로젝트 관리자에게 우리와 함께 아이폰 프로젝트에 참여할 의사가 있는지 이메일을 보내 확인했지만 마지막 업데이트 이후 1년이 지났으며 리덕스 관리자는 당연히 다른 프로젝트로 넘어가야만 했다. 나는 아이폰 프로젝트에 대해 조금 더 생각한 후에, 직접 프로젝트를 진행하기로 결정했다. 이드 소프트웨어에서 '큰 프로젝트'는 항상 최우선순위지만 〈레이지^{Rage}〉에서 진행된 시스템 프로그래밍 작업은 거의 완료되었으며 팀은 한동안 내가 무엇을 하든 신경 쓰지 않았다. 〈레이지〉 출시 전까지 메모리와 프레임 레이트 최적화 작업을 진행할 예정이었지만, 나는 〈레이지〉에서 벗어나 몇 주 동안은 아이폰 작업만을 진행하기로 결정했다. 캐스는 계속해서 아이폰 시스템 문제를 도왔고, 에릭 윌^{Eric Will}을 뽑아 새로운 아트 애셋 몇 개를 만들도록 했으며, 크리스천 앤트코^{Christian Antkow}가 오디오 작업을 했다. 처음으로 내가 전체 제품에 대해 오랫동안 그리고 완전하게 책임지게 되었다.

디자인 노트

해결해야 할 큰 문제는 '클래식' 버전에서 벗어나는 방법이었다. 나는 최소한 닌텐도 플랫폼 네 개에서 〈슈퍼 마리오〉 시리즈의 다양한 작품을 구입할 정도로 고전을 좋아하지만, 개선할 점이 너무 많았다. 게임의 벽과 스프라이트는 모두 $64 \times 64 \times 8$비트 색상이었고 사운드 효과는 8KHz/8비트 모노 또는 (때로는 정말로 끔찍한) FM 신디사이저 사운드였다. 이런 요소 변경은 코딩 관점에서는 사소한 것이었다. 결국 게임 미디어는 거의 변경하지 않는 선에서, 게임플레이를 약간 조정하고 핵심 게임 경험을 중심으로 새로운 사용자 프레임워크를 구축하기로 결정했다. 변환된 미디어가 10MiB라는, 무선으로 앱을 다운로드할 수 있는 한도까지 근접했기에 훨씬 쉽게 결정을 내렸다. 이것은 아마도 지금까지 10MiB 근처까지 접근한 유일한 이드 소프트웨어의 프로젝트가 될 것이므로 게임 다운로드 용량을 맞추기 위한 노력은 마땅했다.

사용자의 엄지 손가락이 화면의 하단을 가릴 것으로 예상했기에 원본 게임의 상태 표시줄은 사라져야만 했다. 나는 B. J.의 얼굴이 게임에 많은 개성을 더했다고 생각했기에 화면 중간에 얼굴 표정을 남기고 싶었다. 불행히도 무기(특히 나이프)를 그리는 방식 때문에, 기존의 얼굴 그래픽 바로 위에 그릴 경우 문제가 발생했다. 얼굴용으로 만들어진 더 넓은 배경이 있었기에 나는 거기에 대미지의 방향을 표시해주는 지시계를 추가했고, 이는 게임플레이 측면에서 훌륭한 개선이었다. 흔들림 효과, 스크린 합성, 시야 흔들림 또는 흐림 효과 등 사소한 것들은 모두 추가하기도 쉬운 데다 효과도 꽤 커서, 대미지 피드백 아이디어를 중단하기로 결정하는 게 쉽지 않았다. 하지만 이런 것들은 '클래식'과는 거리가 멀어지는 방향이었기 때문에, 중단을 결정했다.

원본 게임과 같이 노골적인 '열린 문' 버튼으로 시작했지만 나는 재빠르게 자동문을 만들기로 결정했다. 〈울펜슈타인 3D〉와 〈둠〉에는 명시적인 '사용' 버튼이 있었지만, 〈퀘이크〉에서는 모든 것에 대해 접촉 또는 근접 활성화 기능을 도입하는 방법으로 사용 버튼을 날려버렸다. 현대적인 게임은 일반적으로 상황에 따라 공격 대신 명시적인 행위를 진행하는 방식을 따르고 있지만 모든 타일을 찾아다니며 〈울펜슈타인 3D〉처럼 모든 타일마다 미는 벽을 찾아내는 방식은 효과가 없었다. 자동문으로 인해 문을 여닫는 전투 전술이 사라져버렸고 벽 앞의 아이템을 집어 들 때 사소한 비밀 벽들이 쉽게 발견되는 문제점도 있었지만, 이것은 분명 옳은 결정이었다.

〈울펜슈타인 3D〉에서는 무기를 바꿀 수 있었지만, 가끔 체인 건으로 탄약을 아끼거나 "칼만 사용해서 게임을 이기세요"와 같은 도전을 제외하고는 거의 아무도 실제로 무기를 바꾸지 않았다. 무기 변경 기능이 인터페이스의 어수선함을 정당화하지는 못했다.

'생명'이라는 개념은 보너스 생명과 특정 점수에서 생명 추가 기능과 함께 여전히 〈울펜슈타인 3D〉에 존재했다. 컴퓨터와 콘솔의 액션 게임이 여전히 전자오락실 중심이었기 때문에 우리가 〈둠〉에서 생명을 포기하기로 내린 결정은 그 당시에는 사실상 혁신에 가까웠다. 나는 오늘날 많은 게임에서 제공하는 '점수' 개념을 그리워하고 있지만 〈울펜슈타인 3D〉에서 적, 과제, 아이템의 유한하고 세분화된 특성은 레벨 완료 통계에 더 적합하다고 생각하므로 생명과 점수 둘 다 제거했다. 대신 완료 시간, 100% 저격, 100% 비밀, 100% 보물에 대한 지속적인 보상을 추가했다. 보상만으로는 보물과 관련된 인센티브가 충분하지 않다고 생각하여 제한이 없는 +1

건강 아이템으로 바꿨는데, 이는 플레이어들을 행복하게 만들었나.

물건을 줍는 반경도 늘렸다. 물건으로 가득 찬 방에서 물건을 획득하기 위해 몇 번씩 지나가야 하는 가벼운 좌절감을 덜어주게 되었다.

레벨을 새로 시작할 때 주어지는 탄약 수를 두 배로 늘렸다. 주인공이 방금 사망한 경우, 탄약의 제약이 심하면 플레이어를 더욱 절망하게 만들었기 때문이다. 죽음을 다루는 올바른 방법에 대한 논쟁이 있었다. 있는 그대로 레벨에서 부활하는 방법(매번 한 방 더 얻어맞으면서 진행이 가능하다는 점에서는 좋지만 무기 획득이 더 이상 가능하지 않다는 점에서는 나쁘다), 레벨에 막 들어간 상황으로 부활하는 방법(기관총/체인건을 유지하는 점에서는 좋지만 더 이상 생명이 없을 경우에는 나쁘다), 또는 내가 선택한 방식처럼 메뉴에서 맵을 시작한 듯이 기본 통계를 보여주며 지도를 다시 시작하는 방법이 있었다.

원래 〈울펜슈타인 3D〉 데이터 집합에는 60개의 레벨이 있었고, 사람들이 다양한 레벨과 기술 사이에서 쉽게 뛰어다니기를 원했기 때문에 처음부터 시작해야 하는 강제 조항이 없었다. 문제는 레벨에 '도달하는' 것이 아니라 레벨을 '끝내는' 것이었다. 레벨 완료와 보상 눈금을 채우며 재미를 느꼈고 사망 후 다른 레벨을 시도하면 종종 더 좋은 느낌이 들었다. 어디서든 시작할 수 있는 옵션의 유일한 예외는 새로운 게임을 시작하기 앞서 비밀 레벨의 입구를 반드시 찾아야 하는 상황이었다.

초기 테스터들을 관찰할 때 내가 목격한 가장 큰 문제는 사람들이 문을 열기 앞서 문을 밀어야 하고 문을 통과하기 위해서는 주변을 돌아 움직여야만 한다는 것이었다. 〈울펜슈타인 3D〉에서 충돌 감지와 관련한 모든 것은 막혀 있거나 통과 가능한 64×64 타일 지도에 불과했다. 문이 완전히 열렸거나 닫히기 시작하면 타일 상태가 바뀌었다. 문쪽으로 시야각을 끌어당기거나 문 주위의 영역을 비스듬히 자르는 방식에 대한 토론이 있었지만, 주인공에 대한 문 타일의 중앙부 코어를 견고하게 유지하여 주인공이 문이 열리는 동안 문의 '빈틈'으로 파고들고 미끄러지게 만드는 방식이 매우 쉽다고 판명되었다. 이로써 게임플레이를 상당히 개선했다.

종료할 때의 위치를 자동으로 저장해 몇 초 만에 로딩하는 것에 대해서는 분명 할 말이 있다. 게임을 하며 많은 테스트를 수행했고, 아이폰 메모장에 메모를 하기 위해 퇴장하고, 다시 〈울펜슈타인 3D〉를 재시작해 게임을 계속하곤 했다. 처음부터 애니메이션 로고를 건너뛸 필요가 없다는 점이 좋았다. 우리는 〈울펜슈타인 3D〉의 아주 작고 단순한 특성으로 우연히 멋진 결과를 얻었지만 후속편에서는 특별히 최적화할 가치가 있다고 생각한다.

이 프로젝트의 원래 핵심은 아이폰을 위한 FPS 제어 체계 조사였으며 다양한 방식과 매개변수로 여러 테스트를 수행했다. 아이폰을 제어하는 '분명히 올바른' 한 가지 방법이 있기를 내심 기대했지만 결론적으로는 소득이 없었다.

게임을 처음 접한 일반 사용자에게는 단일 전진/후진/회전 제어 스틱과 발사 버튼이 명백히 가장 좋았을 것이다.

기울기 제어는 게임을 처음 접할 때는 혼란스럽지만 사용할 때에는 재미 요소를 추가해준다고 생각한다. 나는 기울기 이동 옵션을 좋아하지만, 아이폰에서 여러 운전 게임을 해본 사람들은 레벨을 통과할 때 B. J.를 움직이기 위한 기울기 방향 전환을 좋아하는 듯이 보였다. 기울기에는 적절한 불감대^{deadband}가 필요하며 약간의 필터링도 좋다. 가속도계의 정밀도가 2도에 불과해 직접 매핑해서 제어하는 용도에는 적합하지 않지만 상대 속도 제어로는 충분히 잘 작동한다는 사실은 놀라웠다.

경험이 많은 콘솔 게이머는 이동을 위해 손쉽게 '이중 스틱' 제어 모드를 사용하는 경향이 있지만 발사 버튼의 배치에는 문제가 있었다. 검지를 사용해 발사하는 방식은 효과적이지만 불편했다. 나는 많은 사람이 미세 조정 조준을 위해 엄지를 움직여 발사하는 경우를 목격했다. 사격을 위해 측면 볼륨 스위치를 사용하는 유혹에 넘어갈 뻔했지만 이런 방식은 인체 공학적으로 옳지 않았고, 애플의 설계 사상과 매우 달랐으며, 아이팟 터치에서는 사용할 수도 없었다(게다가 나는 볼륨 스위치를 가로채는 방법을 파악하지 못했다).

사용자가 두 개의 제어 스틱에 엄지를 댈 수 있도록 사격에 앞으로 기울기를 적용했지만 잘 되지 않았다. 전방/후방 기울기는 어떤 것에든 내재된 가변 유지 각도 문제가 있었으며 이진 이동 점은 지속적인 피드백이 없다면 유지하기 어려웠다. 현재 각도와 이동 지점에 대한 시각적 피드백이 개선되면 도움이 되겠지만, 애써 노력하지는 않았다. 예를 들어 로켓 발사기를 작동할 때 흔들고 밀쳐 사격하는 방식은 흥미로울 수 있지만 〈울펜슈타인 3D〉의 경우에서는 별로 좋지 않았다.

디지털 방향 패드는 게임 도중 점진적인 등록이 불가능하여 터치 스크린에서는 그닥 효과가 없는 것이 밝혀졌으므로 제어 스틱이 아날로그에 매우 중요했다. 아날로그 스틱⁸을 사용한 대부분의 사용자는 스틱의 위치를 계속 피드백을 받을 수 있어 스스로 캘리브레이션하는 게 가능했

8　옮긴이_ MFi 규약을 따르는 아이폰 전용 게임 컨트롤러가 시중에 나와 있다.

다. 불감대와 슬라이드 오프 동작 조율이 중요했다.

〈울펜슈타인 3D〉 이후 레벨 디자인 기준이 많이 발전했다. 첫 번째 레벨의 시작은 처음 하는 사람에게는 고통스러울 정도로 나빴다. 좁고 대칭인 방에서 움직이다 보면 이리저리 벽에 부딪치기 일쑤였다. 하지만 레벨을 수정하는 옵션을 열지 않을 생각이었다. 교도소 독방에서 경비병의 머리를 후려친 다음에 게임이 시작되며, 사용한 게임 도구는 똑같음에도 훨씬 더 나은 사용자 경험을 제공할 수 있었다. 일부 레벨은 여전히 재미있고 기존의 공식 힌트 매뉴얼에서 톰 홀과 존 로메로의 디자인 노트를 읽는 것도 흥미롭지만, 여기서 진실을 말하자면, 몇몇 레벨은 테스트와 조율이라는 긴 과정을 거치는 대신 제거되었다.

팀 윌리츠Tim Willits가 게임플레이에서 찾아낸 심각한 문제(95%의 사용자가 미로에서 길을 잃고 방황하는 상황)까지 해결하고 나서야 게임을 완료했다는 생각이 들었다. 자동 지도 구현은 상당히 직관적이었으며, 아마도 다른 어떤 기능보다도 즐거움을 더해줬다. 이 기능을 추가하기 전에는 정말 극소수의 사람만이 레벨 60개를 모두 완료할 것이라고 생각했다. 그러나 실제로는 조만간 〈운명의 창〉을 개발하겠다는 결정을 정당화할 만큼의 충분한 사람들이 모였다.

이 프로젝트를 처음 생각했을 때 음악에는 신경 쓰지 않을 것이라고 짐작했지만 〈울펜슈타인 3D 리덕스〉는 이미 기존 ID 음악 형식을 ogg로 변환하는 코드를 포함하고 있었다. 이로 인해 처음부터 지원을 시작했고 상당히 좋은 결정이었다. 우리는 나중에 나온 상용 〈울펜슈타인 3D〉 배포판 중 하나에서 CD 표준 포맷인 레드북Red Book 오디오 트랙을 추출하고 다른 비트 전송률로 인코딩했지만, 초기 지원이 아니었다면 아마도 귀찮은 작업을 하지 않았을 것 같다. 사실 고품질의 MIDI 신디사이저로 음악을 재녹음하는 편이 더 좋았겠지만 MIDI 소스를 가지고 있지 않았으며, 크리스천은 ID 음악 형식에서 미디로 변환할 경우 품질이 들쭉날쭉해지고 상당한 시간이 걸릴 것이라고 말했다. 나는 음악을 작곡했던 보비 프린스에게 이메일을 보내 고품질 버전을 가지고 있는지 확인하려 했지만 응답이 없었다.

오늘날 기준으로 바라보면 매우 단순한 게임이지만 여전히 재미를 주는 순간들이 있다. 권총을 든 갈색 제복의 적을 제압하고, 기관총으로 독일 친위대를 '춤추게' 만들고, 모퉁이를 돌아 화분에 무기를 버릴 수도 있고. 아이폰에서 단순하게 즐길 수 있는 게임이었다.

프로그래밍 노트

캐스와 나는 아이폰에서 게임이 매우 빠르게 실행되도록 했지만 그래픽 드라이버와 입력 처리, 프로세스 스케줄링에 관한 다양한 문제로 인해 아이폰에서 60Hz로 고정된 게임을 진행하기란 사실상 불가능하다는 사실에 조금 실망했다. 나는 언젠가 미래에 애플과 이 문제를 해결하고 싶지만, 그것은 〈울펜슈타인 3D〉가 대략 두 틱으로 움직이는 게임이 될 것임을 의미했다. 스왑 인터벌[9]을 지원하지 않았고 타이머 스케줄링에도 많은 변동성이 있었으므로 '대략'이라는 표현을 썼다. 그다지 중요하지 않게 보일지도 모르겠지만, 게임이 여전히 매끄럽고 재미있음에도 불구하고 적어도 완벽한 한계 상황과 비교하고 싶었다.

심지어 30Hz에서도 해결해야 하는 몇 가지 문제점이 밝혀졌다. 〈울펜슈타인 3D〉와 같은 게임의 경우, 오늘날 사용되는 어떤 PC도 본질적으로 무한히 빠르며 〈울펜슈타인 3D 리덕스〉 코드는 편리하지만 낭비가 심한 작업을 수행했다. 올바른 방법이긴 했지만 아이폰은 데스크탑 PC만큼 무한히 빠르지 않았다.

원래 〈울펜슈타인 3D〉(그리고 〈둠〉)은 문자를 그릴 때, 공간이 많이 비어 있는 단색 픽셀들의 열을 늘이는(VGA 모드-X 인터리브 평면에서 효율성을 높이기 위해 수평 대신 수직으로) 방식으로 그렸다. 하지만 OpenGL 버전은 투명한 픽셀을 포함한 정사각형 텍스처로 생성해야 했다. 통상적으로 이런 텍스처는 공간이 대부분 비어 있는 큰 쿼드quad를 알파 블렌딩 또는 알파 테스팅하여 그렸다. 〈울펜슈타인 3D〉 초기의 몇 레벨까지는 문제없이 진행할 수 있었다. 그러나 후반 레벨은 종종 수십여 아이템을 중첩해 그려야만 할 만큼 지도가 커서 GPU를 최대로 활용하고도 프레임 레이트가 20fps까지 떨어졌다.

해결책은 텍스처의 단색 픽셀들을 묶고 제한된 영역만 그리는 방법이었다. 이걸로 아이템과 관련된 문제는 대부분 해결할 수 있었다. 하지만 〈울펜슈타인 3D〉에는 많이 사용되는 램프 텍스처가 몇몇 있었는데, 상단에 작은 전구가 있고 하단에는 얇지만 너비를 가득 채운 그림자가 있는 것들이었다. 이들은 픽셀을 한 번 묶는 방식만으로는 여러 텍셀을 배제하기 어려웠기에 두 번 묶는 방식을 사용했고, 그 결과 렌더링이 몇 배는 더 빠르게 되었다.

다른 문제는 CPU와 관련이 있었다. 〈울펜슈타인 3D 리덕스〉는 초기의 광선 투사 기법을 사용해 보이는 벽을 찾은 다음 OpenGL 호출로 각 벽 타일을 그리는 루틴을 호출했다. 코드는 다음과 같다.

---

9 옮긴이_ 자세한 내용은 다음을 참고. *https://www.khronos.org/opengl/wiki/Swap_Interval*

```
DrawWall( int wallNum ) {
    char name [128];
    texture_t *tex;
    sprintf( name, "walls/%d. tga", wallNum );
    tex = FindTexture( name );
...
}
texture_t FindTexture( const char *name ) {
    int   i;
    for ( i = 0 ;i < numTextures; i++) {
        if ( !strcmp( name, texture[name]-> name ) ) {
            return texture[name];
        }
    }
...
}
```

측정 프로파일의 상단에서 프레임 레이트를 봤을 때는 움찔했다. 하지만 실제로 문제가 되지는 않았고 한 번에 보이는 타일이 20~30개만 존재하는 모든 초기 레벨에서는 게임이 가능했다.

하지만 거대한 개방 영역이 펼쳐지는 일부 후반부 레벨은 100개 이상의 가시 타일을 가질 수 있었고, 이는 다시 20Hz로 이어졌다. 해결책은 다음과 같은 사소한 변경이었다.

```
DrawWall( int wallNum ) {
    texture_t *tex = wallTextures[wallNum];
...
}
```

〈울펜슈타인 3D 리덕스〉는 원본 게임에서 다양하게 묶어놓은 미디어를 추출해 현대적인 형식으로 더 깔끔한 파일로 변환하는 유틸리티가 포함됐다. 불행히도 64×64 아트를 더 좋게 필터링된 128×128 아트로 변환하기 위해 hq2x 그래픽 스케일링을 사용해 원본 아트 애셋의 품질을 높이려는 시도는, 알파 테두리를 잘못 처리하는 바람에 많은 스프라이트의 주변에 줄무늬를 만들어버렸다. 로딩 시점에서 이를 고칠 수 없었기 때문에 수정된 버전의 추출기에서 색상이 0이 아닌 알파로 된 적절한 테두리 처리 작업을 수행해야만 했다. 또한 모든 형식 변환과 밉맵 mip-map 생성을 변환기에서 수행하기로 결정했기 때문에 텍스처 로딩 중에 소요되는 CPU 시간이 많지 않아 로딩 시간을 줄이는 데 도움이 됐다. PVRTC 형식을 실험해봤는데 벽면에는 문제가 없었지만, DXT와는 달리 무손실 알파 마스크를 얻을 수 없어 스프라이트에는 큰 효과가 없었다. 또한 때때로 화면보다 더 큰 크기로 확대할 때 64×64 블록에서 아주 신중하게 선택한 픽셀을 엉망으로 만들고 싶지는 않았다.

또한 원본 미디어에 대해 마지막 순간까지 변경을 진행해야 했다. 적십자사는 원본 〈울펜슈타인 3D〉 게임을 출시한 후 얼마 되지 않아 적십자에 대한 상표권을 주장했고(후유⋯), 모든 새로운 게임 출시물에는 흰색 배경에 빨간색 십자가를 건강의 상징으로 사용할 수 없게 되었다. 아이폰 버전을 위해 하나의 단독직인 스프라이트 그래픽이 수정되었다.

사용자 인터페이스 코드는 내가 프로젝트에서 모든 코드 행을 더 이상 작성할 필요가 없을 때 이드 소프트웨어의 다른 프로그래머에게 가장 먼저 시키는 작업이었다. 내 관점에서 보면 일반적으로 사용자 인터페이스 구현은 지루하고 보람이 없기 때문이었다. 아이폰 버전은 매우 작은 프로젝트였기에 직접 해봤는데, 흥미로운 몇 가지를 배웠다. 전통적으로 UI 코드에는 그리기와 입력 처리 코드가 따로 존재하지만 터치 스크린 장치에서는 종종 다음과 같은 코드를 사용해 '즉시 모드 인터페이스'를 결합하는 것이 잘 작동하는 경우가 많았다.

```
if ( DrawPicWithTouch( x, y, w, h, name ) ) {
    menuState = newState;
}
```

화면에 떠다니는 사용자 입력 컨트롤은 응답 지연 시간 프레임을 요구하지만 메뉴 등에서는 매우 잘 동작했다.

개발 과정에서 최악의 순간 중 하나는 앱 종료 시 자동 저장을 지원하게 하려 할 때였다. 그러나 재사용할 게임 저장 코드가 하나도 없었다. 돌아가서 게임 로드/저장을 위한 원본 16비트 도스 코드를 가져왔지만 컴파일해보니 〈울펜슈타인 3D 리덕스〉 코드 기반이 근거리/원거리 포인터 문제, asm 코드, 주석 블록 이외에도 훨씬 더 많이 바뀌었다는 사실을 알게 되었다. 변경 사항은 더 많은 변수를 구조체로 묶고 더 많은 항목을 위한 열거형을 정의하는 등 합리적인 작업이었지만, 내 예상과 달리 상업적으로 테스트되지 않은 코드였다. 또한 나는 적이 벽을 뚫고 들어가는 버그에 대한 걱정이 더 컸다.

원본 코드 기반으로 돌아가서 OpenGL 렌더링을 처음부터 다시 구현하는 방식을 진지하게 고려했다. 리덕스 코드 기반과 관련해 나를 괴롭힌 또 다른 점은 기본적으로 다 쓰러져가는 〈퀘이크 2〉 코드 기반의 중간에 〈울펜슈타인 3D〉 코드를 접목했다는 사실이었다. 〈퀘이크 2〉는 콘솔, cvar^{console variable}, 시스템/OpenGL 이식이 가능한 프레임워크를 제공했기 때문에 멋졌으며, 원래 의도는 다중 사용자 기능을 추구하려는 명확한 목표였지만 코드가 부풀어 올랐다. 원래의 〈울펜슈타인 3D〉 코드는 수십 개의 C 파일에 불과했지만 이를 둘러싼 프레임워크는 몇 배로 커졌다.

원본 코드를 살펴보면서 예전 추억이 떠올랐다. 내가 코드 파일 서명을 그만둔 지는 꽤 되었지만 WLMAIN.C의 상단 문구는 나를 미소짓게 만들었다.

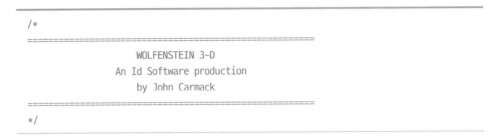

```
/*
==============================================================
                     WOLFENSTEIN 3-D
                  An Id Software production
                       by John Carmack
==============================================================
*/
```

날짜가 적혀 있지는 않지만, 1991년 즈음이었을 것이다.

결국 리덕스 코드 기반을 고수하기로 결정했지만 큰 덩어리를 해킹하면서 더 많은 자유를 얻을 수 있었다. 로드/저장 게임을 다시 구상했고(필요한 포인터 버그 수정) 코드 전반에 걸쳐 assert를 여기저기 심어 unsigned로 비교되는 새로운 열거형 유형 중 하나를 signed로 비교하면서 생기는 문제를 추적해나갔다. 코드 기반이 정말 아무 것도 하지 않는 흔적 기관 같은 코드들로 엉망진창이었고, 당장 정리할 시간도 없었기 때문에, 이것이 옳은 결정이었는지는 여전히 확언하지 못하겠다.

물론 다른 누군가 그 작업을 하는 것을 환영한다. 상용 앱의 전체 소스 코드는 웹사이트에서 이용할 수 있다. 원본 소스 코드로 되돌릴 경우, 프로젝트가 GPL하에 있을 필요가 없을 것이라는 약간의 고민이 있었다. 〈울펜슈타인 3D〉와 앱 스토어는 독특한 상황을 보여준다. 대다수 사용자는 개발자로 등록되어 있지 않고 데이터를 쉽게 구할 수 없기 때문에, 사용자가 코드를 컴파일하고 앱 비용을 지불하지 않기란 불가능하다. 실제로 빠르게 변화하는 아이폰 개발 공동체에서 어느 정도는 상업적인 위험이 있다. 이미 즐길 만한 코드를 가져오고, 수년 동안 사람들이 코드로 해왔던 다양한 프로젝트에서 재미있는 것들을 끄집어내고, 오래된 맵 편집기의 먼지를 털고, 현대적인 품질의 그래픽과 사운드로 로드하는 것은 어렵지 않다.

누구나 그렇게 할 수 있는 권리가 완벽히 보장되어 있고, 원한다면 원작 게임을 공격적으로 파묻어도 된다. 그러나 나는 협력할 수 있는 좋은 기회라고 생각했다. 누구나 양질의 제품을 만든 후에 원래의 〈울펜슈타인 3D〉 앱에 연결하면 '울프 파생' 또는 '울프 관련' 프로젝트에 대한 링크를 만들 수 있다. 이런 행위는 모두의 승리로 판명되어야 마땅하다.

나는 잠시 〈레이지〉로 돌아갈 것이지만, 고전 〈둠〉의 아이폰용 출시를 기대할 것이다.

6.4 울펜슈타인 3D-VR

1994년경 AWT는 이드 소프트웨어의 특별 라이선스하에서 머리 부착형 디스플레이head-mounted display(HMD)와 함께 작동하도록 설계된 〈울펜슈타인 3D〉 엔진의 개조 작업을 수행했다. 3D 아티스트인 톰 로Tom Roe는 이 프로젝트의 세부 사항 파악에 도움을 줬다.

〈울펜슈타인 3D〉 VR은 1993년 켄터키주 루이빌에 있는 소규모 게임 개발 회사에서 개발했습니다. AWT는 이드 소프트웨어와의 계약을 통해 원본 〈울펜슈타인 3D〉 엔진의 라이선스를 부여받아 폴헤머스Polhemus 추적기 기술을 사용해 HMD 버전을 만들었습니다. 디자인 팀은 애니메이션 시퀀스를 수정하여 붉은 피 대신 녹색의 외계인 피를 만들었습니다. 게임에서 두드러지는 폭력성을 줄이려는 시도였습니다.

저는 사실 이러한 디자인 작업에 관여하지 않았습니다. 제가 도착했을 때는 이미 〈울펜슈타인 3D〉 VR이 탑재된 아케이드 유닛이 출시된 후였습니다. 또한 〈블레이크 스톤Blake Stone〉과 유사한 경험을 만들었습니다. 〈울펜슈타인 3D〉 VR은 단일 사용자 게임이었지만, 훗날 다중 사용자 게임인[…] 〈사이버택Cybertag〉 VR을 만드는 과정에서 〈울펜슈타인 3D〉 엔진을 사용했습니다. 가상 환경에서 술래잡기를 하는 동안 헤드셋을 통해 참여자 4명이 서로 대화할 수 있었습니다. 3D 스튜디오에서 디자인된 캐릭터와 레벨 모델을 사용하는 새로운 게임 엔진을 위한 레벨을 개발하는 3D 아티스트로서 AWT와 함께 작업을 시작했습니다. 저는 또한 디럭스 페인트를 사용해 〈사이버택〉 VR을 위한 애니메이션 시퀀스를 만들었습니다.

－톰 로, 3D 아티스트

AWT는 〈울펜슈타인 3D〉 엔진 코드를 기반으로 〈울펜슈타인 3D〉, 〈블레이크 스톤〉, 〈사이버택〉이라는 세 가지 게임의 VR을 작업했으며, 이 중 〈사이버택〉은 다중 사용자 모드로 최대 4명까지 함께 경쟁할 수 있는 유일한 게임이었다.

> 〈울펜슈타인 3D〉 VR 프로젝트는 성공할 기회가 없었습니다. 게임 안의 주인공이 머리를 돌릴 수는 있지만 게임을 직접 플레이하는 사람들은 정면을 보며 조이스틱을 사용할 뿐이니까요. VR을 결합한 개발자들은 매우 열성적이었지만, 시기상조였습니다. 오늘날의 제가 가진 지식을 총동원한다고 하더라도, 당시의 PC 하드웨어에서 적절한 VR 경험을 제공하는 것은 불가능했다고 생각합니다.
>
> ㅡ 존 카맥

2011년에 톰 로는 'AWT Cybertag VR Demo from 1994(1994년 AWT 〈사이버택〉 VR 데모)'라는 제목의 유튜브 비디오[10]로 시스템 작동 방식을 대중에게 공유했다.

---

10 옮긴이_ 다음을 참고. https://www.youtube.com/watch?v=l9n_TkFIttk

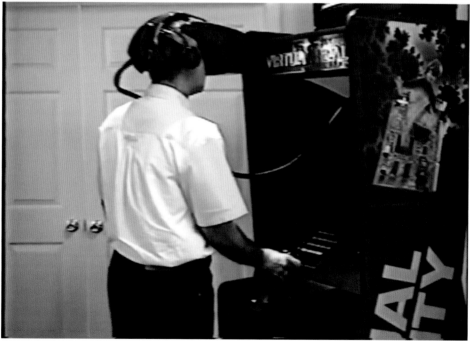

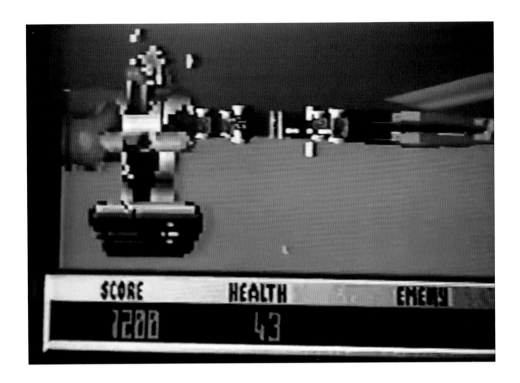

톰 홀은 이틀 동안 테네시 현장에서 일하면서 〈사이버택〉을 도왔다. 전멸전을 위해 약 10개의 새로운 지도가 특별히 설계되었고, 몇몇은 탐험 모드의 단순화된 버전이었다.

저는 레벨 작동을 확인하기 위해 테스트를 진행했습니다. 아주 초창기의 VR이자 걸음마의 시작이었지만 신기했습니다. 위아래로 시야를 넓힐 수 없었고 조이스틱으로 제어했죠. VR로 향하는 작은 발걸음에 박수를 보냈지만 특별히 큰 재미가 있지는 않았습니다.

VR이 흥미롭다고는 느껴졌지만 시기가 너무 일렀어요. 그리고 입버릇처럼 말했듯이 '사람들은 머리에 뭔가를 뒤집어쓰는 걸 좋아하지 않았습니다.'

– 톰 홀

소스 코드는 〈사이버택〉 VR용으로 작성한 특수 코드를 포함한다.

```
boolean virtualreality;
```

VR 모드로 전환하기 위해, 엔진은 명령 줄 매개변수를 간단히 확인한다.

```
void InitGame (void) {
  int                    i,x,y;
  unsigned       *blockstart;

  if (MS_CheckParm ("virtual"))
    virtualreality = true;
...
}
```

엔진은 하드코딩된 위치(세그먼트 0x40, 오프셋 0xf40)에서 드라이버를 통해 디스플레이와 직접 통신하는 것처럼 보인다. 각 프레임마다 시야각을 드라이버로부터 가져와 뷰를 렌더링했다. 시뮬레이션 시간을 증가시키지 않고 두 눈을 렌더링하는 동기화 시스템이 없었기 때문에 때때로 기묘한 효과가 결과로 나오곤 했다.

```
if (virtualreality) {
  helmetangle = peek (0x40,0xf0);
  player->angle += helmetangle;
  if (player->angle >= ANGLES)
    player->angle -= ANGLES;
}
```

CHAPTER 7

에필로그

〈울펜슈타인 3D〉 출시 이후 이드 소프트웨어는 무척 분주하게 움직였으며 비디오 게임 산업의 선두주자가 되었다. 이드 소프트웨어는 20년 동안 10개의 주요 게임을 연이어 출시했다.

이름	엔진	출시일
둠	idTech 1	1993년 12월
둠 2	idTech 1	1994년 9월
퀘이크	idTech 2	1996년 6월
퀘이크 2	idTech 2	1997년 12월
퀘이크 3	idTech 3	1999년 12월
둠 3	idTech 4	2004년 8월
울펜슈타인 3D(iOS용)	idTech X	2009년 3월
레이지	idTech 5	2011년 10월
둠 3 BFG 에디션	idTech 4.5[1]	2012년 10월
둠(리부트)	idTech 6	2016년 5월

그림 7-1 이드 소프트웨어의 주요 게임

----

1 멀티코어 아키텍처의 장점을 살리기 위한 작업 시스템 등 idTech 5에서 가져온 몇 가지 하위 시스템으로 강화된 idTech 4 확장 버전

이드 소프트웨어는 1990년대 초반, 새로운 게임 엔진을 만들어 기술 발전을 주도했을 뿐만 아니라 기술 라이선스를 통해 업계에 상당한 영향을 미쳤다. 이드 소프트웨어의 엔진으로 구동되는 게임은 대략 80여 개에 달한다.

이드 소프트웨어는 그래픽 하드웨어 산업에도 상당한 영향을 미쳤다. 이드 소프트웨어는 3D 가속 카드를 지원하는 VQuake와 GLQuake를 통해 렌디션의 Vérité 1000, 3dfx의 부두, 이미지네이션 테크놀로지의 파워VR 판매를 신장시켰다. 많은 스튜디오가 마이크로소프트의 다이렉트엑스 API에 굴복했을 시기에 〈둠 3〉는 OpenGL을 사용했다.

이드는 '옳은 길로 간다'는 정신에 뿌리를 두고 직전 버전 게임의 엔진 소스 코드를 꾸준히 공개함으로써 수많은 프로그래머가 최신 기술을 익히도록 도왔다. 슬프게도 이런 관행은 〈레이지〉 엔진(idTech 5)에서 중단되었다.

소스 코드 이름	출시 날짜	게임 발표일로부터의 시간차
울펜슈타인 3D	1995년 7월 21일	3년 2개월
둠	1997년 12월 23일	3년 2개월
퀘이크	1999년 12월 21일	3년 6개월
퀘이크 2	2001년 12월 21일	4년
퀘이크 3	2005년 8월 19일	5년 8개월
둠 3	2011년 11월 22일	7년 3개월
울펜슈타인 3D(iOS용)	2009년 5월 25일	동일한 날짜
둠 3 BFG 에디션	2012년 10월	동일한 날짜

그림 7-2 이드 소프트웨어의 게임 엔진 소스 코드 배포

〈울펜슈타인 3D〉 프랜차이즈는 수많은 스튜디오에 라이선스를 부여해 오늘날까지 살아 있다. 2017년 E3에서 베데스다 소프트웍스는 〈울펜슈타인: 더 뉴 오더〉의 속편인 〈울펜슈타인 II: 더 뉴 콜로서스〉를 2017년 10월 27일에 출시해 호평을 받았다.

7.1 그들은 지금 어디에 있을까?

톰 홀은 1992년 〈운명의 창〉 출시 직후(〈둠〉을 개발하던 중) 이드 소프트웨어를 떠났다. 톰 홀은 3D 렐름과 이후 이온 스톰Jon Storm에서 근무했으며 〈라이즈 오브 더 트라이어드〉, 〈터미널 벨로시티Terminal Velocity〉, 〈아나크로녹스Anachronox〉와 같은 1990년대의 위대한 게임 개발에 참여했다. 톰 홀은 현재 샌프란시스코 베이 에어리어에 거주하며 글루Glu의 글루플레이 스튜디오에서 모바일 게임 선임 크리에이티브 디렉터로 〈쿠킹 대시Cooking DASH〉, 〈다이너 대시Diner DASH〉, 〈고든 램지 대시Gordon Ramsay DASH〉 같은 게임들을 제작하고 있다.

존 로메로는 〈퀘이크〉 출시 직후 이드 소프트웨어를 떠났다. 존 로메로는 〈둠〉과 〈퀘이크〉에 크게 기여했으며 이드 소프트웨어의 라이선싱 비즈니스 부문을 만들었다. idTech 1 엔진(〈둠〉 개발에 사용한 것과 동일한)을 기반으로 하는 존 로메로의 '만능'[2] 솔루션은 레이븐 소프트웨어가 〈헤레틱Heretic〉과 〈헥센Hexen〉을 출시하는 데 큰 도움을 주었다. 존 로메로는 이후 이온 스톰과 함께 모바일 게임 개발 분야의 선구자였던 몽키스톤 게임스Monkeystone Games를 비롯한 여러 회사를 설립했다. 존 로메로는 현재 아일랜드에 거주하며 〈블랙룸Blackroom〉을 개발하고 있다.

에이드리언 카맥은 〈둠 3〉 출시 직후 이드 소프트웨어를 떠났으며 그와 동시에 비디오 게임 업계에서 은퇴했다. 존 로메로와 〈블랙룸〉을 공동으로 작업한다고 발표한 바 있다.

존 카맥은 2013년에 이드 소프트웨어를 떠나 오큘러스 VR에 최고기술책임자로 합류했다. 존 카맥은 에미상 '과학, 엔지니어링, 기술' 부문 2개, 게임 개발자 회의(GDC) 평생 공로상, 영국 영화 텔레비전 예술 아카데미(BAFTA) 펠로상을 포함해 게임 개발자의 업적을 기리는 여러 상들을 수상했다.

제이 윌버는 〈둠〉, 〈둠 3〉, 〈파이널 둠〉, 〈퀘이크〉 개발에 참여했다. 그리고 에픽게임즈에서 비즈니스 개발 담당 부사장이 되었다.

케빈 클라우드는 최초의 〈울펜슈타인 3D〉 팀에 속한 사람들 중 유일하게 이드 소프트웨어에 남아 있다. 제니맥스 미디어가 이드 소프트웨어를 인수하기 전까지 이드 소프트웨어의 소유자였으며 현재는 이그제큐티브 프로듀서다.

---

2 엔진 + 도구 추천(NeXT) + 멘토링

〈울펜슈타인 3D〉 이전

〈울펜슈타인 3D〉는 이드 소프트웨어가 만든 첫 번째 FPS가 아니다. 팀이 여전히 소프트디스크와 계약 중일 때 〈호버탱크 3D〉와 〈카타콤 3-D〉 작업을 진행했다.

A.1 호버탱크 3D

〈호버탱크 3D〉는 1991년 4월에 소프트디스크가 출시한 차량 전투 게임이다. 게임의 주인공은 핵전쟁 중에 전차를 몰게 된다. 이 게임의 목표는 돌연변이 몬스터를 죽이고 생존자를 구출하는 것이다. 게임 엔진을 위한 존 카맥의 연구는 직전에 작성한 엔진보다 2주 더 긴 6주가 걸렸다. 벽과 바닥과 천장에는 텍스처 매핑이 없었으며 3D 엔진은 EGA로 16색을 사용했다. 게임 속도는 느렸고 음악은 없었다. 디지털화된 오디오 효과는 로메로가 마이크에 잡음을 내는 방식으로 만들어졌다!

A.2 카타콤 3-D

〈카타콤 3-D〉는 1991년 11월에 출시되었다. 게임의 주인공은 마법사이며 고블린과 오크와 맞서 싸운다. 벽에 텍스처 매핑을 사용해 엔진을 개선했다. 여전히 EGA에 16색을 사용하지만 개선된 애셋으로 인해 〈호버탱크 3D〉보다 훨씬 더 멋지게 보였다. 게임의 속도 또한 빨라졌다. 주인공은 손으로 쏘는 파이어볼로 벽을 파괴할 수 있다는 사실에 주목하자.

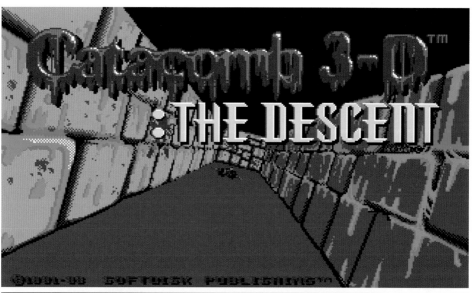

XMS와 EMS

1991년에 램의 첫 번째 MiB를 통과하는 것은 어려운 일이었다. 20비트 주소 버스로 리얼 모드에 묶여 있었기에, 게임과 애플리케이션은 EMS와 XMS라는 두 가지 유형의 램 드라이버에 의존해야만 했다.

B.1 EMS: 중첩 확장 메모리

로터스, 인텔, 마이크로소프트가 1985년에 개발한 LIM EMS는 본래 하드웨어 메모리 보드를 시험할 목적으로 설계되었다. 사운드 카드, 그래픽 카드, 네트워크 카드와 마찬가지로 EMS 메모리 보드를 구입하면 시스템의 램 용량을 늘릴 수 있었다. 애플리케이션은 EMS 드라이버를 통해 새롭게 추가된 램에 접근할 수 있었다.

> 이것은 쓰레기다! 이것은 조잡한 물건이다! 그러나 우리는 이 물건을 만들 것이다!
>
> – 빌 게이츠

EMS는 메모리 매핑 개념을 기반으로 구축되었으며 '페이지 프레임'으로 불리는 기본 메모리의 64KiB 램은 '페이지'라는 16KiB짜리 4개 단위로 나눠졌다. 이들 페이지는 읽거나 쓸 수 있는 확장된 메모리로 연결된 윈노이다.

많은 메모리 보드를 인텔 286 시스템에서 사용할 수 있었지만 가격이 비쌌다. 1989년에 래피드램RapidRAM 2MiB 보드[1]는 1,495달러였다.[2] 슈퍼램SUPERAM 4MiB는 3,199달러였다.[3]

인텔 386은 시장에 공개되자마자 EMS 지형을 완전히 바꿔놓았다. 새로운 가상 8086 모드 덕분에 드라이버 *EMM386.EXE*[4]는 가상 기계에서 도스를 실행할 수 있었다. EMS 메모리는 하드웨어 EMS 보드를 한물가게 만든 일반 램을 사용해 소프트웨어에서 에뮬레이션할 수 있었다.

> V86 태스크의 목적은 8086 프로그램을 실행하는 '가상 머신' 형성이다. 완전한 가상 머신은 80386 하드웨어뿐만 아니라 시스템 소프트웨어를 포함한다. 따라서 8086의 에뮬레이션은 하드웨어와 소프트웨어의 협력으로 생성된 결과다
>
> 하드웨어는 (TSS를 통한) 가상 레지스터 집합과 가상 메모리 공간(태스크의 선형 주소 공간의 첫 메가바이트 영역)을 제공하고, 이 레지스터와 주소 공간을 다루는 모든 명령어를 직접 실행한다.
>
> — 『Intel 80386 Programmer's Reference Manual』

미할 네차세크Michal Necasek는 EMM386 드라이버의 작동 방식을 자세히 설명한다.

> 원칙적으로 단순한 아이디어지만 구현이 매우 복잡했다. V86 모드에서는 CPU가 보호 모드에 있어야 하지만 도스는 보호 모드 운영체제가 아니다. 따라서 EMM386은 축소된 32비트 보호 모드 운영체제를 포함해야만 했다. 이는 기능이 아니라 필수 요소였다. 이 미니 OS의 가장 중요한 과업 중 하나는 페이지 테이블을 설정하고 i386 CPU의 새로운 주요 기능인 페이징을 활성화하는 것이었다.

---

1 https://www.atarimagazines.com/compute/issue112/Memory_Expansion_Boards.php

2 1989년 1,495달러는 2017년 화폐가치로 약 2,951달러와 동일하다.

3 1989년 3,199달러는 2017년 화폐가치로 약 6,315달러와 동일하다.

4 extended memory manager for 386을 줄인 단어

페이징은 EMM386이 마법을 부리는 방식이었다. 페이지 테이블을 재프로그래밍하는 방법으로, 주어진 선형 주소에 매핑되는 물리 메모리 페이지를 제어하여 EMS 페이지 프레임(램의 첫 메가바이트에 위치하며 리얼 모드 도스 애플리케이션에서 직접 접근할 수 있는) 외부에서 메모리 블록을 교환한다. 메모리 복사와는 연관이 없었으며, 메커니즘은 8086 EMS 보드의 작동 방식과 매우 유사하지만 외부 하드웨어에 의존하는 대신 CPU의 내장 메모리 관리 기능만을 사용했다.

– 미할 네차세크, *os2museum.com*

가상 메모리에 의존하는 구현은 EMS를 흉내 내는 램에 성능 저하가 없음을 의미했다. 페이지별로 16KiB 크기만 가능하다는 제한이 유일한 것이었다.

B.2 XMS: 연속 확장 메모리

1988년에 로터스, 인텔, 마이크로소프트, AST가 모여 또 다른 표준인 연속 확장 메모리를 만들었다. 프로그래머가 사용하는 방식에 더 가깝도록 EMS보다 유연한 API를 제공하고, 더 많은 단위의 데이터를 조작하게 만드는 것이 목적이었다. XMS 램을 흉내 내는 드라이버인 *HIMEM.SYS*도 MS-도스와 함께 제공됐다. 사용자는 *CONFIG.SYS*에 행을 추가해 XMS 램을 생성하도록 선택할 수 있었다.

조작할 데이터의 크기는 임의 지정이 가능했으므로 *HIMEM.SYS*는 *EMM386.EXE*와 동일한 V86 트릭을 사용할 수 없었다. 그렇다면 어떻게 주소 지정이 가능한 공간 외부의 램에 가상 메모리 없이 접근할 수 있을까? 386에서는 이런 작업이 쉬웠다. 드라이버가 CPU를 보호 모드로 전환하고 요청을 수행한 다음 CPU를 다시 리얼 모드로 전환하면 됐다.

286에서는 훨씬 더 복잡했다. 인텔은 프로그래머가 보호 모드에서 리얼 모드로 돌아가기를 원할 것이라고 상상조차 하지 않았다. 결과적으로 보호 모드에서 리얼 모드로 전환하는 문서화된 방법은 없었다.

하지만 마이크로소프트 개발자들이 방법을 찾아내는 것까지 막지는 못했다. 마이크로소프트 개발자들은 Control-Alt-Delete의 키보드 조합을 통해 제공된 소프트웨어적인 리부팅을 사용할 수 있다고 생각했다. 이런 키보드 조합 패턴을 감시하면 i8042 키보드 컨트롤러가 CPU를 리셋하고 BIOS가 시스템을 초기화하도록 요청한다. 이 작업에는 몇 초가 걸렸고 그대로 사용할 수는 없었다. 특수한 메모리 위치에 특별한 값을 쓰면 긴 BIOS 초기화를 막고 단지 CPU만 리셋할 수 있었다. 이런 기법을 통해 286을 보호 모드에서 리얼 모드로 효과적인 전환이 가능했지만 속도가 느렸으며 완료하는 데에 1ms가 걸렸다.

3중 메모리 폴트[5]를 일으키는 다른 기술이 나중에 등상했다.

마지막으로 *HIMEM.SYS v2.06*이 나왔을 때에는 리얼 모드를 종료할 필요도 없어졌다. 문서화되지 않은 LOADALL 명령어를 사용해서 모든 램 접근을 오프셋 처리하는 숨겨진 레지스터를 제어했다.[6]

B.3 울펜슈타인 3D에서 XMS가 차지하는 의미

XMS API는 64KiB보다 큰 데이터 집합으로 작업할 수 있는 기능을 제공했지만 〈울펜슈타인 3D〉는 작은 텍스처/스프라이트에서 순차적으로 작동하므로 이런 기능이 필요하지 않았다. 확장 램과 기본 램 사이에서 복사가 필요했기 때문에 XMS 램이 EMS 램보다 10배 정도 느렸다. 이런 맥락에서 〈울펜슈타인 3D〉에서는 XMS보다 EMS가 훨씬 더 매력적이었다.

---

5 IDTR(interrupt descriptor table register)을 무효화하고 인터럽트를 유발해 메모리 폴트 처리기에서 메모리 폴트가 발생

6 *http://www.os2museum.com/wp/himem-sys-unreal-mode-and-loadall/*

640KB 장벽

기본 메모리 제한과 관련된 문제는 너무나 형편없었으므로, 대다수 게임에서 모든 것이 어떻게 작동하는지에 대한 설명서를 함께 제공해야만 했다. 다음은 *W3DHELP.EXE*에서 추출한 내용이다.

640KB[1] 장벽

이 절은 사실상 프로그램을 실행하기 위해 필요한 내용은 아니다. 고객들이 더 많은 기본 메모리를 가용하게 만들어야만 하는 이유를 이해하는 데 도움을 줄 배경 정보다.

마이크로소프트가 도스 1.0을 처음 만들었을 때 640KB는 컴퓨터에 장착할 수 있는 최대 메모리의 양이었다. 이러한 이유로 640KB를 '기본 메모리'라고 한다. 예전 버전과의 호환성을 유지하기 위해 이는 결코 변경되지 않았다. 메모리 관리 기법의 발전으로 640KB를 넘어서는 메모리에도 접근할 수 있게 되었지만, 추가적인 메모리에는 데이터만 유지할 수 있다. 결국 프로그램은 처음의 640KB에서 실행되어야만 한다. 이와 같은 처음의 640KB를 기본 메모리라고 부르는 것이다.

다음은 컴퓨터에서 사용할 수 있는 다양한 유형의 메모리에 대한 간단한 설명이다. 가장 중요한 항목은 기본 메모리다.

---

1 옮긴이_ 본문과 통일하자면 KiB로 표기해야 하나 인용한 내용이므로 부록에서는 이러한 단위를 원서 그대로 뒀다.

기본 메모리는 0KB에서 시작해 일반적으로 640KB에서 끝난다(여기서 벗어나는 경우는 매우 드물다). 일종의 메모리 관리자(그 예로 도스의 EMM386, 쿼터덱Quarterdeck의 QEMM 또는 콸리타스Qualitas의 386MAX)를 사용하지 않는 경우에는 기본 메모리가 유일한 메모리 유형이다. 기본 메모리는 도스를 비롯해 장치 드라이버, 램 상주 프로그램terminate and stay resident programs(TSR)이 사용한다. TSR은 컴퓨터의 메모리(일반적으로 **CONFIG.SYS** 또는 **AUTOEXEC.BAT** 파일에서 시작)에 로드되어 계속 유지되는 프로그램이다. 호스트 프로그램은 실행 후 메모리에서 자신을 제거하지만 TSR은 자신을 제거하지 않는다. 장치 드라이버와 TSR은 컴퓨터가 마우스, 스캐너, CD-ROM, 중첩 확장 또는 연속 확장 메모리 등과 같은 추가 하드웨어를 사용할 수 있게 만들어주는 프로그램이다. 애퍼지 게임과 같은 프로그램은 TSR로 로드할 수 없다. 기본 메모리만 있을 경우에는, TSR로 로드할 프로그램도 이 메모리 영역에서 나올 것이다. 메모리를 너무 많이 빼앗기면 우리 제품을 실행할 충분한 메모리가 남지 않는다.

프로그램에서 메모리 부족 오류가 발생한다면 기본 메모리가 부족한 상황이다. 1MB, 8MB, 아니면 32MB 메모리를 설치했는지의 여부는 상관없다. 프로그램 실행에는 처음 640KB 메모리만을 사용할 수 있기 때문이다. 이 메모리를 하드 드라이브 공간과 혼동하면 안 된다. 하드 드라이브 공간은 메모리가 아니므로 이 예시와는 무관하며, 심지어는 고려 대상에 끼지도 못한다.

상위 메모리upper memory는 640KB에서 시작해 1,024KB에서 끝난다. 일반적으로 이 영역은 시스템 롬, 비디오, 하드웨어 카드 등의 장치를 위해 사용된다. 대부분의 PC 하드웨어는 전체 상위 메모리 영역을 사용하지 않으며 위에서 언급한 EMM386, QEMM, 386MAX 등의 메모리 관리자를 사용하면 몇몇 TSR을 상위 메모리 영역으로 옮길 수 있다. 이렇게 사용되지 않는 영역을 상위 메모리 블록upper memory block(UMB)이라고 하며 여기에 몇몇 TSR을 로드할 수 있다.

연속 확장 메모리extended memory(XMS)는 1,024KB 위에 지정된 메모리다. XMS는 MS/도스의 HIMEM.SYS와 같은 메모리 관리자 사용을 요구한다. 이 메모리 영역은 표준 프로그램 실행에 사용할 수 없으며 데이터 저장에만 사용할 수 있다. 이 유형의 메모리를 사용하는 〈울펜슈타인 3D〉와 〈블레이크 스톤〉 등 애퍼지의 프로그램은 레벨 또는 그래픽 데이터를 저장하기 위해서만 이 영역을 사용한다. 실제 프로그램 자체는 기본 메모리에서 실행한다.

고위 메모리 영역high memory area(HMA)은 확장 메모리의 첫 64KB다. HMA는 도스를 고위로 로드하는 데 가장 일반적으로 사용되는 특수 메모리 영역이다. *config.sys* 파일에서 **DOS = HIGH** 명령을 실행하면 이전에 도스 자체가 차지하던 기본 메모리 내용을 이 영역으로 이동한다.

중첩 확장 메모리expanded memory(EMS)는 몇몇 MS/도스 프로그램이 사용할 수 있는 또 다른 유형의 메모리다. XMS와 마찬가지로 EMS는 프로그램 실행에 사용할 수 없으며 특성상 데이터 저장에만 사용한다. EMS에 대한 설명은 다소 기술적이므로 여기서 자세히 다루지 않는다. 궁금한 점이 있으면 도스 설명서나 메모리 관리자 설명서를 확인하기 바란다.

컴퓨터를 처음 시작할 때, 컴퓨터에서 *config.sys*와 *autoexec.bat*라는 파일 2개를 볼 수 있다. 이 두 파일은 컴퓨터를 시작할 때 자동으로 실행되는 장치 드라이버와 TSR 목록을 포함한다. 이들 각각은 공간을 차지하며 640KB의 기본 메모리를 빼앗는다. *config.sys*와 *autoexec.bat* 파일에서 점점 많은 프로그램이 로드될수록 기본 640KB에서의 가용 메모리는 점점 줄어든다. 기본 메모리는 프로그램이 실행되는 메모리이기 때문에 *config.sys*와 *autoexec.bat*에서 실행된 프로그램이 빼앗는 메모리의 양을 최소로 유지해야 한다는 사실을 알 수 있다. *config.sys*와 *autoexec.bat*에서 로드된 프로그램의 수를 줄이거나 EMM386, QEMM, 386MAX 또는 기타 메모리 관리 프로그램을 사용해 상위 메모리로 로드된 프로그램을 이동하는 방식으로 빼앗기는 메모리의 양을 줄일 수 있다.

CONFIG.SYS와 AUTOEXEC.BAT

운영체제는 시작 과정에서 자동으로 부팅 장치(하드 드라이브 C: 또는 플로피 디스크 A:)의 파일 2개를 읽는다. *CONFIG.SYS*의 각 행은 도스에 장치 드라이버를 로드하거나 램에 뭔가를 로드할 위치를 구성하도록 지시한다.

```
CONFIG.SYS
DEVICE=C:\WINDOWS\HIMEM.SYS
DOS=HIGH,UMB
DEVICEHIGH=C:\WINDOWS\EMM386.EXE AUTO RAM
DEVICE=C:\WINDOWS\MOUSE.SYS
```

AUTOEXEC.BAT 파일은 변수를 정의하기 위해 사용되는 배치 파일과 유사하다. 사운드 카드와 대화하는 방법을 알기 위해 울펜슈타인에서 해석될 BLASTER 변수에 주목하자.

```
AUTOEXEC.BAT
@echo off
SET SOUND=C:\CREATIVE\CTSND
SET BLASTER=A220 I5 D1 H5 P330 E620 T6
SET PATH=C:\DOS;C:\
```

팬들의 이메일

다음 두 이메일은 게임의 영향력을 잘 보여준다.

받는 사람:	로메로, 톰
보낸 사람:	로사/제이
날짜:	92년 8월 9일 21:06:46
제목:	AOL 메시지
X-mailer:	Pegasus Mail v2.3 (R2).

제목:	꿈, 회상
날짜:	92-08-09 03:59:55 EDT
보낸 사람:	터그 힐 2
게시:	아메리카 온라인

진지한 이야기가 될 것 같군요…

베트남 전쟁 포로로서, 이 게임을 다운로드한 후 한 달이 넘는 시간을 망설였습니다. 예전의 일이 생각날까 걱정됐거든요. 몇 년 전에 겪은 모든 일을 기억하고 싶지 않았어요. 고문과 굶주림으로 서서히 죽어가다가 탈출 시도를 결정했던 순간을 아직도 잊지 못합니다.

친구와 나는 조잡한 지도를 만들고 음식을 비축했어요. 탈출하는 날에 우리는 경비원을 돌로 때리고 총을 빼앗아 지하 터널의 두 층을 통과하면서 길을 뚫기 위해 싸웠지요. 경비원은 몇 명 없었고, 기어가야만 했어요. 다행스럽게도 저는 탈출에 성공했어요. 하지만 제 친구는 그렇지 못했죠.

꿈… 아니 악몽… 맞아요! 〈울펜슈타인 3D〉를 할수록 악몽이 줄어들더군요. 모퉁이를 돌았을 때 총을 겨눈 경비병을 마주치면 등골이 오싹해졌지만요.

〈울펜슈타인 3D〉는 강력한 게임이고 또한 무시무시합니다. 사람은 과거를 직시해야 마땅하다고 생각해요. 에피소드 1을 더 이상의 악몽 없이 편안한 마음으로 진행할 수 있을 때 전체 시리즈를 주문할 계획이에요.

그 누구도 악몽으로 인해 게임을 포기하지 않기를 바랍니다.

제목:	울프-3D
분야:	액션/오락실 게임
보낸 사람:	타이 그레이엄 72350,2636 # 191387, * 답글 없음 *
받는 사람:	이드 소프트웨어 72600,1333
날짜:	92년 7월 24일 18:27:27

제이, 이곳 마이크로소프트에서 〈울펜슈타인 3D〉가 얼마나 인기 폭발인지 알리는 편지를 보내고 싶습니다. 'Mein Leben'을 듣지 않고는 사무실 복도를 지나칠 수 없는 수준이지요. 여러분들이 이 게임을 통해 큰 매출을 얻고 있기를 희망합니다.

어쨌든, 우리는 최근에 윈도우용 게임에 대해 대화를 나누고 있었고 누군가 "이드 소프트웨어의 멋진 사람들은 무엇을 하고 있을까?"라고 말했습니다. 어때요? 당신들은 혹시 윈도우용 게임을 조금이라도 살펴보고 있나요? Win32?

완벽한 세상 안에서, 저는 〈울펜슈타인 3D〉 엔진을 윈도우 포 워크그룹용 다중 사용자 게임으로 이식하고 싶습니다. 우리에게는 멋진 다중 사용자용 윈도우 게임이 필요하거든요.

그저 떠오르는 몇 가지 생각을 적어봤습니다.

타이 그레이엄, 마이크로소프트 직원

존 카맥의 출시 노트

RELEASE.TXT

우리는 사용자 공동체의 즐거움을 위해 이 코드를 배포한다. 우리는 그 어느 것도 보증하지 않으며, 심지어 빌드조차 보증하지 않는다. 장시간 방치된 프로젝트는 금방 썩는 것 같다.

여기 올린 자료는 원본 PC 〈울펜슈타인 3D〉 프로젝트와 관련된 모든 소스 코드다. 우리가 몇 년 동안 이 코드를 살피지 않은 데다 아마도 이전 코드를 파고들면 내가 매우 당황할 것이므로 코드에 대한 어떤 질문도 사양하겠다. 원본 프로젝트는 볼랜드 C++ 3.0에서 빌드되었다. 이후 버전을 위해 몇 가지 사소한 변경이 필요했다.

이 코드에서 빌드된 실행 파일(.exe)을 사용하려면 배포된 〈울펜슈타인 3D〉 또는 〈운명의 창〉에 포함된 데이터가 필요할 것이다. 정말 궁하다면 셰어웨어 버전을 사용할 수도 있다.

몇몇 코딩 주석을 회고해본다.

광선 투사 새로 고침 아키텍처는 아직까지도 상당수 게임에 적합하다. BSP 기반의 텍스처 매퍼는 더 빨라질 수 있었지만 당시에는 광선 투사 기법으로 작업을 수행하는 것이 훨씬 간단했다.

동적으로 컴파일된 확대 루틴은 이제 구시대적인 산물이다. 캐시되지 않은 머신(원래 목표하는 하드웨어)에서는 벽을 확대하는 가장 빠른 방법이지만, 현대적인 프로세서에서는 코드 캐시를 스레싱에 걸리게 만들어 성능을 떨어뜨릴 뿐이다. 486 이상의 컴퓨터에서 간단한 텍스처 매퍼 루프는 더 빠르게 동작할 것이다.

전체 페이지 관리자 캐싱 기법은 불필요하게 복잡했다.

코드에 너무 많은 #ifdef가 있다!

이 코드를 사용한 몇 가지 프로젝트 아이디어:

- 새로운 괴물이나 무기를 추가하자.

- 더 큰 벽과 수직 운동을 추가하자. 텍스처 매퍼를 재작성하고 난 다음에 이런 작업을 수행하는
  것이 좋다.

- 32비트 컴파일러로 변환하자. 상당한 분량의 작업이겠지만, 나는 딱딱하고 오래된 16비트 코드
  로 어지러운 상황이 싫다. 이렇게 하면 코드가 훨씬 더 작아질 것이다.

- DOOM *sersetup/ipxsetup* 드라이버에서 실행되는 다중 사용자용 게임을 만들자.

재미를 느끼길 바라며…

존 카맥

기술 감독

이드 소프트웨어

README.TXT

노트:

이 버전은 볼랜드 C ++ 3.0/3.1에서 컴파일될 것이다. 업로드하기 직전에는 완벽하게 컴파일이
가능했다. 이드 소프트웨어에 질문을 보내는 것은 사양한다.

20주년 기념 해설

20주년을 기념하여, 존 카맥은 게임에 대한 논평을 덧붙였다. 인터뷰 내용은 다음과 같다.

2012년 5월 9일

〈울펜슈타인 3D〉 iOS 버전을 준비하며 정말 좋은 시간을 보냈다. iOS 버전 출시 전까지 10년이 넘는 시간 동안, 정말 〈울펜슈타인 3D〉를 쳐다보지도 않았었다. 주변 환경을 탐색하고 무기를 들어 적을 쏘는 FPS의 핵심 본질은 PC 초기부터 시작되었다. 256색 VGA의 오래된 320×200 그래픽과 오늘날의 게임을 비교할 때마다 우리가 이렇게 멀리 왔다는 사실이 놀라울 따름이다. 이와 같은 경험의 변함없는 핵심 본질은 위에서 내려다보는 방식이다. 그 무렵 우리는 여기저기 돌아다니면서 적을 쏘는 〈건틀릿Gauntlet〉[1]처럼, 위에서 내려다보는 슈팅 게임에 익숙했었다. 우리는 이와 유사한 게임 경험을 그대로 가져와 3D 환경에 투영하는 방식을 택했다. 사람들이 게임을 인식하고 경험하는 방식을 바꿨다는 사실, 바로 그 당시 우리가 이룩한 작업의 진정한 업적이었다.

1인칭 경험의 진화는 〈호버탱크 3D〉에서 시작되었다. 〈카타콤 3-D〉와 〈울펜슈타인 3D〉처럼 X축, Y축에서 움직일 수 있고 회전할 수 있는 3도 자유도를 제공했지만 벽은 셰이딩 처리가 된 빨간색과 초록색의 각진 블럭이었고 적들은 확대된 비트맵이었다. 〈호버탱크 3D〉 다음으로는 벽에 텍스처 매핑이 된 〈카타콤 3-D〉가 등장했지만, 최소한의 개선만이 있었기에 사

---

1 옮긴이_ 자세한 내용은 다음을 참고. https://en.wikipedia.org/wiki/Gauntlet_(1985_video_game)

실상 블럭으로 가득 찬 세계와 다름없었다. 분의 기능을 대신해 사라지는 블럭이 있었고, 당신과 마주치는 적들은 항상 당신을 향해 돌격하는 한 무리의 폭도에 가까웠다. 〈울펜슈타인 3D〉에는 몇 가지 중요한 핵심을 추가하고 싶었다. 우리는 반쯤 눌려진 블록과 비슷한 기능을 하는 움직이는 요소로서 열리는 문을 추가했다. 다양한 각도에서 볼 수 있는 적들도 추가했다.

적들은 실제 3D는 아니었지만 8개의 회전 각도가 가능했는데, 그중 몇몇은 거울 뒤집기였다. 이를 통해 이곳 저곳을 돌아다니는 적을 만들 수 있었다. 〈둠〉으로 옮겨가며, 움직이는 적과 사람들 뒤를 몰래 돌아다닐 기회를 제공하는 회피 개념이 사라진 것은 살짝 아쉬웠다. 적들이 주인공의 움직임을 눈치채지 못하고 지나치는 모습을 보며, 적과 꼭 조우하지 않고도 상황을 피할 수 있다는 사실을 알 수 있었다. 이런 기능은 깔끔한 측면이 많았다. 우리는 이런 유형의 게임 경험 향상이나 무기, 더 많은 아이템을 원했지만 〈카타콤 3-D〉를 마무리한 후 가장 먼저 할 일은 〈그린 앤드 피스드It's Green & Pissed〉라는 게임을 만드는 것이었다. 〈그린 앤드 피스드〉는 원래 우리가 〈울펜슈타인 3D〉를 위해 하고 싶었던 대부분의 개선과 함께 외계인 게임이 될 운명이었다. 나중에야 우리는 오래된 사랑스러운 애플 II용 게임 〈리턴 투 캐슬 울펜슈타인〉의 테마를 차용한 아이디어에 착수했다. 대략 2년 후 애플 II 캔사스페스트에서 애플 II 〈캐슬 울펜슈타인〉의 개발자 실라스 워너를 봤을 때, 로메로와 톰과 내가 실라스 워너에게 우리가 만든 게임에 대한 승인을 받아냈을 때, 이는 정말 환상적인 순간들이었다.

기술적인 측면에서, 직전에 만든 두 게임인 〈호버탱크 3D〉와 〈카타콤 3-D〉는 제한된 폴리곤을 그리는 객체 공간 렌더링에서 수행했다. 객체 공간 렌더링은 축 방향으로 제한된 1차원의 선분들로만 구성된다. 그러나 폴리곤 래스터라이저 및 폴리곤 클리퍼와 비슷한 점이 있었다. 구현은 각각 4~6주 정도 걸렸다. 구현이 상당히 어려웠다. 20년 전이었으니 이 모든 이론에 대한 참고 문헌과 존재 증명과 자습서가 없었다. 일부의 렌더링 구현을 충분히 강력하고 신뢰할 수 있도록 만드는 데 어려움을 겪었다. 〈카타콤 3-D〉에서 몇 가지 기겁할 만한 사례를 얻을 수 있었다. 실제로 내가 설정한 목표 중 하나는 견고하고 튼튼하게 동작할 만큼 게임을 단순화하는 작업이었다. 슈퍼 닌텐도처럼 열악한 플랫폼에서 속도를 얻어야 할 때 〈울펜슈타인 3D〉는 광선 투사 대신 BSP 트리를 사용하는 래스터화 접근법으로 되돌아갔기 때문에 속도가 향상되었다. 품질 관점에서 첫 구현보다 속도 향상이 필요하다는 반증이었다. 〈울펜슈타인 3D〉는 직전 구현들보다 훨씬 더 효율적이고 튼튼했다. 당시에는 모두가 서부 개척 분위기였다. 나는 작업을 진행하면서 모든 사항을 파악하고 있었다. 그리고 당시에는 예제로 볼 참고 코드가 많지 않았다.

대략 3개월 만에 첫 번째 게임 버전을 확보했던 것으로 기억한다. 〈운명의 창〉을 거쳐 〈둠〉으로 이어졌지만, 이 모든 것들도 아주 짧은 시간에 이뤄졌다. 우리는 존 로메로가 개발한 훌륭한 타일 편집기를 기반으로 2D 게임과 〈커맨더 킨〉 시리즈를 만드는 데 사용했던 도구 집합을 활용했으며 〈울펜슈타인 3D〉 지도는 기본적으로 간단한 타일 지도였기 때문에 작업을 빠르게 마무리할 수 있었다. 지도 역시나 빠르게 만들었다. 우리는 글자 그대로 '하루 만에' 제품 출시가 가능한 여러 지도를 확보했다. 누군가 지도를 다듬었을 것이며, 여러 번 플레이하면서 지도를 조금씩 조정하고 난 후에는 프로젝트에 돌입했다. 모든 소스 코드가 디렉터리 하나 안에 들어갔다는 사실을 되돌아보면 항상 흥미롭다. C 파일 몇 개와 .asm 파일 몇 개가 전부이므로 그다지 많지는 않다. 이때와 달리 요즘에는 제각각 다른 프레임워크 10개와 코드 5만 행을 호출하지 않으면 화면에 대화 상자도 표시할 수 없는 듯 보인다.

가장 눈에 띄는 것은 첫 번째 프로젝트였으며 이드 소프트웨어가 이룩한 일들에 많은 영향을 미쳤다. 본능적인 눈치를 통해 사람들은 레벨 압축을 풀어내는 방법을 알아냈다. 이런 작업이 직관적이지 않았던 이유는 그 당시의 플로피 디스크 용량에 맞추려 노력하기 위해 압축 기술을 개발해야 했기 때문이다. 지나고 보니 LZSS[2]와 허프먼 코딩을 매우 독창적인 방식으로 홀로 재창조했다는 사실이 흥미로웠다. 사람들은 이 모든 기법을 알아내고 모든 것을 추출하여 캐릭터 편집기와 레벨 편집기를 만들기 시작했다. 두 가지 모두 완성도가 높지 않았고 사용법이 직관적이지도 않았다. 캐릭터는 열 묶음 형식으로 되어 있어 투명도 테스트 없이도 효율적으로 그릴 수 있었으나 원본 그림의 모양을 파악하기는 어려웠다. 사람들은 이런 도구로 정말 산뜻한 작업을 시작했다. 수정 작업을 원하는 사람들이 엄청나게 많다는 사실을 깨닫고, 이러한 사실을 〈둠〉과 〈퀘이크〉에서 이뤄진 많은 결정에 반영했다. 도구를 직관적이고 쉽게 만듦으로써 사람들이 수정 작업을 직접 해보도록 장려한 것이다.

내가 게임을 시작했던 10대 시절, 좋아하는 게임들의 내부를 속속들이 알고 싶다고 꿈꿨던 그 당시를 오늘날까지도 생생하게 기억하고 있다. 애플 II 섹터 에디터를 사용해 〈울티마 III^{Ultima III}〉에서 많은 골드를 획득했던 것이다. 오래된 게임들의 소스 코드를 볼 수 있는 능력이 내게 있었다면. 〈울펜슈타인 3D〉의 전체 소스 코드와 함께, 모딩 도구를 공개한 것은 어릴 적 꿈꿨던 일을 실현한 것이었고, 이러한 행운을 누린 것은 내 경력을 통틀어 정말 자랑스러운 일이다.

나는 오래전부터 게임을 켜고 엔터 키만 몇 번 두드리고 나면 바로 게임이 시작되어야 한다고

---

2 무손실 압축 기법인 Lempel‑Ziv‑Storer‑Szymanski

주장해왔다. 게임 시작까지 수많은 로고를 거쳐야 하는 오늘날의 관례가 부끄럽다. 물론 로고가 띄워지는 시간이 애셋을 미리 로드하기 위함임을 알고 더 빠른 속도를 위해 노력하고 있음도 알지만, 최대한 빠르게 게임으로 들어가는 것은 항상 중요하다. 그래야만 게임을 번개처럼 즐길 수 있다. 애플 II용 게임인 〈캐슬 울펜슈타인〉에서는 시체를 끌어 경비원이 보지 못하게 숨기는 능력이 있었다. 시체를 보면서 이리저리 돌아다니며 열쇠를 얻고 다른 곳으로 건너갈 수 있는 시점을 명확하게 기억할 수 있었다. 그러나 은밀히 돌아다니는 것보다 총을 쏘아대는 것이 훨씬 더 재미있다. 이러한 사실은 업계에 몸담은 후로 지속적으로 느끼는 교훈이다. 〈캐슬 울펜슈타인〉에서는 문 주위의 모든 것이 잘 미끄러지는 것이 성가신 문제점이었다. 이후 버전에서는 문 앞에 작은 중립 지역을 둬서 쉽게 길을 찾도록 도왔다.

뭔가 다른 것을 얻고 싶었지만 문과 같은 요소를 만들 수 없었으며, 코드의 추악함에 압박을 받았다는 사실을 기억한다. 광선 투사기로 해킹하는 방식은 확실히 가치가 있었다. 그러나 너무 많은 사람이 이동 시 벽에 이리저리 부딪치며 게임을 하고 있었다. 흥미롭게도 후속 게임에 대한 기억이 많은데, 특히 아타리 재규어 버전을 만들 때 3D 게임에서 전례가 없었던 초당 60프레임 달성 지점을 찾아냈던 것이 기억난다. 엄청나게 멋졌지만, 게임의 나머지 부분에서 이 정도 속도를 유지할 수 없었으므로 초당 30프레임으로 고정시켜야만 했다. 대부분의 사람들이 여전히 PC에서 애를 쓰고 있는 동안, 부드럽고 매끄러운 60Hz 게임 진행을 느낄 수 있었던 때를 아직도 뚜렷하게 기억한다.

〈울펜슈타인 3D〉의 PC 버전, 슈퍼 닌텐도 버전, 재규어 버전을 작업했다. 오픈 소스로 코드를 공개한 덕분에 CPU가 달린 모든 물건에 〈울펜슈타인 3D〉가 이식되었지만 맥의 경우에는 더 나은 품질의 그래픽을 지원하는 공식 버전이 존재했다. 다른 플랫폼 중 아콘 아르키메데스와는 라이선스 계약을 맺었다. 당시 슈퍼 닌텐도 버전에서는 개를 쏘는 것이 허용되지 않았기에 개를 사악한 독일 쥐로 바꿔야만 했다. 실제 사람들을 쏘는 것도 허용되지 않아 그들은 인간의 제복을 입는 외계인이 되었고, 피도 녹색으로 바뀌었다.

〈울펜슈타인 3D〉는 디지털 사운드 효과가 적용된 우리의 첫 번째 게임이었다. 여전히 음악은 주파수 변조 애드립 신디사이저였지만 디지털 사운드 효과가 있었다. 음향 효과를 맡은 보비 프린스와 함께 음악을 제작했다. 애드립을 장착한 PC라면 그다지 흥미롭지 않은 작은 경고음만 나왔지만, 사운드 블라스터를 장착한 PC라면 디지털화된 사운드 효과가 나왔다.

작은 그래픽 결함 두 가지가 존재한다. 하나는 방금 발견했는데, 미는 벽에 부딪쳤을 때 누락된 세로선이 있었고 때로는 움직일 때마다 늘어난 세로선이 나타났다. 너저분한 그래픽에도 불구하고 충돌이나 어려움을 유발하지는 않도록 제한되었다. 일반적으로 사물과 어느 정도 거리가 멀어지면 모든 것이 부드럽게 확장되지만, 가까이 다가가 화면 가장자리에서 벗어나기 시작하면 더 많은 양자화가 시작된다. 이 기간 동안 텍스처 매핑 뒤에 존재하는 핵심 그래픽 기술은 어셈블리 언어 코드의 다른 섹션에 위치한 컴파일된 스케일러다. 2픽셀 높이, 4픽셀 높이, 6픽셀 높이, 계속해서 전체 화면 높이에 이르는 64개 그래픽 조각을 그리기 위해 프로그램을 생성했다. 하지만 스케일러는 너무 많은 메모리를 차지했으며, 최대한의 높이까지 1단위로 확장하게 내버려두면 640KB 시스템의 메모리가 동나버릴 것이므로 텍스처 매핑이 커짐에 따라 메모리를 절약하는 몇 가지 지름길을 만들기 시작했다.

〈울펜슈타인 3D〉 시절에도 여전히 오락실 게임과 전통 게임의 영향이 컸다는 사실도 흥미롭다. 〈커맨더 킨〉과 같은 직전 게임과 소프트디스크에서 작업했던 게임들은 동전 하나로 생명 3개를 얻고 또 다른 동전을 넣으면 생명 3개를 추가로 얻을 수 있었다. 〈둠〉에 와서야 결국 우리는 생명 개념을 접었다. 〈울펜슈타인 3D〉에서도 역시나 몇몇 장소에 보너스 생명이 숨겨져 있었고, 이론적으로는 모든 생명을 잃지 않고 게임을 끝까지 진행했어야만 했다. 보너스 아이템이 가득 찬 비밀 방에서 물건을 쓸어 담으며 보상을 받는 시간은 여전히 존재했다.

iOS 게임을 늦게 출시한 것은 여전히 후회가 된다. 아이폰이 처음 나왔을 때 나는 성공적인 피처폰 게임 중 하나인 〈오크와 엘프〉를 이식해야 한다고 주장했다. 우리는 뭔가 실제로 동작하는 물건을 준비했지만 결국 실제 제품으로 만들지는 못했다. 아이폰이 나온 지 1년이 지나고 나서야 마침내 작업에 착수했고 아이폰에서의 FPS 시도를 원한다고 말했다. 감을 잡는 데에는 한 달도 걸리지 않았다. iOS의 안팎을 배우는 데 많은 시간을 투입했다. 캐스는 내가 프레임워크를 익히고 이를 바탕으로 작업을 진행하는 과정에서 도움을 줬다. 내가 어떤 코드 기반에서 진행하고 싶은지 알아내는 작업도 흥미로웠다. 원래 〈울펜슈타인 3D〉는 16비트 코드였으며, x86 어셈블리 언어가 많았고, C 언어 대체 경로가 없었다. 초기 개발 시점은 우리가 교차 플랫폼 개발과 이를 통해 얻을 수 있는 모든 이점을 발견하기 이전이었다. 코드가 그렇게 많지는 않았지만 재작성이라는 번거로운 작업이 기다리고 있었다. 나는 크게 시간을 들이지 않고서도 그야말로 모든 코드 줄을 넘나들 수 있지만, 〈울펜슈타인 3D〉는 오픈 소스였고 이드 소프트웨어가 원본 소스 코드를 공개한 후 많은 사람이 이를 기반으로 추가적인 작업을 진행하였으므로 인터넷의 도움을 받았다. 누군가는 그래픽을 위해 OpenGL을 사용해 이식 가능한 멋진 32비트 전용 게임을 만들었다. 덕분에 iOS로 가져오는 작업이 훨씬 더 쉬워졌다. 흥미롭게도 원본에는 없었던 몇 가지 새로운 버그가 드러났다. 니버싱할 때 16비트에서 32비트로 변환하는 과정에서 버그로 판명된 몇 가지 적의 행동을 볼 수 있었다. 재미있는 프로젝트였다. 〈울펜슈타인 3D〉 이식을 마친 후의 〈둠〉 작업 역시나 많은 즐거움을 줬다.

그때를 되돌아보면 정말 도전적이었다. 물론 이제서야 돌이켜 생각해보면, 20년 동안의 경험을 통해 과거에 어떻게 처리했어야 했는지를 잘 알겠다. 여러 해에 걸쳐 여러 버전을 만든 〈둠〉의 경우 더욱 그렇고. 특히 하드웨어 가속 게임을 위해 루프를 어떻게 구조화해야 하는지 이제는 정확히 알고 있다. 〈울펜슈타인 3D〉를 비롯한 우리가 만든 게임에서 우스꽝스러우면서도 흥미로운 점 하나는 개발 과정에서 게임의 모든 레벨을 철두철미하게 끝내지 않았다는 것이다. 반복에 반복을 거듭하면서 문제를 해결하고 성능을 최적화하느라 바빴다. 재규어 버전 개발 과정에서 초당 30프레임으로 동작하며 뛰어난 성능에 전적으로 만족했을 때 "우와 엄청나게 재밌다"라고 말했던 사실을 기억한다. 로메로에게 "PC 버전도 재밌었는데, 당신이 그 게임을 많이 하지 않았을 뿐이잖아"라는 날이 선 핀잔을 듣기도 했다. 나중에 나온 게임들 역시나 지금 다시 돌아가 살펴보면 원래부터 존재했던 문제를 눈치챌 것이지만, 당시에는 결코 문제점을 알아차리지 못했다.

이러한 세대를 거치지 않은 현대의 게임 애호가들은 도대체 '난리법석'이 무엇인지 이해하는 데 어려움을 겪을지도 모르겠다. 하지만, 특히 높은 프레임 레이트에서 동작했던 버전 중 하나를 가져와서 즉각적으로 반응하는 모습에서 여전히 동일한 분위기를 느낄 수 있다. 재규어 버전은 상단에 위치한 LR 버튼으로 더 쉽게 사격이 가능하며, 일관성 있는 프레임 레이트로 실행되었고, 조금 더 쾌적하게 동작하므로 만족스럽다. 나는 이런 과정에서 많은 재미를 느꼈다. 오늘날 과거로 돌아간 누군가가 고전 오락실 게임 중 하나인 〈디펜더Defender〉 또는 〈로보트론: 2084Robortron: 2084〉 같은 게임을 구경한다면 비슷한 느낌이려나. 오늘날에도 여전히 재밌다. 우리 분야만큼 발전한 다른 분야의 사례를 찾기 어렵다는 사실 또한 명백하다. 〈울펜슈타인 3D〉에서 〈레이지〉까지의 변화를 나란히 늘어놓고 비교하면 느낄 수 있다. 20년 전에는 상상조차 못 했던 일들이 오늘날의 게임에서는 가능하다는 사실은 명확하다. 20년 전 영화에서 컴퓨터로 만든 그래픽은 요즘 게임에서 실시간으로 그려지는 그래픽처럼 멋지지 않았다. 플레이어는 여기저기 돌아다니며 물건을 집어 들고 적과 교전하면서 격파하여 다음 레벨로 넘어간다. 우리는 과거에 비해 백만 배는 많은 컴퓨팅 처리 능력을 투입하고 있다. 컴퓨터는 아주 사용하기 쉽고, 게임은 훨씬 더 나아졌으며, 모든 면에서 더 흥미로워졌다.

〈울펜슈타인 3D〉에서 가장 기억에 남는 순간은, 문이 열리자마자 무장한 친위대를 만나 기관총을 갈기고 총을 맞은 친위대들이 사방으로 경련을 일으키는 장면이다. 〈울펜슈타인 3D〉의 정수를 보여주는 순간이다. 〈둠〉에서는 산탄총을 맞고 피가 터지며 치명상을 입는 장면이 그러하다. 〈울펜슈타인 3D〉는 많은 즐거움의 가치를 가진 게임이다. 제작하기 쉬웠기에 레벨을 많이 만들 수 있었고 덕분에 게임을 즐길 시간도 늘었다. 게임 애호가들이 자신만의 레벨을 직접 만든 후로는 더 많은 즐거움이 쏟아졌다.

기술적인 측면에서 머나먼 길이었다. 확실한 것은 결과는 물론이고 우리가 경험하고 성공하기 위해 일을 마무리하는 과정까지도 긴 여정이었다는 사실이다. 그토록 적은 노력으로 성취한 것들을 되돌아보니 흥미롭다. 개발 관점에서 시간과 자원을 소비하는 방식과 그것들로 얻은 결과를 보면 고질적인 낭비가 무척 많다. 코드 파일을 담은 단일 디렉터리로 몇 달 동안 진행한 작업과 그 게임으로 제공한 많은 즐거움을 회고하는 것은, 모든 노력을 회의 일정과 계획과 사물의 프레임워크 잡기에 사용하는 듯이 보이는 사람들에게 약간의 경고가 섞인 교훈적 이야기가 될 수 있다. 때때로 사람들은 단순한 방식으로 끝낼 수 있는 게임을 더 많이 일해서 만들고, 목표도 엇비슷하게 달성하곤 한다.

여러 해에 걸쳐 AAA 게임 개발을 수행하는 대기업들은, 짧은 기간 안에 뭔가를 달성하고 진정한 가치를 찾아 테스트가 가능하고 개선이 가능한 영역으로 들어가기 위해 맹렬한 돌진을 할 수 없는 상황에서 뭔가 놓치고 있는 게 있다고 생각한다. 이는 의식적인 거래다. 오늘날 우리가 달성한 아름답고 위풍당당한 업적은 함께 해킹한다고 될 일은 아니지만, 즐거움이라는 핵심 요소는 많은 큰 것들이 그러하듯 인간의 세기적 노력을 필요로 하진 않는다. 긴 시간이나 많은 인력에 본질이 있지 않다는 사실을 상기하는 편이 좋다고 생각한다.

INDEX

INDEX

INDEX

INDEX

interrupt mask register (IMR)   228

interrupt service routine (ISR)   120, 227, 247

interrupt vector table (IVT)   230

L

linear feedback shift register (LFSR)   259, 279

loop   116, 149, 263

loop count   251

LZ (Lempel–Ziv)   129

M

mapping   75, 134, 171, 229, 281

Microsoft Visual SourceSafe (VSS)   85

mixer   72, 239

MMU (memory management unit)   44

Mode X   135, 214

Monochrome Display Adapter (MDA)   54

monostable multivibrator   250

Motion Picture Association of America
    (MPAA)   144

MUSE   87, 104, 236

O

offset   40, 63, 95, 129, 209, 227, 303

Ohm's law   250

overflow   42, 168, 229

P

pipeline   31, 94, 136, 181

pointer   26, 44, 78, 123, 193, 242, 297

potentiometer   250

precision   40, 168, 244, 293

prefetch   37

Profound Carnage   28, 118, 143

programmable interrupt controller (PIC)   227,
    242

P

programmable interval timer (PIT)   228

protected mode   44

pseudocode   149, 180

pulse code modulation (PCM)   71, 230, 238

pulse width modulation (PWM)   230, 245

R

random–access memory (RAM)   44

ray casting   25, 148, 175, 268, 281

ray marching   172

raycaster   154

real mode   44

RealSound   246

register   38, 44, 59, 117, 145, 163, 234

resource   49, 118, 288

reverse engineering   24, 179

routing   60, 135, 243, 247

runtime   87, 134, 173, 193, 240, 252

S

segment   38, 175, 218, 303

Sequencer Plus Gold (SPG)   105

side–scrolling   79, 100

Signon   110, 132

SLOC (source lines of code)   115

Sound Blaster   71

Sound Blaster Pro   72

sound card   69, 131

square wave   26, 67

state machine   221

syntactic sugar   248

T

tearing   26, 66

TED5   87, 100, 223

INDEX